Mit allen Sinnen

Daniela
Trauthwein

**Unterwegs in
unseren Nationalparks**

Ullstein

Besuchen Sie uns im Internet:
www.ullstein.de

Wir verpflichten uns zu Nachhaltigkeit
- Klimaneutrales Produkt
- Papiere aus nachhaltiger
  Waldwirtschaft und anderen
  kontrollierten Quellen
- ullstein.de/nachhaltigkeit

Bildnachweis:
Alle Fotografien im Bildteil stammen
aus dem Privatbesitz der Autorin.

MIX
Papier
FSC FSC® C083411

Originalausgabe im Ullstein Taschenbuch
1. Auflage August 2022
© Ullstein Buchverlage GmbH, Berlin 2022
Alle Rechte vorbehalten
Satz und Repro: LVD GmbH, Berlin
Gesetzt aus der Caecilia LT Pro
Druck und Bindung: CPI books GmbH, Leck
ISBN 978-3-548-06621-9

Für Lara und Jannis –
meine wundervollen Patenkinder

Inhalt

Prolog

Mein Elternhaus lag direkt am Waldrand. Mit dem Rauschen der Bäume im Wind der Jahreszeiten bin ich aufgewachsen, es hat mich begleitet, am Tag und in der Nacht. Im Wald meiner Kindheit gab es einen Vogelpark. Kraniche, Pfauen, Störche, ein paar Rehe und sogar eine Wildkatze lebten dort. Jeden Sommer wartete ich abends auf die Rufe der exotischen Vögel. Erst nachdem die Pfauen zu hören waren, konnte ich einschlafen. So vertraut waren mir die Tiere dort. Wann immer ich durch das Gatter des Parks schritt, tauchte ich ein in diese andere Welt, sammelte Federn und beobachtete stundenlang die Tiere.

Mein Spielplatz war der Wald mit den umliegenden Wiesen. Unter seinem Dach habe ich Abenteuer erlebt, mich ausgetobt und die Natur entdeckt. Auf Moosteppichen habe ich mich ausgeruht, mit Sonnentupfen im Gesicht, die durch die Baumkronen hindurchtanzten. Gebannt untersuchte ich mit einer Lupe Blätter, Käfer und Erdklumpen. In der Vergrößerung wurden faszinierende kleine Welten sichtbar, zu denen ich mir Geschichten ausdachte. Zeit hatte damals für mich noch keine Bedeutung, ich hatte sie im Überfluss. In diesem Einklang mit der Natur und ihren Geschöpfen habe ich eine Kindheit lang tiefes Glück empfunden.

Den Park gibt es schon lange nicht mehr. Eine Umgehungs-straße führt heute durch die ehemaligen Gehege. Die Rufe der Pfauen und Kraniche sind längst verstummt. Gedan-kenverloren sitze ich auf meiner Terrasse in der warmen Sonne und weiß nicht, was ich mit mir anfangen soll. Eigentlich wollte ich das Wochenende sinnvoll nutzen und mit Aktivität füllen. Ich wollte meine Buchhaltung auf den aktuellen Stand bringen und vor allem: wandern. Waldluft atmen und Energie tanken. Doch nun hocke ich hier, un-motiviert, lustlos und träge darauf wartend, dass der Tag zu Ende geht. Lediglich mein Gedankenkarussell möchte nicht ruhen und dreht sich unaufhörlich. Alle meine beruf-lichen Pläne haben sich vorerst in Luft aufgelöst. Ich hatte vorgehabt, mich selbstständig zu machen, Wanderseminare und Fotokurse anzubieten, hatte so viele Pläne. Und nun? Eine Pandemie bringt die Welt zum Stillstand. Alles ruht. Ich fühle mich gefangen, wie in einem Vakuum. Eine zwie-spältige Situation, in der ich keine Chance sehe, mich aus dem Angestelltenverhältnis zu befreien, das mir einerseits die Luft zum Atmen nimmt, mir aber andererseits finan-zielle Sicherheit gibt. Hinzu kommt die mentale Erschöp-fung durch die Pflegesituation meines Vaters. Fast sechs Monate lang habe ich ihn betreut und versorgt, täglich bis zu zwölf Stunden. Und im Nebenzimmer: das mobile Homeoffice. Dort die Videokonferenz, hier ein Mensch, der Hilfe braucht – unangekündigt und sofort. Mein Leben ge-hörte in dieser Zeit nicht mehr mir. Das hat Spuren hinter-lassen.

Lethargie und innere Leere haben die Oberhand, drän-gen alles andere in den Hintergrund. Mein inneres Gleich-gewicht droht zu kippen. Ein Gleichgewicht, das ich mir nach dem schmerzvollen Ende meiner Beziehung mona-telang hart erarbeitet habe. Ich war so stolz auf mein erstarktes Selbstvertrauen und meine wiedererwachte Selbstachtung, die mir die Energie und Kraft gaben, neue Ziele zu verfolgen. Doch nun hat Gleichmut den lebendigen Tatendrang betäubt. Tretmühlenartig erfülle ich in einer Marketingabteilung meine beruflichen Pflichten. Den ganzen Tag vor dem Computer hocken, Werbestrategien und Kampagnen entwerfen, dann wieder verwerfen und von vorn anfangen, kein Vorwärtskommen, zu wenig Bewegung. Perspektivlosigkeit. Kein Wunder, dass ich unter Bluthochdruck leide. Tief in mir rebelliert etwas gegen das scheinbar unausweichliche Schicksal, weiterhin eine unbestimmte Zeit in fremdem Büromief verbringen zu müssen. So habe ich mir mein zukünftiges Leben nicht vorgestellt.

Vom nahen Bach dringt munteres Entengeschnatter zu mir herüber, vermischt mit fröhlichen Kinderstimmen. Sonne streichelt mein Gesicht. Der Schrei eines Bussards bahnt sich einen Weg durch meine Gedankenwolke in mein Gehör, und in diesem Moment spüre ich eine tiefe Sehnsucht nach den Rufen der Pfauen und Kraniche. Ja, ich sehne mich nach der Unbeschwertheit von damals, nach der kindlichen Leichtigkeit und Fröhlichkeit. Während ich am Himmel den kreisenden Greifvogel beobachte, wird mir bewusst, dass mir etwas in meinem Leben abhandengekommen ist. Irgendetwas ganz Entscheidendes fehlt mir, das spüre ich, kann es aber nicht richtig fassen.

Am Abend scrolle ich mich gelangweilt durch die Bilderflut auf Instagram. Da weckt ein Foto aus dem Nationalpark Hunsrück-Hochwald meine Aufmerksamkeit. Zu sehen sind Bäume. Einfach nur Bäume. Lebendig und weich wirken ihre mit Moos überzogenen Wurzeln, die wie ineinander verschlungene Arme aus dem Boden herausragen. Schwache Sonnenstrahlen machen feinen Dunst zwischen den Baumstämmen sichtbar und verleihen der

Atmosphäre einen mystischen Hauch. Natur im ursprünglichen Zustand, unangetastet und frei. Ein Sog geht von diesem Foto aus, zieht mich regelrecht in die Szenerie hinein. Fast kann ich die feuchte Luft riechen und die Waldgeräusche hören. Ein Sehnsuchtsort. Da wäre ich jetzt gerne. Erwacht aus meiner Lethargie, fange ich an zu recherchieren.

Der Nationalpark Hunsrück-Hochwald ist gar nicht so weit von mir entfernt. Mit jeder weiteren Information, die ich zu diesem naturnahen Waldgebiet und dem Konzept der Nationalparks finde, wächst mein Wunsch, diese einzigartigen Naturräume kennenzulernen. Insgesamt gibt es in Deutschland sechzehn solcher großflächigen Schutzgebiete, in denen die Natur weitgehend sich selbst überlassen wird. Der Hunsrück-Hochwald, der 2015 seinen Nationalparkstatus erhielt, ist das jüngste unter ihnen. Bis spät in die Nacht versinke ich in Berichten über die wildesten Gebiete Deutschlands, die alle eines gemein haben: eine sogenannte Kernzone. In diesen nutzungs- und eingriffsfreien Gebieten sollen sich Ökosysteme ungestört herausbilden können, selbst wenn das eine Veränderung in der Vielfalt und der Verteilung der Arten zur Folge hat. Ganz gleich, was sich entwickeln wird, es wird weder bewertet noch beeinflusst. Losgelöst von der menschlichen Vorstellung, wie Naturräume auszusehen oder zu sein haben, darf sich dort Natur frei entfalten, darf wild sein, darf sich selbst erschaffen. Diese Wildnisflächen sind Bestandteil unseres nationalen Naturerbes und sollen es für immer bleiben.

Was ich lese, berührt mich. Wie sich das wohl anfühlt, solch eine Natur um sich zu haben, die eine eigene Dynamik hat und sich fern von jeglichen Eingriffen des Menschen gestalten kann? Was würde es in mir auslösen, wenn ich dieser ungezähmten Lebendigkeit und Urenergie begegnen würde? Welche einzigartigen Naturschätze beherbergen die deutschen Nationalparks? Es ist bereits tiefe Nacht, als ich meinen Laptop zuklappe und einen Entschluss fasse: Ich möchte sie sehen, all die Landschaften und Gebiete zu Fuß erkunden, die unser Land in seiner einstigen Ursprünglichkeit abbilden werden. Grob rechne ich mir die Zeit aus, die ich in etwa benötigen werde, um einmal quer durch Deutschland zu reisen und alle Nationalparks zu besuchen. In meinem Bauch kribbelt es angenehm bei dem Gedanken, einfach alles hinter mir zu lassen, einfach weg zu sein und nichts als Natur um mich zu haben. Schon sehe ich mich am Wattenmeer stehen oder in einem alten Buchenwald oder auf einem Berggipfel in einer mir noch unbekannten Region. Am liebsten würde ich sofort meinen Koffer packen. Pfeif auf alles, jubelt mein inneres Kind, lass uns einfach abhauen! Wie schön sie sich anfühlt, diese kindliche Abenteuerlust, und wie gerne ich ihr nachgeben werde. Müde sinke ich in mein Bett und lasse meine Träume in die Nacht gleiten.

Ein paar Wochen später sind meine Reisevorbereitungen abgeschlossen, die berufliche Auszeit genehmigt und mein privates Umfeld über meine mehrwöchige Abwesenheit informiert. Auf meiner Terrasse sitzend nehme ich Abschied von meinem »alten« Leben. Etwas Neues wird kommen, dessen bin ich mir sicher. An der Tür lehnt mein Rucksack, fertig gepackt und startbereit. Es kann losgehen.

1

Einsteigen ins Grün

Ein tiefer Atemzug im Nationalpark Hunsrück-Hochwald

Einsteigen ins Grau. Bilder rasen im Takt der Gleise an mir vorüber. Meine Augen möchten verharren, möchten ruhen. Zu viele Gerüche und Düfte vermischen sich zu einem Dunst aus Menschen- und Maschinenmief. Ein Baby schreit, Herr Müller schreit, sein Handy schreit, die Ansage schreit, das Metall der Gleise schreit, meine Seele schreit. Niemand spricht, niemand kommuniziert, jeder tippt, liest, spielt oder hört, niemand schaut weg vom leuchtenden Bildschirm mit seinen vielen Verheißungen. Ich bin in einer Welt, die nicht die meine ist.

Aussteigen. Gedränge überall, jeder möchte den ersten Schritt nach draußen setzen. Gleich habe ich es geschafft, gleich bin ich sie los, die Bildschirmzombies, die In-die-virtuelle-Welt-Abgetauchten. Hastig, Schritt für Schritt: Beton, Pflastersteine, Beton, Schotter, Gras, Sand, Erde, Laub. Angekommen.

Einsteigen ins Grün. Meine Augen sind neugierig, lernen Farben, erkennen Formen, verlieben sich. Ein tiefer Atemzug. Gierig nehme ich Gerüche wahr, die sich zu einem Nadelwald-Laub-Moos-Gemisch verbinden, speichere sie ab in meinem Duftgedächtnis. Ein Falke schreit, das Grün schreit, der Wind schreit, die Bäume schreien mir ihre Ruhe entgegen. Ich lausche den Waldgesprächen, höre sie flüstern, die Bäume, die Blätter, den Wind und die Gräser, höre die Naturwesen in Laub und Gebüsch rascheln. Ich sehe, rieche, spüre den Wald. Meine Sinne tanzen, hüpfen, umarmen und küssen sich. Ich bin in einer Welt, die meine ist.

✕

Im nebligen und regennassen Morgengrau breche ich auf zur Traumschleife Börfinker Ochsentour im Nationalpark Hunsrück-Hochwald. Wie glitzernde Perlen hängen klitzekleine Tautropfen in der Luft, zerplatzen auf meiner Haut und kühlen mein Gesicht. Neugierig sammle ich Eindrücke, atme das Naturaroma ein und schlendere gemütlich auf einem Holzsteg durch das geschützte Hangmoor, das Ochsenbruch genannt wird. Die Bewegung tut mir gut, ebenso die Farben und Geräusche, die ich wahrnehme. Rings um mich herum ist der Boden mit einem hellgrünen, krautähnlichen Teppich überwuchert. Einen Augenblick verweile ich, nehme ein paar tiefe Atemzüge und schaue in das nasse Grün. Wie schön ruhig es hier ist. Ab und zu ein Vogellaut, sonst nichts. Was für einen Kontrast die Natur doch zum Büroalltag bietet, vor allem, wenn man wie ich viel Zeit vor dem Bildschirm verbringt. Schon allein die räumliche Tiefe, in die nun meine Augen wandern können, ist eine Wohltat. Allmählich wird mir bewusst, wie sehr mich die Unruhe im Büro gestört hat, die ständigen Telefongespräche, das monotone Klackern der Tastaturen. Acht Stunden am Tag im Großraumbüro sind definitiv nichts für mich. Für solch einen vorgegebenen Takt bin ich nicht geeignet, das spüre ich im Moment sehr deutlich. Um mein Potenzial entfalten zu können, brauche ich Freiraum und natürliche Weite, in die ich mit meinen Augen und Gedanken eintauchen kann. In letzter Zeit war ich abends immer völlig ausgelaugt, hatte keine Energie mehr für irgendwas. Immerhin hat sich die Pflegesituation meines Vaters verbessert, sodass ich damit gegenwärtig nicht mehr belastet bin. Noch einmal tief einatmen. Ich möchte das alles jetzt hinter mir lassen. Ausatmen.

Am Ende des Holzstegs erreiche ich einen großflächig angelegten Rastplatz mit einem steinernen Kunstobjekt davor. Dort habe ich mich mit Sandra verabredet, einer Nationalparkführerin, die ich beruflich über den Tourismus kennengelernt habe. Nachdem ich ihr von meinem Reisevorhaben erzählt hatte, war sie spontan bereit, mich bei der ersten Wanderung meiner Nationalparktour durch den Hunsrück-Hochwald zu begleiten. Neugierig laufe ich einmal um den künstlerischen Steinberg herum und studiere die Infotafeln.

»Dieses Gestein hier«, Sandra deutet auf das Kunstwerk, »ist der sogenannte Taunusquarzit. Er ist mitverantwortlich für die Bildung unserer Hangmoore, die wir auch Hangbrücher nennen. Sowohl der Quarzit als auch die Moore sind typisch für den Nationalpark.« Gemeinsam wandern wir auf dem Holzsteg weiter durch die Moorlandschaft.

»Dieses krautähnliche Gewächs, das du hier überall siehst, ist Torfmoos, es bildet einen Grundbaustein für das Moor und funktioniert wie ein riesiger Regenwasserspeicher.« Gebannt lausche ich Sandras Bericht über die herausragende Bedeutung der Moore. Wie ein Schwamm saugen sie den Niederschlag auf, um das Wasser nach und nach wieder an die Umgebung abzugeben. Selbst in heißen Sommern gibt das Hangmoor noch Feuchtigkeit an die Bäche ab. Ganz nebenbei ist somit auch für Hochwasserschutz gesorgt, denn gäbe es kein Moor hier oben, würde das Regenwasser viel zu schnell hinunter in die Traun und weiter in die Nahe fließen. Erstaunlich finde ich die Tatsache, dass Torf im Laufe eines Jahres nur einen Millimeter in die Tiefe wächst. In einem Meter Torf stecken also tausend Jahre Vegetationszeit. Fast ehrfürchtig schaue ich auf den grünen Teppich vor meinen Füßen.

Torfmoos produziert außerdem ein saures Milieu, das ideale Wuchsbedingungen für Wollgras und den seltenen Rundblättrigen Sonnentau bildet. Beeindruckt von den vielen neuen Informationen inspiziere ich die Moosfläche. Wie sieht denn dieser Sonnentau eigentlich aus?

»Gerne würde ich dir den Sonnentau zeigen, aber leider befinden wir uns gerade an einer Stelle, an der keiner wächst«, erfahre ich von Sandra. Aus ihrem Rucksack holt sie eine kleine bebilderte Broschüre heraus und gibt sie mir. Darin sind die wichtigsten Pflanzen der Hangmoore abgebildet, mit vielen Erläuterungen. »Damit kannst du dich ein wenig ins Thema einlesen. Wenn du wieder einmal in einem Moor unterwegs bist, wirst du mit Sicherheit ein paar der beschriebenen Moorbewohner entdecken.« Begeistert nehme ich die Broschüre entgegen und verstaue sie in meinem Rucksack.

Vom Moorsteg aus gelangen wir in einen ehemaligen Fichtenwaldabschnitt. Ehemalig, weil hier der Borkenkäfer ganze Arbeit geleistet hat. Wie Zahnstocher ragen abgestorbene Fichtengruppen aus dem grünen Waldgemisch hervor. Was ich aus der Distanz bisher nur als braune Flecken im Waldbild wahrgenommen habe, sehe ich nun aus nächster Nähe. Manche Fichten haben bereits ihre Rinde komplett abgeworfen. Nackt und kahl stehen sie beieinander, ein trauriger Anblick. Mit der Hitze und der Trockenheit von 2018 kam die Fichte nicht zurecht und war dadurch stark geschwächt. Da hatte der Borkenkäfer leichtes Spiel, wie man in vielen deutschen Wäldern sehen kann. Neugierig bleibe ich stehen und schaue mir ein Stück heruntergefallene Rinde genauer an. Deutlich sind auf der Innenseite Fraßspuren des »Buchdruckers« zu sehen. Vom sogenannten Muttergang aus führen die Spuren seitlich nach links und nach rechts. Von oben draufgeschaut, ähnelt das Fressmuster einem aufgeschlagenen Buch. Ob eine Fichte vom Borkenkäfer befallen ist, kann man auch direkt an der Rinde am Baum erkennen. Der Käfer bohrt nämlich ein Loch in die Rinde, um darunter eine sogenannte Rammelkammer anzulegen. Schätzungsweise zwei Millimeter Durchmesser haben die Bohrlöcher. Wenn man nah an die Rinde herangeht, sind sie gut zu erkennen. Nach der Paarung legen die Weibchen ihre Eier entlang eines Muttergangs ab. Sobald die Larven schlüpfen, fressen sie sich an den Leitbahnen des Baumes, die sich unter der Rinde befinden, satt. Je nach Stärke des Befalls ist dies das Todesurteil für die Fichte, denn die Leitbahnen sorgen für den Nährstofftransport von der Wurzel bis zur Baumkrone.

»Da sind ja ganz schön viele Löcher drin, in diesem Stück Rinde«, stelle ich erstaunt fest.

»Ja, das Fatale dabei ist, dass ein einziges Weibchen in einer Vegetationsperiode bis zu hunderttausend Nachkommen haben kann. Diese Menge kann man sich nur schwer vorstellen, sie macht aber ganz gut deutlich, warum sich der Käfer so schnell ausbreiten kann.«

Noch habe ich keine großen Waldschäden gesehen, in meiner Heimat gibt es wenig Fichtenwälder. Aber wenn ich so auf die sterbende Fichtengruppe vor uns schaue, möchte ich mir das nicht auf einer großen Fläche vorstellen.

Mittlerweile sind wir auf einer Lichtung angekommen. An einem quer liegenden vermodernden Baumstamm bleiben wir stehen. Etliche Baumpilze, die aussehen wie gestreifte Zipfelmützen, haben sich auf ihm angesiedelt.

»Das sind Zunderschwämme«, erklärt Sandra. »Sie wachsen vor allem an Buchen, die bereits geschwächt sind. Der eigentliche Pilz sitzt im Baum, und der Zunderschwamm ist sein Fruchtkörper. So ein Schwamm kann bis zu dreißig Jahre alt werden. Schau ihn dir mal genau an, fällt dir etwas auf?« Kopfschüttelnd gebe ich mich geschlagen. »Sobald der Baum am Boden liegt, ändert der Schwamm seine Wuchsrichtung. Er dreht sich so, dass seine Sporen nach unten fallen können.« Tatsächlich, jetzt erkenne ich es auch: Die Zunderschwämme haben sich an die neue Lage angepasst und sich um neunzig Grad zum Boden hingedreht.

»Komm mal mit, ich möchte dir noch etwas zeigen.« Mit einem vielsagenden Blick bedeutet mir Sandra, ihr zu folgen. Wir verlassen den Wanderweg und laufen einen schmalen Pfad entlang, der uns weg vom Hangmoor und hinein in den Wald führt. Sofort spüre ich die atmosphärische Veränderung, als wir immer tiefer in den Wald gelangen. »Das hier ist mein Lieblingsplatz. Wir befinden uns hier ganz nah an der Kernzone des Nationalparks. Lass uns kurz stehen bleiben«, schlägt Sandra vor. Dicht stehen die Nadelbäume beieinander, durch ein paar gefallene Bäume haben sich vereinzelt Lichtinseln gebildet. Um uns herum ist der Boden bedeckt mit leuchtend grünem Moos. So weit mein Auge reicht, überall Moos. Aus dem grünen Teppich ragen abgebrochene Baumstämme und Äste heraus – ein Sinnbild für die beginnende Wildnis. Friedliche Stille umgibt uns.

»Hier darf Natur Natur sein. Es wird nicht mehr eingegriffen, und das für alle Ewigkeit«, vernehme ich Sandras Flüstern und meine, Ehrfurcht in ihrer Stimme wahrzunehmen.

Ich nicke nur und drehe mich einmal langsam um die eigene Achse. Tief in mir regt sich eine Empfindung, die ich noch nicht richtig beschreiben kann. Am liebsten hätte ich mich auf das Moos gelegt und meinen Kopf am Fuße eines Baumes in die schützende Weichheit gebettet. Tränen steigen mir in die Augen. Dieser Ort ist besonders, er berührt mich. Sandra lächelt mir zu, wissend und verstehend.

»Möchtest du gerne mehr von unserem Nationalpark sehen?«, fragt sie mich nach einem Moment gemeinsamen Schweigens.

»Unbedingt, zeige mir bitte mehr davon«, antworte ich, noch immer tief beeindruckt von der Umgebung und etwas verwirrt über meinen Gefühlsausbruch. Was war das eben? Wieso hat mich dieser Platz so berührt? Versunken in meine Gedankenwelt, folge ich Sandra wieder zurück auf den Wanderweg. Noch eine ganze Weile wandern wir zusammen durch schönen Mischwald und am Traunbach entlang. Sandra erklärt und berichtet, ich höre aufmerksam zu und nehme alle Infos begierig auf. Bisher war ich der Meinung, ich wüsste ganz gut Bescheid über die Natur und den Wald. Immerhin bin ich ja Wanderführerin und komme gut zurecht »da draußen«. Am Ende unserer Wanderung jedoch muss ich feststellen, dass ich von vielem noch keine Ahnung habe. Insbesondere sind mir manche Zusammenhänge noch nicht klar. Wie funktioniert das System Wald eigentlich? Welche Eingriffe haben welche Auswirkungen auf dieses System? Wie kann ich aus einem Stück Wald oder einer Landschaft Rückschlüsse auf die zugrunde liegende Entwicklung ziehen? Fragen über Fragen geistern durch meinen Kopf. Wo sonst, wenn nicht in den Nationalparks werde ich die Antworten darauf finden?

×

»Das Besondere an der Mörschieder Burr ist das Gestein und die Art, wie es hier liegt«, leitet Sandra am nächsten Morgen unsere Wanderung auf einer Etappe des Saar-Hunsrück-Steigs ein. Wir sitzen inmitten einer sogenannten Rosselhalde, die sich von oben über den gesamten Hang ins Tal erstreckt und durch den Wanderweg in zwei Hälften geteilt wird. Ein Standort, der typisch für den Nationalpark Hunsrück-Hochwald ist, wie ich erfahren habe. Felsbrocken unterschiedlicher Größen liegen wie hingeworfen auf dem schrägen Berghang. Dort, wo das Gestein nicht so dicht beieinanderliegt, haben sich Bäume und niedriges Buschwerk angesiedelt. Insgesamt eine wundervolle Atmosphäre, die mich ein wenig an Südfrankreich erinnert. Am Wegesrand haben wir es uns auf zwei größeren Felsblöcken gemütlich gemacht, sitzen in der Mittagssonne und packen unsere Rucksackverpflegung aus.

»Alles, was du hier an Gestein siehst, ist Taunusquarzit«, knüpft Sandra an unsere Unterhaltung über diese Besonderheit des Nationalparks an. Wie sich im fortlaufenden Gespräch herausstellt, ist sie Diplom-Geografin. Mit großem Interesse lausche ich ihren aufschlussreichen Erklärungen zur Entstehung der Blockschutthalde. Was für mich wie ein riesengroßer Geröllhaufen aussieht, ist das Ergebnis eines Prozesses, der vor etwa zehntausend Jahren während der letzten Eiszeit begonnen hat und bis heute andauert. Entstanden ist der Taunusquarzit aber schon viel früher, schätzungsweise vor dreihundertachtzig Millionen Jahren. Wir sitzen hier also auf einem Haufen richtig alter

Steine. Infolge tektonischer Bewegungen ist der Quarzit irgendwann aus der Erde herausgefaltet worden. Extreme Temperaturschwankungen haben das Gestein über Jahrtausende zum Platzen gebracht. Im Sommer gibt es hier eine außergewöhnliche Thermik. Oberhalb der Steine herrscht große Wärme, unter den Steinblöcken dagegen Kälte. Dadurch entsteht eine Luftzirkulation, die zur Folge hat, dass sich an diesem Standort eine charakteristische Vegetation entwickeln kann.

»Solche Rosselhalden oder Blockhalden gibt es nur an wenigen weiteren Orten in Deutschland«, beendet Sandra unseren kleinen Exkurs in die Erdgeschichte.

Wissen verändert die Wahrnehmung und schafft ein neues Bewusstsein, wie ich nun feststelle. Noch vor ein paar Minuten saß ich auf einem warmen Stein in der Sonne. Jetzt sitze ich auf einem uralten Brocken Taunusquarzit aus dem Devon. Wie ich so über das Blockfeld schaue, fallen mir moosähnliche Gewächse auf den Steinen auf, die im Sonnenlicht in Grau- und Grüntönen leuchten.

»Was wächst denn dort für ein Kraut auf den Steinen?«, möchte ich von Sandra wissen. Meine Frage bringt sie zum Lachen.

»Das Kraut ist ein Sammelsurium aus Flechten und Moosen. Auch sie sind typisch für diese Rosselhalden. Wir waren einmal mit einer Flechtenforscherin hier unterwegs und haben einiges von ihr erfahren. Siehst du die hellgrünen Büschel? Das ist eine Unterart der Rentierflechte. Du kennst sie sicherlich als Dekomaterial für Gebinde oder Modelleisenbahnen.«

»Ja, genau! Damit haben wir früher immer die Weihnachtskrippe verziert. Ich kann mich sogar noch gut daran erinnern, dass sie sich weich anfühlte. Wir haben uns nie darüber Gedanken gemacht, wo das Zeug herkommt, geschweige denn, was das überhaupt ist.«

»Da bist du nicht die Einzige. Nicht umsonst sind sie in manchen Gebieten bedroht und deshalb schutzbedürftig. Manchmal beobachte ich die Leute, wie sie an diesem Blockfeld vorbeiwandern. Kaum jemand nimmt diesen Artenreichtum hier wahr. Man genießt die schöne Aussicht, macht kurz Pause und geht weiter. Aber die kleinen Dinge am Wegesrand bleiben unentdeckt. Dabei sind manchmal richtige Kostbarkeiten darunter, wie diese Flechten hier. Im Nationalpark Hunsrück-Hochwald ist dieses steinerne Meer etwas ganz Besonderes.«

Die kleinen Dinge am Wegesrand – da gebe ich Sandra recht. Oftmals sind das die tollsten Entdeckungen unterwegs. Normalerweise achte ich sehr auf diese Kleinigkeiten. Aber ich muss gestehen, dass ich für Flechten bisher keinen Blick hatte. Gebannt höre ich der Nationalparkführerin zu und lerne Grundlegendes zu den auf den ersten Blick unscheinbaren Gewächsen. Flechten sind Symbiosen aus Pilzen und Algen. Allein für sich könnte keines der beiden existieren. Erst durch die Lebensgemeinschaft können sie sich an diesem Extremstandort entsprechend ausbreiten. Eine Flechte kommt mir bekannt vor, die Landkartenflechte. Wie unzählige kleine Kontinente zeichnet sich das fein strukturierte Muster auf der Steinoberfläche ab. Mir ist, als schaute ich aus dem All auf einen weit unter mir liegenden Planeten. Was mich aber am meisten überrascht, ist die Tatsache, dass solche Flechten bis zu tausend Jahre alt werden können. Sie wachsen extrem langsam – im Jahr so zwischen einem viertel und einem halben Millimeter in der Fläche. Neugierig schaue ich mich um und versuche, noch weitere Arten zu entdecken. Gedankenlos mache ich ein paar Schritte hangabwärts und stelle mich auf einen Steinquader, um einen noch besseren Blick zu haben. »Vorsicht, im Nationalpark gilt Wegegebot!«, ruft mir Sandra zu. »In dem Moment, in dem du auf diese Flächen trittst, kannst du die Strukturen der Flechten zerstören. Denke bitte auch immer daran: Neben den Wegen beginnt das Naturreich, das wir hier im Nationalpark respektieren und schützen. Auch das Errichten von diesen unsäglichen Steinpyramiden ist hier nicht erwünscht.« Mit einem Anflug schlechten Gewissens hüpfe ich geschwind zurück auf den Weg.

»Steinpyramiden mag ich auch nicht besonders«, antworte ich. »Warum müssen die Leute überall ihre Spuren hinterlassen? Wenn es keine aufgeschichteten Steinhaufen sind, dann sind es Kritzeleien auf Bänken oder eingeritzte Initialen auf Felswänden. Von dem weggeworfenen Abfall überall an den Wanderwegen ganz zu schweigen.«

»Du hast recht, das ist ein weitreichendes Problem, leider auch hier im Nationalpark. Vielen ist nicht bewusst, dass wir uns als Besucher im Wohnzimmer der Natur befinden und es genauso hinterlassen sollten, wie wir es betreten haben.«

Etwas mehr Achtsamkeit und Respekt vor den Geschöpfen des Naturreichs wäre vielerorts wünschenswert, darüber sind wir uns einig, während wir uns wieder auf die Wanderung begeben. Kaum losgelaufen, bleibe ich erstaunt an einem großen, flachen Gesteinsbrocken stehen. Es ist unglaublich, was sich auf diesem Stein alles tummelt. Stolz analysiere ich den Bewuchs: verschiedenfarbige Landkartenflechten, unterschiedliche Moose und eine hellgrüne Flechte mit roten Punkten. Bei näherer Betrachtung sieht ihre hellgrüne Oberfläche körnig aus. Insgesamt erinnert das Gewächs an eine ausgestreckte Hand, deren Fingerspitzen rot gefärbt sind. »Sandra, schau mal, was ich entdeckt habe. Weißt du, was das für eine Flechte ist?«

»Oh, du hast eine Scharlachflechte gefunden. Das Rote auf den Flechtenspitzen sind die Fruchtkörper.« Unfassbar, welch kleine Welten sich auf nur einem Stein auftun können. Eine richtige kleine Wohngemeinschaft ist hier entstanden.

»Es haben sich auch ein paar Trompetenflechten dazugesellt«, stellt Sandra fest und macht sich wieder auf den Weg, während ich mir noch einen Moment lang fasziniert die schlanken, zartgrünen, trompetenförmigen Flechten anschaue, bevor ich mich ihr anschließe.

Auf einem wild anmutenden Pfad wandern wir an schroffen Felsgebilden entlang. Mir fällt ein Unterschied zu den üblichen Waldpfaden auf, die ich bisher während meiner Wanderungen kennengelernt habe. Abgebrochene Äste, mit und ohne Blätterwerk, liegen über den Boden verteilt. Umgefallene Bäume lehnen an Felswänden oder sind in Nachbarbäume gestürzt. Ganz klar, hier entsteht Wildnis. Gefangen von der Atmosphäre bleibe ich stehen, möchte wahrnehmen und mich hineinfühlen in diese neue Aura. Angenehmer Holzgeruch und Blätterduft hängen in der Luft. Vor Kurzem erst muss hier ein Sturm durchgerauscht sein, denn die Bruchstellen sind noch frisch. Dazwischen erkenne ich auch schon älteres Totholz, von dem ein erdiges Aroma ausgeht und das nahezu komplett mit Moos überwuchert ist. Und inmitten des ganzen Durcheinanders streben junge Bäumchen dem Licht entgegen. Ein paar Birken, Eschen und kleine Fichten werfen ihr sattes Grün in das von Brauntönen dominierte Gesamtbild. Solche Kontraste und Gegensätze bringt wohl nur die Natur zustande. Im Schlendergang folgen wir dem Wanderweg, und ich bin erstaunt, als sich nach wenigen Metern das Waldbild komplett verändert. Mächtige Fichten mit tief hängenden Ästen heißen uns willkommen in einem mystischen Zauberwald.

»Das ist ja hier wie im Märchen«, rufe ich Sandra zu.

»Ja, das finde ich auch, ich mag diesen Abschnitt sehr. Wir befinden uns jetzt in einem über neunzig Jahre alten Fichtenwald, der sich langsam zur Wildnis entwickelt«, erzählt Sandra.

Etwas zerzaust sehen die Bäume aus, manche Äste sind bereits kahl und ragen wie Skelettarme aus dem Nadeldickicht. Herumliegende Steinbrocken tragen Mäntel aus Moos und bieten kleinen Pilzgeschöpfen eine Lebensgrundlage. Das ist absolut kein Vergleich zu den Nadelwäldern, die ich bisher gesehen habe. Tief inhaliere ich das Waldparfüm, eine Mischung aus Harz- und Nadelduft, mit einem Hauch würziger Erde. Ach, könnte ich doch diesen Wohlgeruch mit nach Hause nehmen.

Zum Abschluss unserer Wanderung steigen wir auf den Turm der mittelalterlichen Wildenburg, die aus dem hiesigen Quarzitgestein erbaut wurde. Von der Plattform des Turms aus bietet sich ein großartiges Panorama. Im fernen Dunst ist auch der Erbeskopf zu sehen, die höchste deutsche Erhebung westlich des Rheins und zugleich der höchste Berg in Rheinland-Pfalz. Mein Blick schweift, meine Gedanken ebenso. Ich bin erst zwei Tage unterwegs und fühle mich schon ein Stück erholter und entspannter. Kein gestresster Puls zu spüren, die Atmung tief und ruhig, meine Gedanken fangen an, sich zu ordnen. Natur wirkt sich positiv auf die Gesundheit aus, das ist mir bekannt. Umso unbegreiflicher ist es mir, dass ich mich so verloren habe, dass ich nicht schon viel früher dieser inneren Leere gewahr wurde.

✕

Am nächsten Tag bin ich mit Natur- und Landschaftsführer Gerhard zu einer Wanderung auf dem Trauntal-Höhenweg verabredet. Hangmoor und Rosselhalde habe ich bereits kennengelernt. Nun geht es um das Thema »Buchenwald«. Diese drei besonderen Lebensräume auf der doch relativ kleinen Nationalparkfläche sind ein Alleinstellungsmerkmal des Hochwalds. Etwa achtundvierzig Prozent des Waldes im Schutzgebiet bestehen aus Rotbuchen, manche davon sind um die zweihundertfünfzig Jahre alt. Solche hochbetagten Bäume werden wir im Verlauf unserer Wanderung sehen. Vor dem Treffen mit Gerhard vertiefe ich noch etwas mein Wissen über die Struktur des Nationalparks.

In den ersten dreißig Jahren ist ein Nationalpark in drei Zonen unterteilt. Neben der Kernzone gibt es noch die Entwicklungszone, die durch gezielte Maßnahmen später in Kernzone übergehen wird, und die Pflegezone. In der Kernzone herrscht Prozessschutz, das bedeutet, die Natur wird sich selbst überlassen. Angestrebt wird ein urwaldähnlicher Zustand, damit eine größtmögliche Biodiversität entstehen kann. Es gibt Arten von Insekten, Pflanzen und Pilzen, die verrottendes Holz oder mehrere Hundert Jahre alte Bäume benötigen, um existieren zu können. Doch ein Urwald baut sich ja nicht innerhalb von fünfzig oder hundert Jahren auf, er benötigt mehrere Hundert oder gar tausend Jahre. Dafür werden solche Zonen geschaffen, die über Jahrhunderte oder Jahrtausende hinweg unangetastet bleiben. Ziel eines Nationalparks ist, innerhalb von dreißig Jahren fünfundsiebzig Prozent seiner Fläche in eine Kernzone zu überführen und somit dem Prozessschutz zu überlassen. Bis das so weit ist, werden dafür in den Entwicklungszonen aktiv potenzielle Wildnisflächen vorbereitet. Um benachbarte Kulturlandschaften und Siedlungsgebiete vor negativen Einflüssen (wie dem Borkenkäfer) zu schützen, gibt es rund um die Nationalparkgrenze eine Pflegezone. Sie macht etwa fünfundzwanzig Prozent der Schutzfläche aus. Hier dürfen schonende Maßnahmen und Eingriffe vorgenommen werden.

Jede Landschaft, jeder Wald erzählt eine Geschichte, die ihren Ursprung in den Bedürfnissen heutiger und früherer Generationen hat. Das Ergebnis der jahrhundertelangen wirtschaftlichen Nutzung des Hochwalds sind Fichtenmonokulturen, trockengelegte Moore und ein dichtes Wegenetz. Natürliche Waldentwicklung war auf den »Nutzflächen« nicht vorgesehen. Lediglich Gebiete, die schwer zugänglich waren (wie etwa die Rosselhalden) oder die aus anderen Gründen nicht genutzt werden konnten, sind annähernd ursprünglich geblieben. Daraus entwickelten sich Standorte für seltene und spezialisierte Arten, die es heute zu schützen gilt. Solange sich der Nationalpark noch in der Entwicklungsphase befindet, dürfen Maßnahmen für die Waldentwicklung, die Renaturierung der Moore und Gewässer sowie für den Wegerückbau durchgeführt werden. Fünfzig Prozent Kernzone hat der Hunsrück-Hochwald bereits erreicht. Mit seinen sieben Jahren ist der Nationalpark noch jung und hat für die geplanten Maßnahmen Zeit bis 2045. Nach Ablauf der Frist geht die Entwicklungszone in die Kernzone über. Schade, dass man nicht ein paar Jahrzehnte in die Zukunft schauen kann, um einen Blick auf die fortgeschrittene Wildnis zu werfen.

Am vereinbarten Treffpunkt an der Traun entdecke ich Gerhard, der bereits auf mich wartet. Er wird mich in die Buchenwald-Kernzone führen, zuerst aber unternehmen wir eine Wanderung durch das Trauntal. Unser erster Stopp ist am Eisenhüttenwehr, einem Gewässersturz an der Traun.

»Der Fluss Traun ist ein Referenzgewässer, wenn es um das Thema ›naturnahe Gewässer‹ geht«, erklärt mir Gerhard. Damit Kleinstlebewesen und Fische den Höhenunterschied überwinden können, wurde mit großen Steinbrocken eine sogenannte Sohlrampe geschaffen. Von Gerhard erfahre ich, dass sich Deutschland verpflichtet hat, die EU-Wasser-Rahmenrichtlinien umzusetzen und die Gewässer in einen guten Zustand zu überführen. Das ist recht schwierig, besonders bei kanalisierten Flüssen wie der Mosel oder dem Rhein mit seinen Staustufen. Bei kleineren Gewässern gestaltet sich das etwas einfacher.

»Wie du sehen kannst, hat die Traun hier viel Platz, darf sich erweitern und ihren Lauf verändern. Genau so sollte ein naturnahes Gewässer aussehen. Eisvögel, Wasseramseln und Schwarzstörche haben sich hier angesiedelt, ein Zeichen dafür, dass die Entwicklung in die richtige Richtung geht.«

Idyllischer kann ein Gewässer kaum sein, stelle ich fest. Durch das breite Flussbett wirbelt in kleinen Strudeln kristallklares Wasser. Begleitet vom besänftigenden Rauschen der Traun erreichen wir die Abentheurer Hütte, ein gut erhaltenes Zeugnis der einstigen Hunsrücker Eisenindustrie. In der ehemaligen Eisenhütte wurden bis ins 19. Jahrhundert Eisenwaren hergestellt. Über ein gut ausgeklügeltes und weitverzweigtes Kanalsystem wurde Wasser ins Hüttengelände geführt. Das waren richtige Baukünstler damals, denn sie mussten ein Gefälle einkalkulieren, damit das Wasser immer abwärtsfließen konnte. Die saarländische Hüttenindustrie nahm an diesem Ort ihren Anfang. Erzvorkommen, Wasserreichtum und ausgedehnte Wälder waren die Grundlage für die Entstehung der Eisenindustrie. Für die Hochöfen und die Verarbeitung des Eisens wurden große Mengen Holzkohle benötigt, was den Raubbau an den Wäldern durch die Köhlerei einleitete. Noch heute findet man in den Wäldern kreisförmige Mulden, dort, wo sich einst die Kohlenmeiler befanden. Der abgeholzte Wald wurde mit Fichten wieder aufgeforstet.

An schroffen Felsengebilden wandern wir bergauf, hinein in einen lichtdurchfluteten Buchenwald. Fasziniert blicke ich mich um, nehme wahr, erfreue mich an der schüchternen Wildheit um mich herum. Gefallene Altbäume, mit Moos bewachsen, leuchten auf, sobald ein Sonnenstrahl auf sie fällt. Frisches, junges Grün sprießt zwischen kräftigen Buchen und stehenden Totholzstämmen. Jungbäume wachsen um die Wette. Nur die schnellsten werden mit ihren Baumkronen einen Dauerplatz im Tageslicht bekommen. Vermutlich sind durch Trockenheit und Windwurf Lichtungen entstanden, die nun neu bevölkert werden. Als ob Gerhard meine Gedanken lesen könnte, beginnt er, die vorhandenen Baumgenerationen zu analysieren.

»Auf dieser Fläche sehen wir hauptsächlich junge, gleich hoch heranwachsende Buchen und sehr viel höhere Altbuchen. Dazwischen ist viel Leere. Durch einen ideal aufgebauten Mischwald kannst du normalerweise nicht hindurchschauen, denn der besteht aus drei Altersklassen: Jungbäumen, erwachsenen Bäumen und Altbäumen. Gibt es nur junge und alte Bäume, kann man daraus ableiten, dass vorher eine Monokultur herrschte, in der nichts anderes wachsen konnte. Wenn dann, wie hier, eine Lücke entsteht – sei es durch Windwurf oder andere Einflüsse –, wachsen junge Bäume heran. Die mittlere Altersklasse allerdings fehlt.«

Wie dankbar bin ich für dieses Wissen! Zukünftig kann ich mir die Entstehungsgeschichte eines Waldstücks anhand seiner Generationenverteilung herleiten. Während ich noch weiter darüber nachdenke, erreichen wir einen neuen Abschnitt unserer Wanderung. Hohe, schlanke Buchen beherrschen das Areal. Am Boden wächst kaum etwas. Lediglich dort, wo Lücken entstanden sind und Licht bis zum Boden gelangen konnte, sind junge Bäumchen gewachsen. Kleine grüne Inseln im vorherrschenden Braun verwelkter Blätter. Zwischenzeitlich haben wir den Bergrücken erreicht. Vor uns taucht eine merkwürdige Konstruktion auf: ein aufgespanntes Netz und mehrere Behälter mit Flüssigkeiten, die von Ästen herunterbaumeln – hier wird Forschung betrieben. In den Behältern befinden sich Substanzen, die über eine gewisse Zeit spezielle Insektenarten anlocken.

»Über die Anzahl der gesammelten Insekten in den Flüssigkeiten lassen sich dann Rückschlüsse auf den Lebensraum und die darin befindliche Artenvielfalt ziehen«, klärt mich Gerhard auf.

Wenige Wanderminuten später gelangen wir auf eine flache Bergkuppe. Sprachlos schaue ich mich um. Haufenweise trockenes Geäst liegt herum, kahle Baumkronen ragen empor, hier und da ein umgeknickter Baum – was für ein wildes Szenario. Spontan ziehe ich einen Vergleich zu den ausgebleichten Gebeinen eines Elefantenfriedhofs. Nur, dass es sich hier um Bäume handelt.

»Willkommen in der Buchenwald-Kernzone«, raunt Gerhard mir zu, »ein ganz besonderer Platz, wie ich finde.«

Dem kann ich mich nur anschließen. Werden und Vergehen – in sehr eindrücklicher Weise. Etwas Vergleichbares habe ich noch nie gesehen und ist in Wirtschaftswäldern wohl kaum zu finden. Mächtige Totholzstämme, von Spechten durchlöchert und übersät mit Baumpilzen, stehen zwischen aufstrebenden Jungbäumen. Inmitten des ganzen Chaos ragt der riesige nackte Stamm einer uralten Buche

auf. Wir schätzen ihr Alter auf etwa dreihundert bis dreihundertfünfzig Jahre. Nicht einmal zu zweit können wir
sie komplett umfassen. An einer anderen Stelle winden
sich dicke moosige Äste wie Riesenschlangen übereinander
und bilden ein wirres Geflecht. Dennoch zieht uns dieser
Platz an. Auf einem moosweichen, von der Sonne gewärm-
ten Stamm machen wir es uns bequem und packen unsere
Brotzeit aus. Essen unter freiem Himmel ist etwas Feines.
Alles schmeckt viel besser, finden wir. Sonnenwärme, Vo-
gelgezwitscher, der Duft des Waldes – mich durchströmt
ein angenehmes Gefühl von Zufriedenheit und Zuversicht.
Alles wird gut. Ich lächle. Gerhard ebenso.

×

Der letzte Tag meines Aufenthalts im Hunsrück-Hochwald.
Reich an neuem Wissen mache ich mich allein auf den Weg.
Auf der Wanderkarte habe ich die Dollbergschleife entdeckt, eine Rundwanderung, die mich zum Keltenwall führen wird. Auf den etwa elf Kilometern Wanderweg gibt es
viel Sehenswertes, wie beispielsweise das Industriedenk-
mal »Züscher Hammer«. Ein traumhafter Wegabschnitt
durch das wildromantische Altbachtal endet direkt an dem
ehemals größten Eisenhüttenwerk im Hunsrück des
17. Jahrhunderts. Gedankenverloren folge ich im Schlendergang der Wegmarkierung, mal durch finsteren Fichtenwald,
mal durch helleren Mischwald, bis ich mich dem Kamm
des Dollbergs nähere. Etwas ist hier oben anders, es gibt
viel mehr Licht, viel mehr Offenheit und weniger Begren-
zung. Genau das Gegenteil vom Gefühl des Eingesperrt-
seins im Büro. Fichtenstummel ragen aus dem satten Grün
der Waldwiese, die, so vermute ich, durch Windwurf entstanden ist. Dünne Birken neigen sich in einem ausladenden Bogen zur Erde hin, als würden sie eine unermessliche

Last in ihren Kronen tragen. Manche von ihnen sind gebrochen und strecken ihre Arme ergeben von sich. Heidelbeersträucher machen sich auf den frei gewordenen Flächen breit. Dazwischen haben sich vor Kraft strotzende Jungbäume einen Platz in der Sonne gesichert. Insgesamt ein wohltuendes Kunterbunt für meine Seele. Nach nur wenigen Minuten Gehzeit nehme ich erneut eine Veränderung wahr. Zunehmend schwindet das Licht, über mir schließt sich das Baumkronendach. Ich bin angekommen am Dollberggipfel, umgeben von wildem Buchenwald. Verblüfft schaue ich mich um. »Kreuz und quer« ist hier oben das Motto. Äste, ganze Bäume und Quarzitbrocken, alles liegt durcheinander, ohne einer erkennbaren Ordnung unterworfen zu sein. Genau das liebe ich so beim Wandern, wenn mich ein Weg völlig überrascht und sprachlos macht.

Kurze Zeit nach meiner Rast am Dollberggipfel sehe ich etwas Helles zwischen den jungen Buchenbäumchen hindurchschimmern. Was ist das? Es sieht aus wie eine Steinwand. Ist das eine optische Täuschung? Der Weg führt mich um eine Kurve und geradeaus auf die komische Wand zu. Dann erkenne ich, was sich da Mächtiges vor mir auftürmt: der Keltenwall oder »Hunnenring«, wie er auch genannt wird. Ein wahrhaft gigantisches Bauwerk. Über eine breite Steintreppe gelange ich nach oben und blicke auf die Gesteinsmassen des Nordwalls der einst größten keltischen Festungsanlagen Europas. Vor über zweitausend Jahren wurde der zweieinhalb Kilometer lange Ringwall erbaut. Etwa zehn Meter hoch ist er an der Stelle, an der ich mich gerade befinde. Laut Infotafel waren es damals um die zwanzig Meter Höhe. In der Sonne sitze ich auf einem Stein und hänge meinen Gedanken nach. Etliche Touristen besteigen den Wall und kraxeln auf den Steinen herum, machen Selfies und packen ihre Verpflegung aus. Wie viel Schweiß und Muskelkraft hat es wohl gekostet, bis dieses Monument errichtet war? Was werden wir unserer Nachwelt hinterlassen – mal abgesehen vom Atommüll –, das in Tausenden von Jahren noch Bestand haben wird?

Allmählich schwindet die Nachmittagssonne. Goldfarbenes Licht kündigt den herannahenden Abend an. Gemütlich wandere ich hinunter ins Tal, ohne Eile. Ganz gleich, wann ich unten ankommen werde, es gibt keine Pflichten, die erfüllt werden müssen. Niemand fordert etwas von mir. Keine Kompromisse müssen gefunden werden. Es fühlt sich gut an, so ganz allein mit mir.

2

Im Kreis alter Buchen

Dem Weltnaturerbe auf der Spur im Nationalpark Hainich

Spätsommerliche Wärme und strahlend blauer Himmel über dem noch dichten und grünen Blätterdach der Laubbäume – schöner könnte meine Ankunft im Nationalpark Hainich nicht sein. Im Informationszentrum direkt neben meiner Unterkunft möchte ich als Erstes etwas über das Schutzgebiet und seine Besonderheiten herausfinden. Außerdem brauche ich eine Wanderkarte, damit ich mich mit dem Wegenetz vertraut machen kann. Ein freundlicher Mitarbeiter des Zentrums gibt mir einen kurzen Überblick. So erfahre ich, dass sich im Nationalpark Hainich der größte zusammenhängende und nutzungsfreie Laubwald Deutschlands befindet. Er macht etwa neunzig Prozent der Nationalparkfläche aus. Weder Stromtrassen noch große Straßen zerschneiden das Gebiet – mit ein Grund dafür, dass die Wildkatze hier heimisch geworden ist. Aufgrund des nährstoffreichen Muschelkalkbodens, der sich vor etwa zweihundertvierzig Millionen Jahren abgelagert hat, sind struktur- und artenreiche Rotbuchenwälder entstanden, die es in dieser Ausprägung und Größe nirgends sonst gibt. Spezialisierte Tier- und Pflanzenarten, die auf Alt- und Totholz angewiesen sind oder auf Offenlandflächen mit stehenden Gewässern, haben hier ideale Lebensbedingungen gefunden.

Der Buchenbestand im Nationalpark Hainich gilt als äußerst wertvoll und zählt daher seit 2011 zum UNESCO-Weltnaturerbe »Alte Buchenwälder und Buchenurwälder der Karpaten und anderer Regionen Europas«. Dies ist weltweit die einzige Welterbestätte, die sich über mehrere Länder erstreckt und sich in fortwährender Ausbreitung befindet. Im Vergleich zu den Urwäldern der Karpaten, die sich seit der letzten Eiszeit ungestört entwickeln konnten, stecken die deutschen Buchenwälder praktisch noch in den Kinderschuhen.

Vier weitere deutsche Waldgebiete stehen ebenfalls auf der Liste des Weltnaturerbes. Jedes Gebiet für sich hat entsprechend seinem Klima, seinem Boden und seiner Lage ein eigenes Waldbild. Drei davon befinden sich in den Nationalparks Jasmund, Müritz und Kellerwald-Edersee. Alle drei werde ich während meiner Reise noch kennenlernen. Wandern im Weltnaturerbe – ich kann es kaum erwarten.

Bis zum Sonnenuntergang sind es noch ein paar Stunden, und so beschließe ich, eine kleine Wanderung auf dem ausgewiesenen Bummelkuppenweg zu unternehmen. Meine ersten Wanderschritte im Hainich setze ich auf die »Hohe Straße«, eine bedeutende Handelsroute des Mittelalters, die über den Höhenzug führt. Ob auf diesem Weg damals viel Verkehr war? Bestimmt war es recht laut, wenn die Karren über den steinigen Boden gepoltert sind. Übrig geblieben aus jener Zeit sind lediglich der Weg und ein paar steinerne Zeitzeugen am Wegesrand, wie etwa die Zollbank unter einer alten Buche, auf der ich kurz Rast mache. Sühnekreuze, Wüstungen und Reste mittelalterlicher Wallanlagen sind Spuren der Siedlungsgeschichte des Hainichs. Hinter jedem dieser historischen Überreste verbirgt sich eine Geschichte. Nur spärliches Sonnenlicht dringt durch die dichten Baumkronen. Ich frage mich, wie alt die Buchen sind, die um den Platz herum wachsen. Waren sie schon hier, als die Bank errichtet wurde? Welcher Ausblick bot sich damals von der Bank aus? Möglicherweise waren die Bäume noch nicht so hoch, und man hatte freie Sicht in die Ferne. Was für Szenen haben sich hier schon abgespielt? Ab und zu gebe ich mich gerne solchen Gedanken hin und schenke einem vermeintlich unscheinbaren Ort meine Aufmerksamkeit.

Über einen schmalen, weichen Waldweg werde ich von der Hohen Straße weggeführt, hinein in einen jugendlichen Buchenwald. Einzelne Lichttupfen dringen durch das dichte Blätterwerk. Ab und zu ist ein Vogel zu hören, ansonsten nichts als Stille. Eine märchenhafte Atmosphäre. Mir fällt ein quer liegender vermodernder Baum auf, übersät mit weißen, keulenförmigen Pilzen, deren Oberfläche stachlig aussieht. Ihrer Form nach tippe ich auf Flaschenstäublinge. Habe ich jemals so viele auf einer Fläche gesehen? Es müssen Hunderte sein. Über tausendfünfhundert verschiedene Pilzarten gibt es im Nationalpark. Ein ganz besonderer ist der Scheinbuchen-Fadenstachelpilz. Er ist ein Urwald-Zeiger und wächst hauptsächlich auf altem Totholz in naturbelassenem Buchenwald. Im Hainich wurde er 1999 erstmals nachgewiesen. Davor galt er in Thüringen als ausgestorben.

Durch das Blätterdach fällt ein einzelner Lichtstrahl auf den Stamm. Genau an dieser Stelle wächst ein kleines Bäumchen heran. Mir gefällt dieser Zyklus, den ein Baum während seines Daseins durchläuft. Beschädigungen durch einen Blitzschlag oder Extremwetter kann ein Baum irgendwann nicht mehr selbst reparieren. Geschwächt bietet er Pilzen eine Angriffsfläche. Sobald sich ein Pilz angesiedelt hat, ist das Schicksal des Baums besiegelt. Bei der Buche ist es zum Beispiel der Zunderschwamm, der sie von innen heraus zu zersetzen beginnt. Sichtbar wird dieser Vorgang durch die sogenannte Weißfäule. Als Totholz kann ein Baum noch eine ganze Weile stehen, manchmal ragt nur noch ein kahler Stumpf aus der Erde. Sobald das Holz weicher wird, beginnt der Specht mit dem Bau seiner Höhlen. Insekten und Pilze nehmen von dem toten Baum Besitz und führen die Zersetzung fort. Irgendwann bricht auch der letzte standhafte Stamm zusammen. Auf der Erde wird er von Käfern belagert und schließlich von Pilzen und Bakterien zu Mulm abgebaut. Lebensraum für Bodenbewohner wie Asseln, Schnecken und Regenwürmer entsteht. Und mittendrin wächst ein junges Bäumchen heran – ein endloser Zyklus des Kommens und Gehens.

Gemütlich schlendere ich weiter, bis sich der Wald öffnet und ich auf eine Lichtung gelange. Sonnenschein, Grillenzirpen und der Duft von Wiese – mein Herz macht einen Sprung. Am liebsten würde ich mich auf die Holzbank legen und ein wenig dösen. Schüchtern schaue ich mich um. Niemand da. Nicht nachdenken, einfach tun. Also mache ich es mir gemütlich. Herrlich. Über mir der Himmel, um mich herum Freiheit. Keine Wände, kein Telefon, keine Pflichten. Einfach nur hier liegen und faulenzen. Aus dem Waldstück heraus dringen Stimmen an mein Ohr. Im nächsten Augenblick kommt ein Paar auf mich zugelaufen und schaut etwas irritiert, als es mich so ausgestreckt auf der Bank liegen sieht. Unschlüssig stehen die beiden herum, als ob sie darauf warteten, dass der Platz frei würde. Ich stelle mich schlafend. Tatsächlich ist es mir ein wenig peinlich, als erwachsene Frau Anfang fünfzig allein hier so herumzuliegen. Aber ... warum eigentlich? Tief in mir drin fühle ich ein kindliches Aufbegehren, gegen Konventionen und Erwartungshaltungen, gegen die scheinheilige Sittlichkeit meiner Elterngeneration und deren Vorstellungen, wie frau sich zu benehmen hat. Pah, mir doch egal! Regungslos bleibe ich einfach liegen. Als sich die beiden wieder auf den Weg machen, grinse ich schelmisch und rekle mich genüsslich. Hach, geht es mir heute gut.

✕

Im Herzen des Nationalparks steht die tausendjährige »Betteleiche«. Ihre skurrile Wuchsform und das hohe Alter haben sie zum Wahrzeichen des Hainich gemacht. Um dorthin zu gelangen, habe ich mir für den folgenden Tag eine schöne Wanderroute zusammengestellt: zuerst ein Stück auf dem Betteleichenweg, dann weiter auf dem Germanischen Kultpfad, mit Abstecher zum Pfad der Begegnung, schließlich über den Saugraben-Wanderweg durch einen Teil der Kernzone und wieder zurück – insgesamt etwa zwanzig Kilometer.

Am nächsten Morgen bin ich in aller Frühe auf der Strecke. Wald im Morgenlicht ist etwas Wunderbares. Leichter Dunst steigt vom Boden hoch und fächert die zarten Sonnenstrahlen auf. Tautropfen hängen wie kleine glitzernde Diamanten an dünnen Spinnweben. Um mich herum beginnende Buchenwaldwildnis. Aufgeregt informiert ein Eichelhäher die Waldgemeinschaft über meine Ankunft. Sein Gezeter überlagert für einen Augenblick alle anderen Geräusche. Nicht umsonst wird er gerne »Waldpolizei« genannt. Eine halbe Stunde bin ich unterwegs, als vor mir eine Weggabelung auftaucht. Und dann stehe ich vor ihr:

der kurios geformten tausendjährigen Betteleiche. Schmal und hoch ist sie, und sie hat zwei Stämme, die sich in etwa drei Metern Höhe vereinen. Es sieht aus, als ob jemand eine Tür in den Stamm gehauen hätte. Der Sage nach haben vor etwa tausend Jahren Mönche der damaligen Klause am Ihlefeld eine kastenförmige Vertiefung in den Stamm der Eiche geschlagen. Spenden und Bittbriefe, die für sie bestimmt waren und immer am Fuß des Baums abgelegt worden waren, sollten so vor dem Wetter geschützt werden. Stete Verwitterung hat zu der eigenartigen Wuchsform der Eiche beigetragen. Gänsehaut überzieht meine Arme, als ich mich dem von Menschenhand gezeichneten Monument der Hainich-Geschichte nähere. Berührt von der Würde dieses uralten Baums stelle ich mich zwischen die beiden Stämme und streiche über das Holz. Den vielen kleinen Bohrlöchern nach zu urteilen, haben Generationen von Holzwürmern die Eiche heimgesucht. Befindet sie sich schon im Sterbeprozess? Noch sind die Äste voll belaubt. Mich wird sie bestimmt noch locker überleben. Gegenüber der Eiche liegen ein paar Baumstämme, die zu Sitzplätzen umfunktioniert wurden. Ich setze mich so hin, dass ich einen direkten Blick auf den steinalten Baum habe. Wenn sie doch sprechen könnte, die Betteleiche. Welche Geschichten könnte sie uns erzählen, welche Weisheiten uns mit auf den Weg geben?

Nach dem Zweiten Weltkrieg wurden große Gebiete des Hainich als Truppenübungsplätze genutzt und folglich zu Sperrgebieten erklärt. In diesem Zuge wurden in den Sechzigerjahren auch die restlichen Gebäude des Dorfes Ihlefeld abgerissen. Da sie somit praktisch nicht betreten wurden, konnten sich die Wälder jahrzehntelang ungestört entfalten. Allerdings wurden auch große Kahlschläge für Schießbahnen vorgenommen. Auf einer der ehemaligen Schießbahnen wandere ich jetzt durch eine Sukzessionsfläche. So nennt man eine Fläche, auf der ungestört eine natürliche Wiederbewaldung stattfindet. Hier wird sich in Zukunft auf natürlichem Wege Laubmischwald entwickeln. Aktuell befindet sich das Gebiet im Gräser- und Gebüschstadium. Ein richtiggehender Filz aus Gräsern bedeckt die Fläche weiträumig. Disteln, wilde Karden oder Johanniskraut wuchern am Weg. Dahinter haben sich Schlehen, Hagebutten und Wildrosen breitgemacht, und der junge Wald steht in den Startlöchern. Solche Gebiete sind spannend, denn sie zeigen uns, welche Abfolgen von Lebensgemeinschaften stattfinden, bis das ökologische Gleichgewicht wiederhergestellt ist. Diese Art der Forschung erfordert viel Geduld, denn die natürliche Waldentwicklung lässt sich viel Zeit.

Mittlerweile bin ich auf dem Saugraben-Wanderweg gelandet. Er trägt seinen Namen zurecht, denn streckenweise ist er von Wildschweinen völlig zerwühlt. Immer höher werden Büsche und Bäume, überragen mich, werden dichter und scheinen bald undurchdringlich. Wie durch einen Tunnel führt mich der Weg tiefer in einen ungestüm wirkenden Wald. Wildschweinspuren säumen den Weg, ein strenger Geruch liegt in der Luft. Leichtes Unbehagen breitet sich in meinem Nacken aus. Nicht, dass ich Angst vor Wildschweinen hätte, es ist mehr das dichte Buschwerk um mich herum, das meine Sicht und meinen Bewegungsspielraum eingrenzt. Endlich, nach wenigen Minuten Gehzeit wird der Weg breiter, flankiert von hohen Laubbäumen. Durch das dichte Kronendach fällt gerade so viel Licht, dass ich den Weg vor mir gut erkennen kann. Geheimnisvolle Wildheit umgibt mich. Ich befinde mich im Kernzonengebiet. Lichtkegel am Boden lassen eigene kleine Welten entstehen. Angetan von der neuen Atmosphäre laufe ich weiter.

Mitten auf dem Weg entdecke ich Wildschweinsuhlen mit haufenweise Hufabdrücken drum herum. Feucht und erdig riecht der weiche, morastige Boden unter meinen Füßen. Pilze in allen möglichen Formen und Lebenszyklen haben sich auf dem herumliegenden Baumgehölz breitgemacht und verströmen einen unangenehmen, nicht definierbaren Geruch. Vor mir beginnt der Weg anzusteigen. Jetzt wird es anstrengend. Der steile Pfad ist glitschig und schmierig. Meine Füße suchen Halt, gleiten immer wieder aus. Im trägen Büroleben mit überwiegend Bildschirmarbeit ist körperliche Bewegung völlig auf der Strecke geblieben. Konditionell komme ich gerade an meine Grenze. Auch meine Trittsicherheit ist nicht mehr so gut ausgeprägt, stelle ich betreten fest. Totholz und gefallene Baumriesen, wohin ich blicke. Sosehr mich anfangs die Wildnis mit ihren verschiedenen Lebenszyklen faszinierte, so sehr schlägt mir jetzt die Wucht der Vergänglichkeit allen Lebens entgegen, sie schreit mich regelrecht an. Hastig stolpere ich bergauf, rutsche aus und stürze. Mit den Händen voraus plumpse ich in ein Matschloch, kann mich aber gerade noch abfangen, um nicht bäuchlings darin zu landen. Mein Puls rast – teils vor Anstrengung, teils aus Panik. Der Pfad scheint endlos zu sein. Ich spüre Beklemmung, sehne mich nach Licht und Offenheit, möchte nur noch raus aus diesem gruftähnlichen Dunkel. Verbissen kämpfe ich gegen meinen schwächelnden Körper an, zwinge ihm meinen Willen auf.

Endlich, nach einer halben Stunde anstrengendem Bergauf lässt die Steigung nach, und mehr Licht dringt durch das Blätterdach. Schmal windet sich der Pfad zu einem Holzsteg am Rande einer Lichtung. Mir ist, als ob ich auf einer Sonneninsel gestrandet wäre. Erschöpft setze ich mich auf einen Baumstumpf. Mir ist ein wenig schwindelig. Ich hätte mir mehr Zeit zum Luftholen geben sollen. Vor meinen Füßen flattert ein Vogel auf und verschwindet zwischen den Holzbohlen. Feine Dunstschwaden wabern durch die Luft. Tief herabhängende Äste bewegen sich sachte in einem kaum spürbaren Windhauch. Genau so stelle ich mir einen echten Urwald vor.

Während ich das Spiel des Lichts beobachte, beruhigt sich allmählich mein Gemüt. Dennoch lässt mich das gerade Erlebte nicht so richtig los. In welchem Film war ich da eben gelandet? Weshalb hat mir dieser Wegabschnitt so viel abverlangt? Da ist der Vogel wieder, hüpft vor mir herum und pickt irgendetwas aus dem Boden. Witzigerweise reißt er mich mit seinem Gepiepe aus meinen trüben Gedanken. Obwohl ich in seinen Lebensraum eingedrungen bin, scheint er keine Angst vor mir zu haben. Drollig, wie er hin und her hopst. Ich muss unvermutet lachen und erschrecke ihn dadurch. Im Nu ist er weg. Die Leichtigkeit, mit der er davonfliegt, steckt mich an. Ich strecke meine Arme zur Seite aus, mit den Handflächen nach oben, und schaue durch die offenen Baumkronen zum Himmel. Wie ich es im Yoga gelernt habe, atme ich tief in meinen Bauch, konzentriere mich nur auf meinen Atem. Dann die Erkenntnis. Erst durch meine negative Bewertung der Situation vorhin haben sich Angst und Beklemmung in mir ausgebreitet. Ich war fixiert auf das schöne Erlebnis und bekam von der Natur die Gegensätze des Daseins präsentiert: Licht und Schatten, Stärke und Schwäche, Leben und Tod. Es bringt nichts, die Augen davor zu verschließen. Ohne den Schatten würde ich das Licht nicht zu schätzen wissen. Ohne die Schwere nicht die Leichtigkeit spüren können. Ohne die Schwäche die Stärke nicht kennen und ohne den

Tod nicht die Freude über das Leben empfinden können. Ich nehme mir vor, ab jetzt erstens meine Grenzen zu akzeptieren und zweitens alles anzunehmen, was kommen wird, ohne es zu bewerten.

✕

Für den dritten Tag habe ich mir den Weltnaturerbe-Pfad ausgesucht und ihn mit weiteren Wegen zu einer Tagestour verknüpft. So der Plan. Über Nacht hat das Wetter umgeschlagen – es regnet. Wie lautet mein Vorsatz von gestern? Nicht bewerten, annehmen, was kommt. Anstatt mich also über den Regen zu ärgern, freue ich mich auf die bestimmt reizvolle Regenwaldatmosphäre im Hainich.

Infotafeln am Nationalparkeingang machen mich auf das Thema Klimawandel aufmerksam. Nicht nur die Fichten sind von seinen Auswirkungen betroffen, sondern auch die Buchen. Wenn alte Buchen als Folge des Klimawandels absterben, ist das ein deutliches Alarmzeichen. »Es ist höchste Zeit zu handeln!«, wird der Nationalparkleiter zitiert, als Aufruf an uns alle, bewusster mit unseren Ressourcen umzugehen. Wie in vielen anderen Regionen Deutschlands hat die Trockenheit 2018 auch im Hainich Spuren hinterlassen: Die Bärlauchblüte im darauffolgenden Jahr blieb praktisch aus, alte Buchen trugen nur wenige bis gar keine Blätter. Doch ein extremes Jahr ist nicht allein daran schuld, dass sich der Zustand der Wälder verschlechtert hat. Seit Jahren wird es in Thüringen und somit auch im Nationalpark wärmer und trockener. Buchen, die sich an Extremstandorte wie exponierte Hangbereiche angepasst haben, kommen mit dieser Veränderung nicht mehr zurecht und sterben ab. Für Forschende ist der Nationalpark eine Referenzfläche. Gerade in Wäldern, die nicht mehr genutzt werden, kann man gut beobachten, wie sich der Klimawandel bemerkbar macht und wie der Wald darauf reagiert. Welche Auswirkungen hat das sich verändernde Klima auf die zukünftige Baumartenverteilung im Hainich? Welche Baumarten werden davon profitieren, wenn die bislang dominierende Buche im Bestand abnimmt? Spannende Fragen, auf die es erst in ein paar Jahren Antworten geben kann.

Knapp drei Kilometer wandere ich auf breiten Wegen durch das Lange Tal, bis ich an einen Rastplatz komme. Hier möchte ich auf den Weltnaturerbe-Pfad wechseln. Laut den Wegmarkierungen gibt es zwei Möglichkeiten: nach links oder nach rechts. Der Weltnaturerbe-Pfad ist ein Rundweg, es geht also in beiden Richtungen zum Craulaer Kreuz. So genau habe ich die Route nicht im Kopf. Es wäre also gut, einmal auf die Karte zu schauen, damit ich die richtige Schleife wähle. Ich durchsuche meinen Rucksack. Keine Karte. Ich durchsuche den Rucksack ein zweites Mal. Die Karte ist nicht da. Das darf doch nicht wahr sein! Ich muss sie im Auto vergessen haben, als ich mir vor Beginn der Wanderung noch einmal den Streckenverlauf angesehen habe. Entnervt setze ich mich auf eine Bank. Jetzt bin ich auf mein Handy angewiesen oder besser gesagt: auf die Navigations-App. Das Display leuchtet auf: kein Netz. Auch das noch! Ich kann mich vage daran erinnern, dass ich irgendwo rechts abbiegen muss. Also entscheide ich mich für rechts und folge einem Pfad, der durch eine breite, schluchtartige Talsohle führt. Am Rastplatz Sperbersgrund schaue ich auf mein Handy. Ich habe wieder Netz! Ein Blick auf die Karte der Wander-App, und ich muss mir eingestehen, dass ich den verkehrten Wegabschnitt gewählt habe. Kurzes Abwägen: Umkehren kostet mich insgesamt eine Dreiviertelstunde mehr Wanderzeit; weitergehen zum Craulaer Kreuz würde bedeuten, auf eine ganze Schleife Weltnaturerbe-Pfad zu verzichten. Die Entscheidung fällt unmittelbar: Ich kehre um. Ich habe mich so sehr auf den alten Buchenwald gefreut, die fünfundvierzig Minuten opfere ich gerne. Außerdem befinde ich mich in der Kernzone, umgeben von entstehender Wildnis, da kann man einen Weg auch mehrmals gehen und dabei neue Eindrücke gewinnen.

Wieder zurück am ersten Rastplatz, nehme ich dieses Mal die linke Abzweigung. Neu heranwachsende Buchen bringen frisches Grün ins Waldbild. Mittendrin im Nachwuchs stehen vereinzelt Altbäume. Ihre dicken Stämme lassen die jungen Buchen wie Streichhölzer erscheinen. Im Frühling, wenn der weiße Blütenteppich des Bärlauchs den Waldboden bedeckt, muss dieser Abschnitt ein Traum sein. Seit Jahrzehnten kann sich der Wald in den Kernflächen ungestört entwickeln. Buchen bleiben stehen, werden alt und sterben. Normalerweise werden sie im Alter von etwa einhundertzwanzig Jahren gefällt. Im Nationalpark können sie bis zu dreihundert Jahre alt werden. Junge Buchen wachsen nach, ohne dass eine Auslese durch den Menschen stattfindet. Jeder Baum hat eine Chance auf Leben, er muss sich nur gegen die anderen durchsetzen im Wettbewerb um einen Platz am Tageslicht. Im Vergleich zu Wirtschaftswäldern fällt mir auf, dass es im naturnahen Wald viel mehr Grün in Augenhöhe gibt. Jungbäume stehen dicht zusammen, einige in Grüppchen, andere umeinandergeschlungen. Lücken im Wald sind erwünscht, da sie für mehr Artenreichtum sorgen. Dadurch ergibt sich ein ganz anderes Waldbild: viel lebendiger und weniger aufgeräumt. Was ich bis jetzt aber noch nicht gesehen habe, sind die richtig alten Buchen, die zum Weltnaturerbe zählen. Oder bin ich aus Versehen daran vorbeigelaufen? Erkenne ich sie überhaupt, wenn ich vor ihnen stehe? Bestimmt gibt es an der Stelle ein Schild, das darauf hinweisen wird. Während ich weiterwandere, stürzt in etwa fünfzig Metern Entfernung ein Baum den Hang hinunter. Einfach so. Krachend fällt er zu Boden. Danach ist wieder alles still. So ist das nun einmal, wenn natürliche Wildnis entsteht.

Nach dem Mittagessen in einer Baude am Caulaer Kreuz hat es aufgehört zu regnen. Die Luft riecht herrlich frisch und gesund. Ein kurzes Stück wandere ich am Waldrand entlang, bevor meine geplante Route in den Wald zurückführt. Rechts am Weg stehen stattliche Rotbuchen, deren lange Äste sich wie ein schützendes Dach über den Weg breiten. Ihre Rinden schimmern silbrig-grau. Solche Buchen habe ich noch nie gesehen. Zwischen den Bäumen wird der Blick in den Wald dahinter frei. Wie durch Fenster schaue ich in das »Wohnzimmer« der Buchen. Was ich sehe, weckt mein Interesse. Es zieht mich regelrecht dort hinein. Dann, endlich, nach einer Wegbiegung bin ich auf einem weichen Pfad, der mich direkt hineinführt – hinein ins UNESCO-Weltnaturerbe des Nationalparks Hainich.

Ein Hinweisschild ist nicht notwendig, das Wesen dieses Waldes ist deutlich spürbar. Was ich wahrnehme, sind Kraft, Eleganz, Würde und Gemeinschaft. In der Ordentlichkeit des Forstwalds wird auserwählten Bäumen mit der Säge Platz geschaffen, damit sie zur gewünschten Norm heranwachsen können. Hier ist das Gegenteil der Fall. Wie es gerade passt, wachsen die Buchen krumm und schief, kerzengerade und gertenschlank oder schrauben sich wie Korkenzieher nach oben ans Licht. Wildwuchs ist die Regel, Eigenständigkeit das Ideal. Genau darin sehe ich die Schönheit jedes einzelnen Baumes. Mancher steht alleine für sich, während ein anderer gestützt wird, mal liegt einer quer und demoliert die Ordnung, wieder ein anderer ist gebrochen und verharrt in einer letzten eigenwilligen Pose. Jeder Einzelne in dieser Waldgemeinschaft ist frei in seiner Entfaltung, jeder Einzelne ein Symbol von Stärke und Lebensenergie. Und die Alten umgibt eine solch würdevolle Aura, dass ich Demut empfinde. Was ich wahrnehme, kommt meiner Vorstellung von einer intakten Gesellschaft erstaunlich nahe. Hier findet statt, was ich mir für mich selbst wünsche: Selbstbestimmung und kreative Entfaltung. Je weiter ich dem Weg folge, desto beeindruckter bin ich von der Umgebung. Ich komme an eine kreisförmige Lichtung, in deren Mitte unzählige kleine Baumsprösslinge heranwachsen. Eine Eiche, deren Stamm vermutlich durch einen Blitzeinschlag der Länge nach zerteilt wurde, spreizt die beiden Stammhälften wie in einem Spagat zur Seite ab. Drum herum eine Baumgesellschaft aus Rotbuchen, Bergahorn, Eschen, Eichen und ein paar Birken, die ihr zu applaudieren scheint. Noch nie in meinem Leben habe ich so schöne Bäume gesehen. Ihre Rinden schillern in unterschiedlichen Braun- und Grautönen, dazwischen lebendiges Grün und glänzend silbrige bis fast schwarze Stämme. Harte und weiche Kontraste, wie in einem Gemälde. Eine Wanderin kommt mir lächelnd entgegen. Sie hat mich beobachtet und sich über meine Begeisterung gefreut, denn ihr geht es genauso, wie sie mir erzählt. Zusammen stehen wir auf dem Weg und schauen hoch zu den Baumkronen, die sich im Wind hin und her bewegen. Dann verabschieden wir uns voneinander und gehen unserer Wege.

Am Wartburgblick gönne ich mir eine kurze Pause auf der Wellnessliege. Trotz des trüben Wetters kann ich die Wartburg auf dem nördlichen Ausläufer des Thüringer Walds erkennen. Die vor mir liegende Offenfläche gehörte bis 1992 zum Truppenübungsplatz Kindel. Seit dem Abzug der sowjetischen Armee wird das Gebiet sich selbst überlassen.

Noch bin ich unschlüssig, wie ich den Rückweg gestalten soll. Ursprünglich hatte ich geplant, auf dem Stück Weltnaturerbe-Pfad zurückzugehen, den ich vorhin aus Versehen zweimal gegangen bin. Ein drittes Mal muss nicht unbedingt sein. Ich suche in der Wander-App nach einer Alternative. Tatsächlich finde ich einen Weg, der mich direkt wieder zum Parkplatz führen wird. Es wundert mich zwar, dass der Weg keine Markierung hat, das hält mich aber nicht davon ab, ihn zu begehen. Anfangs zeichnet sich der schmale Pfad noch gut vom angrenzenden Gebüsch ab. Doch nach dem ersten Kilometer scheint er immer mehr zu verschwinden. Ein skeptischer Blick auf die App: Der Weg ist definitiv eingezeichnet, und der GPS-Marker ortet mich direkt auf der Route. Während ich weiterlaufe, beschleicht mich ein mulmiges Gefühl. Befinde ich mich möglicherweise auf verbotenem Terrain? Sollte ich besser wieder umkehren? Auf der ursprünglichen Strecke würde ich etwa zweieinhalb Stunden Gehzeit zum Parkplatz benötigen. Dafür ist es zu spät, in maximal einer Stunde wird es dunkel sein. Meiner Einschätzung nach liegt nur noch ein Kilometer auf diesem Abschnitt vor mir. Mit einem schlechten Gewissen im Bauch entscheide ich mich für die kürzere Route.

Ich durchschreite eine Wildnis, wie ich sie noch nie gesehen habe. Niedrige Bäume mit unzähligen Wildtrieben zwingen mich dazu, meinen Kopf einzuziehen. Wildschweinsuhlen auf dem kaum erkennbaren Weg vor mir geben zu verstehen, in welches Revier ich hier eingedrungen bin. Pilze, so groß wie Essteller, leuchten weiß aus dem Waldesinneren. Begleitet von einem lauten Rascheln und Knacken huscht plötzlich ein Reh über den Weg und flüchtet ins Dickicht. Ich komme mir vor wie in einer verzauberten Märchenwelt. Es würde mich nicht überraschen, wenn Ronja Räubertochter aus dem Gebüsch springen würde. In der Ferne vernehme ich ein lautes Grunzen. Stocksteif bleibe ich stehen. Sind das Wildschweine? Es könnten aber auch Krähen sein, die grunzende Töne von sich geben. Wo bin ich hier nur gelandet? Dann komme ich an eine Stelle, an der es richtig steil den Hang hinuntergeht. Das, was irgendwann einmal ein Weg gewesen zu sein scheint, ist jetzt eine hüfthoch überwucherte Piste. Was, um Himmels willen, mache ich hier? Ich gehöre nicht hierher. Mittlerweile ist mein schlechtes Gewissen so erdrückend geworden, dass ich anfange, laut mit dem Wald zu sprechen. Ich bitte ihn um Entschuldigung für mein Eindringen in die Privatsphäre seiner Bewohner. Es gibt Bereiche in der Natur, in denen hat der Mensch nichts verloren. Genau in solch einem Bereich befinde ich mich jetzt. So schön verwildert und eindrucksvoll die Natur um mich herum ist, ich kann sie nicht genießen. Als ich schließlich wieder auf einen offiziellen Wanderweg stoße, bin ich erleichtert. Mit Einsetzen der Dämmerung erreiche ich den Parkplatz. Im Auto werfe ich einen Blick auf die Wanderkarte und stelle fest, dass die vermeintliche Abkürzung nicht eingezeichnet ist. Hätte ich also die Karte dabeigehabt, wäre ich nie auf die Idee gekommen, diesen Weg zu laufen. Ich schwöre mir, nie wieder in einem Nationalpark die vorgegebenen Wege zu verlassen. Denn jetzt weiß ich: Am Wegesrand beginnt das Tier- und Pflanzenland.

Meinen vierten und letzten Tag im Hainich möchte ich entspannt gestalten. Da ich am späten Nachmittag weiterreise, habe ich ohnehin weniger Zeit zur Verfügung. An der Wildkatzenscheune in Hütscheroda beginnt die sieben Kilometer lange Rundwanderung ins Reich der Wildkatze. Bis zur Wüstung Hesswinkel laufe ich durch eine offene Wiesenlandschaft und finde mehrere Kunstwerke am Wegesrand. Sie sind Teil eines Skulpturenwegs. Kunst in der Natur finde ich spannend. Ich betrachte sie unter dem Aspekt »Integration«. Fügt sich ein Kunstobjekt in seine Umgebung ein, oder empfinde ich es als störendes Element? Hier ist die Integration gelungen: Unaufdringliche Elemente aus Stein und Holz, mal geradlinig, mal rustikal gebrochen – das gefällt mir.

Kurz hinter der Wüstung überschreite ich die Nationalparkgrenze und finde mich in einem jugendlichen Laubmischwald wieder. Typisch für eine solche »Wiederbewaldungsfläche« sind Pionierbaumarten wie Birke und Espe, die sich als Erstes ansiedeln. Später haben sich dann fast alle Laubbaumarten dazugesellt, die im Nationalpark heimisch sind. Zusammen mit den Lichtungen entsteht ein Strukturreichtum, in dem sich die Wildkatze wohlfühlt. Die scheuen und seltenen Tiere bevorzugen störungsfreie Gebiete, daher wird man sie von einem Wanderweg aus eher nicht sichten können. Am Aussichtsturm »Hainichblick« erfahre ich mehr über die scheuen Waldbewohner und das »Rettungsnetz Wildkatze«. Es war mir nicht bewusst, dass es gar nicht so einfach ist, diesem Wildtier einen idealen Lebensraum zu schaffen. Das Revier einer männlichen Wildkatze erstreckt sich über eine Fläche von vierzig Quadratkilometern. Siedlungen und landwirtschaftliche Flächen bilden dabei unüberwindbare Barrieren. Deswegen ist es notwendig, über das »Rettungsnetz« Lebensräume miteinander zu verbinden, damit sich die Wildkatze ungestört ausbreiten kann. Dafür werden grüne Korridore aus Büschen und Bäumen geschaffen, von einem Wald in den nächsten. Aktuell leben ungefähr vierzig Wildkatzen im Nationalpark Hainich. Aufgrund seines Strukturreichtums ist der Hainich innerhalb Deutschlands ein wichtiger Baustein, um das Überleben der bedrohten Art zu gewährleisten. Von der Aussichtskanzel des Turms aus kann man auf den neu angelegten Waldstreifen des Wildkatzen-Rettungsnetzes blicken, der vom südlichen Hainich über die Hörselberge bis zum Thüringer Wald führt. Für die Wildkatze ist das die einzig sichere Route nach Süden.

Bis zum Turm war es eine knappe Stunde Wanderzeit. Nun geht es durch die offene Landschaft des ehemaligen Truppenübungsgebiets Kindel, für die ich mir genauso viel Zeit nehmen werde, auch wenn es nur noch etwa drei Kilometer zum Parkplatz sind. Auf der gesamten Fläche ist der Prozess der Wiederbewaldung bereits in einem fortgeschrittenen Stadium. Deutlich kann ich die verschiedenen Stockwerke des zukünftigen Waldes erkennen. An einem wilden Rosenbusch fällt mir ein seltsames rotbraunes Gebilde auf, etwa so groß wie meine Handfläche. Ein rundliches, nestartiges Ding, das mich spontan an ein Wollknäuel erinnert. Jetzt bin ich neugierig und starte eine Internetrecherche. Aha, es ist eine Rosengalle, wie die Behausung von Larven der Rosengallwespe genannt wird. Was es alles gibt! Zu meiner Freude hat sich die Sonne durch die graue Wolkenschicht gekämpft. Schmetterlinge flattern um die Gräser und Büsche entlang des Grasweges. Ich genieße die friedvolle Stimmung und verfalle in einen gemütlichen Schlendergang. Ist das herrlich, Zeit zu haben. Und das ist erst der Anfang meiner mehrwöchigen Reise. Ich kann es noch immer nicht fassen, dass ich über zwei Monate unterwegs sein werde. In meinem Bauch spüre ich ein angenehmes Kribbeln. Das Wanderfieber hat mich gepackt.

Auf der Waldpromenade am Nationalparkzentrum sind einige Leute unterwegs. Mir fällt aber auf, dass mehr geflüstert als laut gesprochen wird. Es ist angenehm still auf den Holzstegen, die durch eine Wildniszone führen. Bereits nach wenigen Gehminuten verstehe ich das kollektive Flüstern. Die Waldpromenade lädt dazu ein, sich Zeit zu nehmen für die sinnliche Wahrnehmung des Waldes. Zwölf Stationen bieten verschiedene Möglichkeiten an, sich mit naturnahem Wald und seiner Wirkung auf uns zu beschäftigen. Ich sehe eine Frau mit geschlossenen Augen auf einer Bank sitzen, das Gesicht entspannt und leicht nach oben zur Sonne geneigt. Daneben ein Mann, der zufrieden in eine Lichtung schaut und die Bäume zu betrachten scheint. An der Station »Wald Himmel« lauscht ein junges Paar auf einer Wellnessliege dem Rauschen der Blätter im warmen Spätsommerwind. Die Holzliegen sind so ausgerichtet, dass man durch eine Lücke zwischen den Baumkronen in den Himmel schauen kann. Als das Pärchen zur nächsten Station weitergeht, mache ich es mir auf der Liege bequem. Direkt über mir blicke ich durch das Blättermeer ins Himmelblau. Sanft bewegen sich die sattgrünen Baumkronen. Leise säuselt der Wind durch die Blätter. Fast schwerelos fühlt sich mein Körper an, während ich in eine tiefe Entspannung sinke. Nach etwa zehn Minuten fühle ich mich wie nach einer ganzen Stunde Meditation. Von einer Station zur andern lasse ich mich zu Perspektivwechseln verführen. Mal wird meine Aufmerksamkeit auf Totholz gelenkt, mal auf eine steinalte, vor Kraft strotzende Eiche. Auf einer Seite sehe ich die natürliche Ordnung eines Buchenwalds, auf der anderen Seite das Chaos entstehender Wildnis. So unterschiedlich die Wahrnehmungen auch sind, im Ergebnis enden sie alle in einem Empfinden: dem Gefühl, mit allem verbunden zu sein.

Bevor ich mir die Welt auf dem Baumkronenpfad von oben betrachte, besuche ich noch das Nationalparkzentrum. In seinem Innern befindet sich eine Ausstellung zur Natur des Hainichs. Ich bin ganz angetan von den Präsentationen und Erlebniswelten. Alles ist so liebevoll gestaltet. In der »Wurzelhöhle« nehme ich die Käferperspektive ein: Der Raum simuliert das Leben im Erdreich. Alles ist riesengroß und lässt mich winzig klein erscheinen. In diesen Räumen steckt ganz viel Herzblut, und ich finde, das hat Wertschätzung verdient. Daher nehme ich mir vor, zukünftig in jedem Nationalpark mindestens eins dieser Zentren zu besuchen. Nebenbei ist das für mich eine gute Informationsquelle, um mich mit den Besonderheiten der jeweiligen Gebiete vertraut zu machen.

Über einen Fußweg gelange ich zum Baumkronenpfad. Auf mehreren Ebenen werde ich in unterschiedliche Wachstumshöhen geführt. Was ich sonst nur von unten betrachten kann, befindet sich jetzt in Augenhöhe – erneut ein interessanter Perspektivwechsel. Es gibt Informationen zu den vorkommenden Baumarten und dazu auch die Aufforderung, sich in der Bestimmung der Arten zu beweisen. Viele erkenne ich anhand ihrer Abbildungen wieder, doch ich stelle fest, dass ich noch einiges zu lernen habe. Als ich an einer Buche vorbeikomme, bleibe ich kurz stehen und berühre ihre Blätter. Etwas habe ich in den Buchenwäldern festgestellt: Kein Wald ist wie der andere. Ich bin neugierig, welche Wirkung die Wälder der anderen Nationalparks auf mich haben werden.

In diesen vier Tagen habe ich viel erlebt und viel gelernt – über die Natur und über mich. Es macht mir große Freude, draußen zu sein, mich zu bewegen und auf Erkundungstour zu gehen. Bestimmt wird sich auch meine Kondition noch verbessern. Ich muss einfach nur mehr Geduld mit mir haben und nicht versuchen, es zu erzwingen. Immerhin bin ich keine zwanzig mehr. Möglicherweise wird mir die Reise bei der Auseinandersetzung mit dem Älterwerden helfen. Von der Plattform des Turms aus kann ich über die Baumwipfel hinwegschauen, in alle Himmelsrichtungen. Aus dem Südwesten bin ich gekommen. Jetzt geht es ein Stück weiter in den Norden.

3

Fichte ade

Wald im Wandel im Nationalpark Harz

Unter grauem und wolkenverhangenem Himmel komme ich im Harz an, im nördlichsten Mittelgebirge Deutschlands. Je näher ich den Bergen komme, umso entsetzter bin ich. Zu wissen, dass es Fichtenschäden im Harz gibt, ist das eine, aber diese Schäden dann in der Realität zu sehen, ist noch einmal etwas anderes. Egal wohin ich schaue, überall braune, abgestorbene Fichten. An den Randbereichen zu den Straßen sehe ich Forstarbeiter mit schwerem Gerät einen Baum nach dem anderen fällen. Solch ein Ausmaß an Waldschädigung habe ich nicht erwartet. Im gerade einsetzenden Regen sehen die kahlen Waldflächen noch trostloser aus. Wandern ist wetterbedingt für diesen Tag gestrichen. Also beschließe ich kurzerhand, ins nahe gelegene Besucherzentrum »Torfhaus« zu fahren. In der Ausstellung kann ich mich schon einmal mit den Besonderheiten des Nationalparks beschäftigen. Ein Thema sticht deutlich heraus, was mich keineswegs verwundert: der »Wald im Wandel«.

Um zu verstehen, warum es den Harz so schlimm getroffen hat, muss man eine Zeitreise in die Kulturgeschichte
unternehmen. Vor mehr als dreitausend Jahren nahm am
Rammelsberg im Oberharz der Bergbau seinen Anfang.
Über Jahrhunderte hinweg entwickelte sich im Harz die
größte Bergbauindustrie Europas. Mehrere Bergwerke aus
jener Zeit gehören mittlerweile zum UNESCO-Weltkultur-
erbe. Für die wachsende Industrie wurde Wasser aus den
Hochmooren und Holz aus den Wäldern benötigt. Der
Raubbau an der Natur begann. Um die andauernd benötigte
Holzkohle produzieren zu können, wurden Tausende Holz-
kohlemeiler errichtet. Vor diesem Hintergrund überrascht
es nicht, dass die Mischwaldbestände rapide schrumpften
und mit einer schnell wachsenden Baumart wieder aufgeforstet werden mussten: der Fichte. Die heutigen Teiche,
Schlackehalden und Fichten-Monokulturen sind Überbleibsel und Sinnbilder einer vom Bergbau geprägten Kulturlandschaft. Hätte es diese wirtschaftliche Nutzung im Harz
nicht gegeben, würden wir heute ein ganz anderes Waldbild
vorfinden. Unterhalb der Siebenhundert-Meter-Marke
wären Buchen die dominante Baumart. Ab einer Höhe von
achthundert Metern wäre dann ein Bergfichtenwald gewachsen, bis hinauf zur waldfreien Kuppe des Brockens.
Zwischen diesen beiden Höhenmarken hätte sich ein
Mischwald aus Buchen und Fichten etabliert.

Welche Auswirkungen der Bergbau auf waldreiche Regionen hatte, habe ich auch schon im Hunsrück-Hochwald
erfahren können. Interessant, dass dieser Umstand auch
in der Geschichte anderer Nationalparks eine prägende
Rolle spielt. Noch eine weitere Gemeinsamkeit zwischen
dem Nationalpark Harz und dem Hunsrück-Hochwald fällt
mir auf: Beide sind länderübergreifende Schutzgebiete. Der
westliche Teil des Nationalparks Harz liegt in Niedersach-

sen, der östliche Teil in Sachsen-Anhalt. Mit meinem neu erworbenen Harz-Wissen bin ich nun bestens auf meine Wanderungen hier vorbereitet.

✕

Schon vor Sonnenaufgang bin ich mit Wanderführer Danilo verabredet. Er wird mich in markante Gebiete des Nationalparks begleiten. Wir treffen uns am Oderteich, an der ältesten Talsperre Deutschlands.

»Normalerweise, wenn kein Nebel ist wie jetzt gerade, entsteht eine wundervoll mystische Stimmung über dem Wasser, sobald die Sonne aufgeht«, entschuldigt sich Danilo für die frühe Uhrzeit. Als es dann so weit ist und sich der Himmel langsam erhellt, kann ich erahnen, welches Naturschauspiel sich Danilo für diesen Morgen erhofft hatte. Hauchzarte Nebelfäden hängen über der Wasseroberfläche. Ein feiner orangefarbener Streifen zieht sich oberhalb der Baumwipfel am Horizont entlang. Darüber bauen sich dunkelgraue Wolken auf und machen sich bereit für den angekündigten Regen. Auch wenn das große Farbspektakel ausbleibt, finde ich die Atmosphäre dennoch sehr reizvoll. Aus dem Fichtenwald am gegenüberliegenden Ufer ragen kahle Baumskelette heraus.

»Wir befinden uns hier in der Naturdynamikzone«, informiert mich Danilo. »Es ist die Zone, in die nicht mehr eingegriffen wird.« Jeder Nationalpark scheint seine eigenen Begriffe für die Zonen zu haben. Hier wird die Kernzone also mit dem Begriff Naturdynamikzone beschrieben.

»Was war dein erster Gedanke, als du hier im Harz angekommen bist und überall auf den Bergen die abgestorbenen Fichten gesehen hast?«, möchte Danilo von mir wissen.

»Ich war geschockt und bin es noch«, gebe ich offen zu.

»Das geht vielen so, die hierherkommen. Selbst Ein-heimische tun sich noch schwer, den Wandel im Land-schaftsbild anzunehmen und zu akzeptieren«, erfahre ich von Danilo. Ich erinnere mich an die Ausstellung »Wald im Wandel« und spreche Danilo darauf an. Wir vertiefen uns in ein Gespräch, in dem ich die Zusammenhänge zwischen Ursachen und Folgen, in Bezug auf die zusammenbrechen-den Fichtenwälder, besser verstehen lerne.

Es ist offensichtlich, dass die aufgeforsteten »Fichten-plantagen« mit den veränderten Klimabedingungen nicht zurechtkommen. Wiederholt auftretende Hitze- und Tro-ckenperioden schwächen diese Baumart und machen sie angreifbar für Pilze und Schädlinge. Was Stürme, Wind-oder Schneebruch übrig lassen, fällt schließlich dem Bor-kenkäfer zum Opfer. Der Käfer kann nämlich am Duft einer Fichte erkennen, ob sie gesund ist oder kränkelt. Bevorzugt mag er Fichten, die über sechzig Jahre alt sind. Ein ge-schwächter Fichtenwald dieser Altersklasse ist für den Käfer ein Schlaraffenland. Dadurch, dass in Fichtenmono-kulturen alle Bäume in etwa gleich alt sind, sterben leider auch große Flächen gleichzeitig ab. Wir sehen uns nun mit den Auswirkungen des menschlichen Eingriffs in die Natur konfrontiert – ganz gleich, ob sie in der Vergangenheit vor-genommen wurden oder heute noch stattfinden. Waldbil-der, die wir über Jahrzehnte gewohnt sind, verändern sich. Es findet ein Wandel vom monotonen Fichtenforst zur na-turnahen Wildnis statt, indem der Wald wieder sich selbst überlassen wird. Dabei ist es verständlich, dass die Leute Angst um »ihren Wald« haben, in dem sie ihre Kindheit verbrachten und mit dem sie auch sonst schöne Erinne-rungen verknüpfen. Aber besieht man die Veränderung etwas genauer, erkennt man jetzt schon den neu entstan-denen Artenreichtum. Dort, wo Lücken und Freiflächen entstanden sind, ist die Natur dabei, diese wieder zu füllen. Zwischen den abgestorbenen Fichten wächst schon nach wenigen Jahren eine neue, vielfältigere Generation Bäume heran. Aufgrund der klimatischen und geologischen Bedingungen werden neue Waldbilder entstehen, die einzigartig und facettenreich sind. Natur kann mit allen Veränderungen umgehen, sie kennt keinen Stillstand und keine Ordnung, sie folgt ihren eigenen Regeln, und das schon seit Millionen Jahren. Der Wald stirbt nicht, er befindet sich im Wandel. Unsere Aufgabe ist es, der Natur zu vertrauen und uns von unserem Anspruch, wie Natur auszusehen hat, zu verabschieden. Bisher hat der Mensch die Natur nach seinem Willen gestaltet. Wir müssen es aushalten können, der Natur Zeit zu geben, damit sie sich selbst gestalten kann, und zwar so, wie es für sie am verträglichsten ist. Für mich ist das eine völlig neue Sichtweise auf die Landschaft, die mich umgibt. Während wir am Ufer des Oderteichs entlangwandern, lerne ich, keine trostlosen Kahlflächen mehr zu sehen, sondern überall die Vielfalt neu entstandenen Lebens. Damit ein artenreicher Lebensraum entstehen kann, muss man ihn seiner natürlichen Dynamik überlassen. Krautige Pflanzen, die viel Licht mögen, machen den Anfang bei der Neubesiedlung frei gewordener Flächen. Es folgen Pionierbäume wie Birken und Ebereschen, die durch die Beschattung des Bodens optimale Bedingungen für die auf ihrer natürlichen Höhe nachwachsenden Baumarten Buche und Fichte schaffen.

Wir folgen einer abenteuerlichen Wegführung auf dem Harzer Hexenstieg. Wurzeln, so dick wie Riesenschlangen, bäumen sich auf und wölben sich über den Weg. Dazwischen liegen Gesteinsbrocken herum und zwingen uns dazu, achtsam zu sein. Aus einem kniehohen Gräserdschungel wachsen junge Birken, Eschen und Fichten zu einem natürlichen Baumgemisch heran. Wenn ich mir die Höhe der Jungbäume so anschaue, kommt mir dieser Abschnitt noch recht jugendlich vor. Der Anblick täuscht jedoch, denn wir befinden uns in einem Gebiet, das sich zu einem Moor entwickelt. Im Hunsrück habe ich erfahren, dass ein Moor jährlich einen Millimeter in die Tiefe wächst. Aufgrund des sauren Bodenmilieus wachsen Bäume dort viel langsamer als auf nährstoffreichen Böden. Das bedeutet, dass ein zweijähriger Baum im Laubwald genauso groß sein kann wie ein Baum im Moor, der bei gleicher Wuchshöhe schon über dreißig Jahre alt ist.

Über einen Holzbohlenweg kommen wir in eine fortgeschrittene Vegetationszone. Hier sind die Bäume deutlich älter und um einiges höher. Der Boden ist komplett mit Gräsern und Heidelbeersträuchern überwuchert. Stehendes Totholz ragt aus dem lebendigen Durcheinander, übersät mit Baumpilzen in allen möglichen Farben – darunter der Rotrandige Baumschwamm, der auch Fichtenporling genannt wird. Ich nenne ihn Trikolorling. Dort, wo der Fruchtkörper aus dem Holz herauswächst, ist seine Farbe schwarzbraun. Nach außen hin geht das dunkle Braun ringförmig in kräftiges Orange über. Ein schneeweißer Ring bildet den Abschluss. Schöner hätte ich es nicht malen können. Der dreifarbige Pilz leuchtet regelrecht aus dem Grau des abgestorbenen Baumstamms heraus. Ob er sich weich anfühlt? Ich berühre ihn und bin überrascht: Er fühlt sich richtig hart an, komplett anders als die üblichen Pilze, die man sonst am Wegesrand findet.

An einer Fichtengruppe bleibt Danilo stehen und deutet auf einen eigenartigen Pilzkreis am Waldboden.

»Schau mal, da ist ein Hexenring.« Ein was? »Ein feines, fädiges Geflecht unter der Erde, das Myzel, ist der eigentliche Pilz. Was wir allgemein als Pilz bezeichnen, sind die

Fruchtkörper, die aus dem Myzel herauswachsen. Das Myzel wächst zunächst punktuell und breitet sich dann kreisförmig nach außen hin aus. Stirbt in der Mitte das Myzel ab, kann der Pilz dennoch weiterwachsen. Es entsteht ein Myzelring, aus dem wieder Fruchtkörper wachsen.« Wenn ich mir den Durchmesser so anschaue – ich schätze ihn auf drei bis vier Meter –, ist da ein richtig großes Pilzgeflecht im Boden. Eine interessante und geheimnisvolle Welt, die da im Verborgenen existiert.

Am Ende des Oderteichs angelangt, überqueren wir einen Bachlauf. Verdutzt schaue ich ins Wasser: Es ist rotbraun gefärbt. Danilo erklärt mir, dass diese Färbung dadurch zustande kommt, dass viele Bäche von den Mooren gespeist werden. Das Wasser löst pflanzliche Stoffe aus dem Moor heraus und transportiert sie in die Bäche. Diese Stoffe verursachen letztendlich die Rotfärbung. »Wenn du also das nächste Mal in einem Bach rotes oder orangebraunes Wasser siehst, weißt du, wo es herkommt«, meint Danilo abschließend.

Mit jedem Schritt entdecke ich etwas Neues. Nun ist es ein bräunliches Fellbüschel, das von einem Ast herunterhängt. Aber, Moment mal. Das ist ja gar kein Fell! Bei näherer Betrachtung erkenne ich, dass es sich dabei um ein braungrünes, fädiges Pflanzengewirr handelt, das aussieht wie ein Ziegenbart und aus einer Flechte am Ast herauswächst. Stolz zeige ich es meinem Wanderführer. Der macht große Augen, und ich meine, Ehrfurcht in seiner Stimme wahrzunehmen, als er zu mir sagt: »Das könnte eine Bartflechte sein, eventuell der Braune Moosbart. Wenn es tatsächlich einer ist, haben wir großes Glück, denn Bartflechten sind sehr selten zu finden.«

Mir ist klar, dass wir nicht wirklich weiterkommen, wenn ich ständig anhalte und jeden Pilz hochpreise, den ich noch nicht kenne, aber ich kann einfach nicht anders. Als wir dann in einen dichter bewachsenen Fichtenwaldabschnitt gelangen, muss auch Danilo seiner Begeisterung Raum geben. Überall unter den ausladenden Ästen der Fichten wachsen Fliegenpilze – nicht einzeln, sondern in Kolonien. Und was für prächtige Exemplare das sind! Es muss etwas mit Rotkäppchen oder generell mit Märchen zu tun haben, die ich in der Kindheit so liebte, dass ich beim Anblick der rot glänzenden Hüte mit den hübschen weißen Tupfen richtiggehend in kleinkindliches Entzücken verfalle. Nicht nur ich, stelle ich fest, als Danilo auf allen vieren mit seiner Kamera neben mir auf dem Weg herumkrabbelt. Vielleicht ist es auch die Farbkombination, die mich so entzückt, dieser schöne Rot-Weiß-Kontrast. Ganz gleich, was es ist, es geht direkt in die Seele. Beide tauchen wir ab in die faszinierende Welt der Fliegenpilze und erleben eine halbe Stunde voller Glücksgefühle. Während ich jeden Pilz in Reichweite fotografiere, der seinen Kopf aus der Erde streckt, fühle ich mich an meine Kindheit erinnert, an Pilzexkursionen im heimischen Wald mit einem Lexikon unterm Arm. Die ganze Zeit über lächle ich und bin einfach nur glücklich.

Hinter Oderbrück beginnen wir mit dem Aufstieg zur Achtermannshöhe. Je höher wir den Berg hinaufwandern, desto dichter wird der Nebel um uns herum. Geisterhaft zeichnen sich die Gerippe abgestorbener Fichten hinter dem Dunst ab. Große plan liegende Steinquader am Boden deuten auf eine ehemalige Handelsroute hin. Spinnweben hängen wie fein geknüpfte Kunstwerke in den Gräsern, behangen mit kleinen Wassertröpfchen. Manche Netze sind pyramidenförmig aufgebaut, die Spitze an einem Ast und nach unten hin breiter werdend. Trotz Spinnenphobie finde ich diesen Anblick hübsch – solange sich keine Thekla aus ihrem Versteck hervorwagt. Wenige Schritte weiter fällt mir auf einem Mooskissen oberhalb des Wegs ein angefressener Fichtenzapfen auf, mit haufenweise Spänen drum herum.

»Hier war ein Eichhörnchen am Werk«, klärt mich Danilo auf. »Siehst du, hier an der Zapfenspindel hängen noch Fasern dran. Das kommt daher, dass Eichhörnchen die Schuppen vom Zapfen abreißen. Mäuse hingegen nagen die Schuppen mit ihren scharfen Zähnen ab und hinterlassen eine faserfreie Spindel.«

Dass hier ein Waldtier gefuttert hat, dachte ich mir schon, nur wusste ich nicht, welches. Tierspuren lesen fällt mir insgesamt noch schwer, da ich mich bisher nicht wirklich damit beschäftigt habe. Doch jetzt, während meiner Reise, wachsen mein Interesse und meine Neugier von Tag zu Tag. Und schon weckt ein flauschiger Puschel neben einem kleinen Mooshügel meine Aufmerksamkeit. Bei genauerem Hinsehen erkenne ich einen umgekippten Pilz im Laub, überzogen mit einem weißen, haarigen Pelz.

»Pilz frisst Pilz«, meint Danilo lachend, als er mein fragendes Gesicht sieht. Ein Schimmelpilz also, wie man ihn von verdorbenen Lebensmitteln her kennt. In Sachen Recycling ist die Natur unschlagbar.

Wir nähern uns der Bergkuppe der Achtermannshöhe. Doch um uns herum wabert eine graue Nebelsuppe, null Weitsicht. Den Aufstieg zum bekannten Gipfel können wir uns also sparen. Schade, denn von dort oben hat man bei klarer Sicht einen grandiosen Rundumblick. Durch den Nebel und die sich schemenhaft abzeichnenden Fichten erinnert mich dieser Ort auf den ersten Blick an ein Endzeitszenario in einem Science-Fiction-Film. Auf den zweiten Blick sehe ich allerdings die vielen neu heranwach-

senden Fichten und den mit Heidelbeersträuchern über-
wucherten Boden – frische, grüne Lebendigkeit gegen graue
Tristesse. Am Rastplatz unterhalb des Gipfels machen
wir eine Pause. Vor uns liegt ein interessantes Felsengebilde, das mich an große übereinandergestapelte Kissen
erinnert.

»Felsformationen aus Granit wie diese hier sind durch
die sogenannte Wollsackverwitterung entstanden. Du findest sie noch an anderen Standorten im Nationalpark«,
erfahre ich von Danilo. Wollsack – eine treffende Beschreibung der Gesteinsblöcke, die ringsum an den Kanten ab-
gerundet sind. Ein kurzer Ausflug in die Erdgeschichte klärt
mich auf, was es mit dieser speziellen Art der Verwitterung
auf sich hat.

Granit ist im Karbonzeitalter entstanden. Als glutflüs-
siges Magma hat er es nicht geschafft, in einem Vulkan-
ausbruch nach oben geschleudert zu werden. Er kühlte ab
und erstarrte langsam, was mehrere Millionen Jahre dau-
erte. Dabei schrumpfte die Gesteinsmasse und geriet unter
Spannung. In der Folge entstand im Granitkörper ein recht-
winkliges System von Rissen und Klüften. Bodenhebungen
und Erosion brachten das Gestein dann irgendwann an der
Oberfläche zum Vorschein. Entlang der Risse konnten
Regen- oder säurehaltiges Bodenwasser eindringen und
Minerale aus dem Granitgestein herauslösen. Ecken und
Kanten der Gesteinswürfel waren der Erosion am stärksten
ausgesetzt, weil dort im Verhältnis zum Volumen mehr
Oberfläche – und somit mehr Angriffsfläche – vorhanden
war als an den glatten Seiten. Im Laufe der Jahrmillionen
konnten auf diese Weise die typisch rundlichen Kanten-
formen entstehen. Während dieses Vorgangs wurden auch
die Verwitterungsreste aus den Zwischenräumen gespült
und die Gesteinsblöcke Schicht für Schicht freigelegt. Und

ich stehe jetzt davor und bewundere das Meisterwerk, das die Natur geschaffen hat.

Während wir über den Königskruger Planweg den Abstieg zurück zum Oderteich antreten, lasse ich die Umgebung noch einmal auf mich wirken. Im Wandel der Natur erkenne ich eine Parallele zu meinem Lebensweg. Starre Waldstrukturen, die der Mensch vorgegeben hat, lösen sich auf und weichen einer natürlichen Schöpferkraft, in der sich Natur unbeeinflusst neu erschaffen darf. Wie die Natur bin auch ich am Arbeitsplatz in einer mir auferlegten Struktur gefangen. Ich wünsche mir eine selbstbestimmte Zukunft, in der ich meine Kreativität ausleben und mich stetig weiterentwickeln kann. Werde ich in den kommenden Tagen und Wochen auch noch Lösungen dafür finden, wie ich meine Zukunft gestalten kann? Mein Bauch sagt: Ja.

✕

Mein zweiter Tag im Harz: Es ist immer noch neblig, aber trocken. In Schierke treffe ich Danilo, der mich noch einmal begleiten wird. Unsere Route führt über den Pfarrstieg hinauf zur Ahrensklint. Zu Beginn der Tour laufen wir durch ein offenes Gelände, das zur Entwicklungszone des Nationalparks gehört. Das bedeutet, es werden unterstützende Maßnahmen ergriffen, die der Landschaft bei ihrer Entwicklung zur Wildnis helfen sollen. Kleine Pioniere sind bereits am Start: Birken, Eschen, Gräser, Heidelbeersträucher, zu denen sich Fichten und sogar ein paar einzelne Eichen hinzugesellt haben. Ergänzend zu den natürlich gewachsenen Bäumen wurden Buchen gepflanzt, die hier normalerweise wachsen würden, hätte es die Fichtenforste nicht gegeben. Von Danilo erfahre ich, dass hier noch vor einem Jahr Fichtenwald stand. Interessant zu sehen, wie schnell sich so eine Fläche innerhalb eines Jahres verändert. Nach kurzer Wanderzeit gelangen wir eine Entwicklungsstufe weiter. Hier ist insgesamt alles dichter bewachsen, und die Bäume sind wesentlich höher.

»Zwischen dieser Fläche hier und der Fläche, wo wir eben waren, liegen zwei Jahre Entwicklungszeit. Wie du siehst, ist diese Wildnis hier um einiges fortgeschrittener«, erläutert Danilo. »Das ist für mich das Faszinierende am Harz: Durch die unterschiedlichen Stadien des Umwandlungsprozesses in der Landschaft wird die Entstehung von Wildnis nachvollziehbar. Es ist spannend zu beobachten, wie die Natur das einfach so macht. Jeder Entwicklungsschritt ist lehrreich und birgt Neuentdeckungen.« Da kann ich Danilo nur zustimmen. Mittlerweile gefallen mir diese Gebiete sogar besser als die eintönigen Fichtenforste. Wir stehen etwas erhöht am Berghang und können auf beide Sukzessionsflächen hinunterschauen. Der Unterschied zwischen ihnen ist aus der Distanz sehr gut zu erkennen: die untere Fläche mit viel Gras und Krautschicht, aus der junge Bäume herausspitzeln, die Fläche oberhalb mit viel mehr hohem Baumgrün.

An einem Wegstück fallen mir rechts und links abgestorbene Fichten auf, die etwas über Augenhöhe abgeschnitten wurden. Auf meine Frage, ob das maschinell gemacht wurde, meint Danilo, das habe man ganz zu Anfang so gemacht, als noch nicht so viele Fichten abgestorben waren. Es sollte dadurch mehr Lebensraum entstehen für Pilze und andere Organismen, die auf stehendes Totholz angewiesen sind. Die Sollbruchstelle eines Baums – die Stelle, an der er auf natürliche Weise bricht – befindet sich in etwa drei bis zehn Metern Höhe. Deswegen hat man die Bäume in ungefähr dieser Höhe abgeschnitten. Jetzt sind so viele Fichten abgestorben und sterben noch immer, dass es genügend stehendes und liegendes Totholz gibt und solche Maßnahmen nicht mehr notwendig sind.

Welche Wirkung eine sterbende Fichten-Monokultur haben kann, erfahre ich, kurz bevor wir die Ahrensklint erreichen. Nichts als braune Düsternis. Der Boden ist komplett mit Fichtennadeln bedeckt. Weich und gedämpft fühlen sich meine Schritte an. Tageslicht ist rar, entsprechend leblos erscheint der Boden. Doch nicht nur der: Bis kurz unter die Baumspitzen schaue ich in ein Wirrwarr aus kahlem Geäst. Nur ganz oben kann ich das erste Dunkelgrün erkennen. In krassem Gegensatz dazu erlebe ich nach ungefähr fünfzig Metern eine Passage, in der Lücken entstanden sind. Sobald Tageslicht im Spiel ist, verändert sich ein Waldabschnitt komplett. Moose, Gräser und Kräuter bedecken den Boden, Baumsamen beginnen zu keimen, und Schmetterlinge flattern umher. Das lebendige Grün springt mir regelrecht ins Auge. Spontan kommt mir die Redewendung »Das Licht am Ende des Tunnels sehen« in den Sinn, denn genau so wirkt es auf mich. Mitten auf dem Weg fällt mir eine Stelle mit schwarzer Erde auf. Danilo erklärt mir, dass sich hier ein Kohlenmeiler befunden hat. Ich nehme etwas von der Erde in die Hand und erkenne darin kleine Kohlestückchen. Ein winziges Detail offenbart die Geschichte dieses Ortes. Hier wurde damals natürlicher Mischwald abgeholzt, um Kohle herzustellen, und mit der schnell wachsenden Fichte wieder aufgeforstet. Es macht mir zunehmend Spaß, historische Spuren in der Natur zu lesen und Rückschlüsse auf deren Hintergründe zu ziehen. In diesen Momenten des Erkennens gehe ich gedanklich auf eine Reise in die Vergangenheit. Wäre dieses Waldgebiet einfach sich selbst überlassen worden, hätte sich ein Altersklassenwald gebildet, mit verschieden alten Bäumen. Die Baumart, die mit den Standortbedingungen am besten zurechtgekommen wäre, hätte sich durchgesetzt und die anderen Arten verdrängt. In der Folge hätte sich die gesamte Pflanzengesellschaft verändert, was wiederum andere Tierarten angezogen hätte. Aus einer solchen Fichtenplantage wäre nach ein paar Hundert Jahren ein Buchenwald entstanden, da diese Baumart seit Jahrtausenden in Deutschland heimisch ist.

Schon kurze Zeit später stehen wir an der Ahrensklint, und ich erkenne sofort, dass die Felsformation ebenfalls durch Wollsackverwitterung entstanden ist. Von der kleinen Aussichtskanzel aus schaue ich auf den gegenüberliegenden Wurmberg, dessen Gipfel im Nebel versteckt liegt. Wie ich im Torfhaus erfahren habe, hat der Harz aufgrund seines rauen Klimas und der extremen Wetterverhältnisse ein Alleinstellungsmerkmal unter den deutschen Mittelgebirgen. In den Alpen findet man solche klimatischen Verhältnisse, wie sie beispielsweise auf dem gut tausendeinhundert Meter hohen Brocken herrschen, erst ab einer Höhe von etwa zweitausend Metern. Der waldfreie Brockengipfel ist in Deutschland einmalig. Dort oben ist das Wetter einfach zu rau und stürmisch, das hält kein Baum aus. Mein Blick wandert am Horizont entlang. Rings um den Wurmberg sehe ich ein Mosaik aus Kahlschlag, noch oder wieder grünen Waldflächen und sterbendem Fichtenwald, der sich mit seiner braunen Färbung deutlich vom Gesamtbild abhebt. In wenigen Jahren wird dieser Blick ein anderer sein. Ich nehme mir fest vor, in fünf Jahren zu diesem Aussichtspunkt zurückzukehren. Es interessiert mich sehr, wie sich die Natur hier neu erfinden wird.

Danilo und ich brechen zu unserem nächsten Ziel auf, der Landmannsklippe. An einer Weggabelung machen wir halt, und Danilo deutet auf den Wegweiser.

»Wir wandern jetzt auf dem Eulenstieg hinauf zur Landmannsklippe. Ich bin sehr gespannt darauf, wie dir der Weg gefallen wird.«

Auf dem Holzschild lese ich: »Eulenstieg – naturnaher Weg. Dieser Weg ist schwierig zu begehen.« Na, das klingt doch vielversprechend. Schon nach den ersten Metern bin ich erstaunt und begeistert zugleich. Mir ist, als ob ich in eine andere Welt eingetreten wäre. Wildheit, wohin ich blicke. Steinquader in Wollsackform liegen herum. Gräser, Farne, Heidelbeersträucher und Heidekraut erobern sich die Fläche, dazwischen Ebereschen, Birken und Fichten. Und mittendurch führt der Eulenstieg, erkennbar an der roten Eule, die uns als Wegmarkierung lediglich die Richtung angibt. Den Weg müssen wir teilweise selbst wählen. Mal geht es über Steine, mal über wirres Wurzelgehölz, mal unter gefallenen Baumstämmen hindurch, mal durch Matschlöcher. Das Kind in mir jubelt und ist in Abenteuerlaune. Wir durchqueren dunkle Waldabschnitte und gelangen kurz darauf wieder auf offene Flächen. Die Wechsel in der Landschaft sind überwältigend. Hier ist die Natur entfesselt und losgelöst von menschlicher Ordnung und geradliniger Struktur.

Aus dem herrlichen Naturchaos sticht ein Baumstumpf heraus, übersät mit roten Pünktchen. Das schaue ich mir genauer an und kann es kaum fassen: Es ist die Echte Scharlachflechte. Der komplette Stumpf ist voll davon. In dieser Menge habe ich sie noch nicht gesehen. Ich bin überwältigt. Direkt daneben entdecke ich eine ganze Siedlung Trompetenflechten und eine weitere Flechte, die ich noch nicht kenne. Ähnlich der Scharlachflechte hat sie ebenfalls rote Fruchtkörper an den Spitzen. Allerdings ist sie nicht verzweigt, sondern wächst stabförmig in die Höhe. Eine kurze Internetrecherche, und der Name ist gefunden: Rotfrüchtige Säulenflechte. Unglaublich, was sich auf einem einzigen Baumstumpf alles ansiedelt. Am Boden fällt mir ein riesiger Baumpilz auf, der ebenso mit Flechten und Moos besiedelt ist. Es ist mir nicht möglich zu erkennen, wo der Baumstumpf endet und wo der Pilz beginnt. Alles ist miteinander verwoben zu einem lebendigen Gefüge, das es ohne Totholz nicht geben würde. Allein an dieser Stelle könnte ich noch Stunden damit verbringen, mir die kleine bunte Welt anzuschauen. Bestimmt gibt es noch weitere Arten zu entdecken, die mir auf den ersten Blick gar nicht aufgefallen sind. Wir scheinen uns in einer Art Hochmoorgebiet zu befinden, wenn ich die Fauna um mich herum richtig einordne. Sogar Torfmoos sehe ich vereinzelt am Boden wachsen.

Wir wandern weiter, durch einen Abschnitt, in dem gigantische Wurzelteller aus der Erde ragen. Sie liegen ganz nah am Weg und überragen mich um mindestens einen Meter. Ich finde sie ziemlich unheimlich und habe spontan einen Namen dafür: Dantes Wurzelinferno. Manche von ihnen sind schon etwas ausgewaschen, sodass nur noch das reine Wurzelwerk übrig ist – jedes auf seine Weise ein einzigartiges Kunstwerk. Andere scheinen frisch aus dem Erdreich befreit worden zu sein und hängen noch voller Erde, Steine und Spinnweben. Je länger ich auf die Wurzelhölle schaue, desto mehr gruselt es mich. Ich vermute, es ist meine Vorstellung von den vielen Spinnen, die möglicherweise darin leben. Nichtsdestotrotz finden konkurrenzschwache und spezialisierte Arten hier einen nischenreichen Lebensraum. Unter diesem Gesichtspunkt betrachtet lässt der Gruseleffekt nach, und ich traue mich sogar etwas näher daran vorbei.

Der Weg bleibt abenteuerlich und spannend. Unterhalb des Bergkamms liegen unzählige abgestorbene Fichten in einem heillosen Durcheinander. Doch die neue Baumgeneration hat sich schon ausgebreitet und ist kräftig am Wachsen. Um hoch zur Bergkuppe zu gelangen, müssen wir uns durch ein enges Schlupfloch zwischen Felsgestein und Baumstämmen zwängen. Jetzt nur noch eine steile Passage hoch, und Danilo und ich stehen oben auf der Landmannsklippe – einem beeindruckenden Felsengebilde, dessen würfelförmige Steinquader erneut Rückschlüsse auf eine Entstehungsgeschichte durch Wollsackverwitterung zulassen. Von der Klippe aus sehe ich den gegenüberliegenden Höhenzug. In diesem Moment lichtet sich der Nebel, und die Brockenkuppe mitsamt Gebäuden kommt zum Vorschein. Seit ich hier im Harz bin, habe ich den Brocken nicht zu Gesicht bekommen. Jetzt endlich sehe ich ihn. Die Kuppe ist ein UNESCO-Geopark. Im Harz herrscht ein extremes Klima, es ist rauer und hat skandinavischen Charakter. An kargen Felsstandorten, wie auf dem Brocken, findet man Arten, die sonst nur in kühlen Klimaregionen vorkommen. Auf dem bekannten Berg ist ein Rest nahezu unberührten Fichtenwalds erhalten geblieben, der sogenannte Brockenurwald. Ringsherum ist der gesamte Fichtenwald braun gefärbt. Nur einzelne grüne Linien ziehen sich von den Bergen schräg nach unten ins Tal. Es sind die Wasserabläufe und Bäche, entlang derer die Bäume noch lebendig sind.

Unser nächstes Ziel ist die Grenzklippe, die wir über den Höhenzug Hohnekamm erreichen werden. Doch zuvor müssen wir den Eulenstieg wieder hinunterkraxeln. Ich freue mich auf die neue Perspektive, die ich bergab haben werde. Es ist erstaunlich, wie anders alles aussieht, wenn man einen Weg hin- und zurückwandert. Meine Augen bleiben an anderen Motiven hängen als zuvor. Teilweise kann ich mich gar nicht daran erinnern, hier schon einmal

vorbeigelaufen zu sein. Jetzt fallen mir viel mehr Totholzstämme auf, die dicht mit Flechten und Moosen besiedelt
sind. Und schon wieder ist eine neue Flechtenart dabei. Sie
ähnelt der Trompetenflechte, hat aber oben einen gezack-
ten, becherförmigen Abschluss. Sie näher zu bestimmen
ist schwer, es gibt zu viele Arten, die man leicht miteinander verwechseln kann. Ich begnüge mich damit, sie zu fotografieren und zu bestaunen. Meinen Sensationsfund des
Tages entdecke ich auf einem stark vermoderten Baumstamm: Zitronengelb und flächig, an eine feine Koralle er-
innernd, hängen an dünnen Fäden gelbe Tropfen herunter.
Wir starren das gelbe Ding an, als ob es außerirdisch wäre.
Auch Danilo hat so etwas noch nicht gesehen. Wir vermuten, dass es ein Schleimpilz ist, und starten eine Internet-
suche. Tatsächlich, es ist die Gelbe Lohblüte, auch Hexen-
butter genannt. Schleimpilze sind eine eigene Art, weder
Pilz noch Tier, sondern irgendetwas dazwischen. Und – sie
können sich fortbewegen, um auf Nährstoffsuche zu gehen.
Es ist unglaublich, was man auf Totholz alles finden kann.

Vom Eulenstieg wechseln wir auf einen Wanderweg,
der uns über den Hohnekamm an den Hohneklippen entlangführen wird. Der einst bewaldete Höhenzug ist kahl
geworden und hat sich in eine Offenlandschaft verwandelt.
Ein Teppich aus Moor-Heidelbeeren überzieht den Boden.
Vereinzelt ragen dürre Stämme und Äste aus dem Kraut-
gewimmel. Einen Vorteil hat die entstandene Kahlheit: Die
Sicht auf die Felsengebilde ist frei. Wie übereinanderge-
schichtete Würfel ragen die charakteristischen Granitblöcke der Grenzklippe aus dem Berg. Noch dominieren hier
die Pionierpflanzen, doch in ein paar Jahren wird sich das
Bild durch die heranwachsenden Fichten wieder verändert
haben. Stimmen dringen von den Felsen zu uns herüber.
Wir beobachten ein Paar, das auf den Felsblöcken herum-

klettert. Sie scheinen nicht zu wissen, dass die Felsen geschützte Geotope sind.

»Wenn ich mir etwas wünschen dürfte«, sagt Danilo leise zu mir, »dann, dass die Menschen hier im Nationalpark mehr Rücksicht auf die Natur nähmen und verantwortungsbewusster wären. Es gibt ganz einfache Regeln hier, warum ist es für manche so schwer, diese einzuhalten?«

Die Nationalparks haben an der Landesfläche Deutschlands gerade mal einen Anteil von null Komma sechs Prozent. Es sind wichtige und geschützte Waldgebiete, in denen wir uns bewegen dürfen, unsere Bedürfnisse aber dem Naturschutz unterordnen müssen. Das kann doch nicht so schwer sein. In meinem Bauch spüre ich eine Woge aus Ärger, aber auch Sorge aufsteigen. Wenn es uns schon in diesen Gebieten nicht gelingt, der Natur ihren Raum zu geben, wie wollen wir ernsthaft und wirkungsvoll dem Klimawandel entgegenwirken? Klimaschutz bedeutet auch, der Natur zuliebe die eigenen Ansprüche notfalls herunterzuschrauben. Mit diesem Thema werde ich mich auf meiner Reise bestimmt noch öfter beschäftigen.

Auf dem Weg zur Leistenklippe durchqueren wir ein facettenreiches Naturgebiet: steinige Pfade, mystische Waldbereiche, weite Flur und haufenweise Granitwürfel – eine abwechslungsreiche Landschaft. Über eine Metallleiter gelangen wir hoch auf den Bergkamm und finden uns in einer wildromantischen Felsenlandschaft wieder. Schlanke Birken und jugendliche Eschen säumen den steinigen Weg, ringsum ein Meer aus Heidelbeersträuchern. Von der Klippe haben wir eine großartige Aussicht. Wie aufgeschichtete Türme lugen die Felsmonumente, die wir eben noch entlanggewandert sind, zwischen den Baumkronen auf den Bergkuppen hervor. Wurmberg und Brocken verstecken sich wieder hinter einem Nebelschleier. Wild, ungebändigt und mystisch – genau so wird mir der Harz in Erinnerung bleiben.

Unser Rückweg nach Schierke verläuft ein Stück auf dem Moorstieg, der als Holzbohlensteg durch die großflächige Moorlandschaft führt. Danilo, der ein paar Meter vor mir herläuft, bleibt stehen und wartet, bis ich bei ihm angekommen bin.

»Schau mal, hier wächst die Moosbeere.« Er deutet auf eine Stelle in der Krautschicht. Dann sehe ich sie, die kleinen roten Beeren, schimmernd und glänzend wie kostbare Perlen. Ich erinnere mich an die Broschüre, die ich bei unserer Tour durch den Hunsrück-Hochwald von Sandra geschenkt bekommen habe, und hole sie aus dem Rucksack. Die Gewöhnliche Moosbeere ist ein Zwergstrauch, lese ich. Mit ihren dünnen Ausläufern kann sie über die Torfmoospolster kriechen und sich auf diese Weise ausbreiten. Ich knie mich hin, um näher ranzukommen. Jetzt kann ich die zierlichen Ausläufer mit den kleinen, dunkelgrünen Blättern erkennen. Was für ein filigranes Netzwerk, scheinbar ohne Anfang und ohne Ende.

»Und hier wächst der Rundblättrige Sonnentau!«, ruft mir Danilo zu. Ich schaue auf die Stelle, die er mit dem Finger anpeilt. Es dauert etwas, bis ich das wirklich kleine rote, stachelartige Gewächs zwischen den Torfmoossprossen finde. Es ist etwa so groß wie mein Daumennagel. Alleine hätte ich den nicht entdeckt. Erst nachdem ich mit dem Teleobjektiv meiner Kamera herangezoomt habe, kann ich mir die kleine Pflanze etwas genauer anschauen. Der Sonnentau ist eine fleischfressende Pflanze, die mit der Nährstoffarmut in den Hochmooren gut zurechtkommt, erfahre ich von Danilo. Auf seinen Blättern befinden sich dünne Tentakel, die ein klebriges Sekret absondern, das einem Tautropfen ähnelt. Von seinem Schimmer angelockt, bleiben die Insekten daran kleben und werden von der Pflanze verdaut. In der Vergrößerung des Objektivs kann ich die klitzekleinen Tröpfchen sehr gut sehen. Eine hübsche Pflanze, finde ich. Schön, dass ich sie nun doch noch sehen konnte.

»Oh, ein Moorfrosch!«, höre ich Danilo sagen. Versteckt unter einem Grasbüschel sitzt ein kleiner brauner Frosch. Wie sieht die Welt aus seiner Perspektive aus? Moosbeeren sind für ihn bestimmt riesige Kugeln. Und wir Menschen? Wir müssen aus seiner Sicht Giganten sein. Giganten, die seinen Lebensraum mit nur einem Schritt abseits des Wegs zerstören können.

Während unseres Abstiegs nach Schierke sprechen wir über unsere gemeinsamen Erlebnisse und tauschen uns über gemachte Beobachtungen aus. Mit einem zufriedenen Lächeln im Gesicht kommen wir am Bahnhof der Brockenbahn an und beschließen, noch einen Kaffee zusammen zu trinken. Danilo meint, als Abschluss wäre es doch schön, wenn ich auch noch eine der historischen Dampfloks sehen könnte, die täglich hoch zum Brocken fahren. Mich beschäftigt derweil immer noch das Erlebnis mit den herumkletternden Leuten auf der Grenzklippe.

»Was wünschst du dir von den Besuchern, die in den Nationalpark kommen?«, frage ich daher Danilo.

»Ganz klar mehr Rücksichtnahme und mehr Verantwortungsbewusstsein«, lautet seine spontane Antwort. »Besonders das Einhalten der Nationalparkregeln ›Hunde an der Leine lassen‹ und ›Die Wege nicht verlassen‹ ist für die Tier- und Pflanzenwelt wichtig. Hinzu kommt natürlich auch, dass man alles, was man in die Natur mit hineinnimmt, auch wieder mit herausnimmt.« Wir sind uns einig darüber, dass wir alle mit Achtung und Respekt durch die Natur gehen sollten – gerade und ganz besonders in den Nationalparks.

Ein lautes Tuten kündigt die Brockenbahn an. Dampfend rollt sie langsam in den Bahnhof ein und kommt schnaubend zum Stehen. Ich verabschiede mich von meinem liebenswerten Wanderführer und vom Harz. Mein Aufenthalt hier war definitiv zu kurz, und ich beschließe, in naher Zukunft noch einmal herzukommen. Den Brocken möchte ich nämlich auch einmal besteigen. Aber nun geht es weiter in die Sächsische Schweiz, dort wartet das Elbsandsteingebirge auf mich.

4

Ein Bad im Felsenmeer

Das Elbsandsteingebirge im Nationalpark Sächsische Schweiz

Es ist bereits Nachmittag, als ich in Ostrau bei Bad Schandau in der Sächsischen Schweiz ankomme. Für die nächsten fünf Tage werde ich hier in der Jugendherberge wohnen. Am Ortsrand halte ich kurz auf einem Parkplatz, um die Aussicht zu bewundern. Aus dem Wald auf den sanft geschwungenen Hügeln ragen schroff grau-weiße Felsentürme heraus. Unglaublich beeindruckend, dieser Anblick. Für einen Moment reißt die Wolkendecke auf, und ein faszinierendes Lichtspiel beginnt: Dort, wo Sonnenstrahlen auf die Felsen treffen, leuchten einzelne Schichten weiß auf und heben sich aus der grauen Silhouette hervor. Fast meine ich, menschliche Figuren in den schlank nach oben ragenden Felsentürmen zu erkennen. Eine junge Frau bleibt neben mir stehen und spricht mich an.

»Ist das nicht ein schöner Anblick?«, fragt sie mich freudestrahlend.

»Ja, es ist unglaublich schön«, antworte ich ihr, »ich sehe das zum ersten Mal.«

»Ich sehe es jeden Tag, und es ist jeden Tag aufs Neue wunderschön«, sagt sie mit leuchtenden Augen.

»Können Sie mir sagen, welche Felsengruppe das ist, auf die wir schauen?«, frage ich sie interessiert.

»Links, das turmartige Gebilde, ist der Falkenstein, die große Felsengruppe rechts, das ist die Schrammsteinkette. Auf dieser Bank hier sitze ich oft und schaue mir die Felsen an.« Sie zeigt lächelnd auf die Sitzbank hinter uns, verabschiedet sich von mir und setzt ihren Spaziergang fort. Aus ihr spricht so viel Stolz und Liebe zu ihrer Heimat, dass es mich berührt. Ich setze mich auf die Bank und schaue noch eine Weile auf die felsige Landschaft. Bis zum Abendessen ist noch Zeit, und so beschließe ich, dem Nationalparkzentrum in Bad Schandau einen Besuch abzustatten. Über das Elbsandsteingebirge weiß ich recht wenig, und ich denke, ich werde dort einen guten Einblick in die Geschichte und Geologie der Region erhalten.

Ein freundlicher Mitarbeiter an der Infotheke macht sich mit Eifer daran, mir Karten- und Prospektmaterial zusammenzustellen. Neben ein paar Wandertipps legt er mir außerdem seine persönlichen Sehenswürdigkeiten ans Herz – darunter auch die Ausstellung des Nationalparkzentrums, das bis in die Fünfzigerjahre ein Lichtspieltheater war. Gemütlich streife ich durch die hohen Ausstellungsräume. Plötzlich steht der nette Mitarbeiter neben mir und fragt mich, ob ich Lust auf eine Führung habe. Er heißt Henry, ist ehemaliger Waldarbeiter und nun Mitglied des Teams im Nationalparkzentrum. Ich freue mich sehr über sein Angebot und nehme es dankend an.

Wie in den anderen Nationalparks, in denen ich bisher war, ist auch hier das Schutzgebiet in drei Zonen unterteilt: die Kernzone (Naturzone A), die Entwicklungszone (Naturzone B) sowie die Pflegezone in den Randbereichen. Der Nationalpark Sächsische Schweiz wurde 1990 ausgewiesen und grenzt direkt an den tschechischen Nationalpark Böhmische Schweiz. Bis zum Jahr 2030 wird das Ziel erreicht sein, den Großteil der Gesamtfläche in Zone A zu überführen. Es überrascht mich keineswegs, zu erfahren, dass die Klimaveränderung auch in der Sächsischen Schweiz Spuren hinterlassen hat. Sechsundvierzig Prozent des Waldbestands im Nationalpark war Fichte, die man nach intensiver Holznutzung wieder aufgeforstet hat. Dieses Thema kommt mir sehr bekannt vor, und ich vermute, dass ich damit noch in anderen Nationalparks konfrontiert werde. Als die Wälder vor Jahrhunderten noch ursprünglicher waren, machte diese Baumart lediglich fünf Prozent der Waldfläche aus. Das hat damit zu tun, dass sich die Fichte erst ab einer Höhe von achthundert Metern wohlfühlt – das Elbsandsteingebirge auf der deutschen Seite aber die Sechshundert-Meter-Marke nicht übersteigt. Also war sie in den Höhen dieses Mittelgebirges früher praktisch nicht vorhanden. Hinzu kommt, dass das Klima hier »kopfsteht«: Pflanzen, die üblicherweise in den Schluchten wachsen, findet man hier in den Höhenlagen, und Pflanzen, die ihren Standort eigentlich in der Höhe haben, wachsen in den tiefen Schluchten. Man nennt das »Kellerklima« oder »klimatische Inversion« – eine ökologische Besonderheit.

»Wie funktioniert dieses Kellerklima?«, hake ich nach und lasse mir von Henry erklären, was es mit diesem Mikroklima auf sich hat. In den schmalen, tiefen Schluchten findet wenig Luftaustausch statt. Es herrscht eine hohe Luftfeuchtigkeit und eine nahezu gleichbleibende Temperatur das ganze Jahr über. Dadurch ist es im Winter milder und im Sommer deutlich kälter als außerhalb der Schlucht. Auf den Felsplateaus können Temperaturen zwischen fünfzig bis sechzig Grad erreicht werden, am Fuß der Felsen dagegen ist es zwischen zehn und fünfzehn Grad kühl. Bei diesen Bedingungen käme die Fichte auf natürliche Weise allenfalls in den Schluchten und Tallagen vor, aber nicht in den Höhen, denn da ist es zu heiß und zu trocken. Es ist also kein Wunder, dass es diese Baumart hier regelrecht umgehauen hat. Dieses Phänomen finde ich sehr interessant. Werde ich diese Unterschiede in der Vegetation feststellen? Ich bin gespannt auf die Wanderungen in den nächsten Tagen.

Insgesamt ist die Ausstellung so aufgebaut, dass die Besucher weniger Text lesen müssen, dafür mehr interaktive Elemente nutzen können, um sich zu informieren. Sehr gelungen finde ich die Nachbildung einer Felsenlandschaft, die mitten in den Raum gebaut ist und bis unter das hohe Glasdach reicht. Mit einem Fernrohr kann man den Felsen nach kleinen und großen Bewohnern absuchen. Sogar besteigen kann man ihn und von seiner Plattform aus Themenfilme auf einer großen Leinwand anschauen. Seitdem ich im Harz war, ist mein Interesse an Geologie und Erdgeschichte gewachsen. Daher bitte ich Henry darum, mir etwas zur Entstehungsgeschichte und den Besonderheiten des Elbsandsteingebirges – das eigentlich gar kein Gebirge, sondern eine Hügellandschaft ist – zu erzählen.

»Wir befinden uns in der Kreidezeit, vor neunzig Millionen Jahren«, beginnt Henry mit seinem Exkurs und führt mich zurück in die Zeit, als das ganze Gebiet noch ein einziges Binnenmeer war. Flüsse und Nebenflüsse spülten Sand, Kies und Schotter ins Meer, die sich Schicht um Schicht ablagerten und eine Mächtigkeit von bis zu sechshundert Metern erreichten. Infolge tektonischer Hebungen verschwand etwa sieben Millionen Jahre später das Kreidemeer. Übrig blieb eine über fünfhundert Meter starke, kompakte Sandsteinplatte, die sich unter dem hohen Druck des Meeres und des Eigengewichts gebildet hatte und in der Fossilien ihre Abdrücke hinterlassen haben: der ehemalige Meeresboden. Ab dann setzte die Erosion durch Wind und Wasser ein.

Ein paar Millionen Jahre später kam es zur sogenannten Lausitzer Überschiebung. Dabei hob sich das Lausitzer Granitmassiv, schob sich auf die Sandsteinplatte und drückte sie nach unten, bis sie zerbrach. Aus den schräg bis senkrecht aufragenden Bruchlinien entstanden später die Zerklüftungen des Elbsandsteins. Im Tertiär, das dem Kreidezeitalter folgte, kam es durch den Vulkanismus zu erneuten lang anhaltenden tektonischen Bewegungen. Hebungs- und Druckkräfte führten in der Sandsteinplatte zu Rissen und schließlich zu einem rechtwinkligen Kluftmuster. Entlang der Bruchlinien stieg heißes Magma auf, blieb teilweise auf dem Weg zur Oberfläche stecken und erkaltete zu Basaltgestein. Wasser und Wind, Hitze und Frost waren in den folgenden Jahrmillionen die großen Modellierer des Elbsandsteingebirges und sind es bis heute. In den weicheren Schichten sind bizarre Formen wie Felsentore oder Waben entstanden. Von den Vulkanbergen blieben die abgerundeten Basaltkuppen übrig. Aus den Namen der Erhebungen kann man Rückschlüsse auf den Ursprung ziehen: Ehemalige Vulkankegelberge tragen das Wort »Berg« in ihrem Namen und die Felsen, die aus der Sandsteinplatte entstanden sind, das Wort »Stein«. So weiß man immer gleich, welches Gestein man vor sich hat.

»Wir befinden uns hier in einer Erosionslandschaft, die es so irgendwann nicht mehr geben wird«, schließt Henry seinen geologischen Exkurs ab. Insgesamt eine schöne Ergänzung zu den Informationen über die Wollsackverwitterung, die ich im Harz erfahren habe. In jedem Nationalpark bekomme ich ein neues Puzzleteil, das sich in mein Deutschlandbild einfügt. Wie werde ich am Ende meiner Reise das Land sehen, in dem ich lebe?

»Der Mensch ist ungeduldig und erwartet, dass alles ganz schnell wieder grün wird«, verabschiedet sich Henry am Ende der Führung von mir. »Doch etwas Zeit müssen wir der Natur schon geben, damit sie reparieren kann, was der Mensch verbockt hat. In der Zwischenzeit können wir den Blick zur Abwechslung auch mal auf den Boden richten, denn dort kann man der Artenvielfalt beim Entstehen zuschauen.« Mir gefällt die Art, wie er aus dem Bauch heraus argumentiert, das beweist, dass er sich mit den Themen und seiner Arbeit identifiziert. Ich stelle fest, dass ich ihn in diesem Moment beneide. Leidenschaftlich arbeiten, hinter dem stehen, was man tut, in der Arbeit einen tieferen Sinn sehen – alles das fehlt mir. In meinem Beruf als Produktmanagerin ist Konsum das gewünschte Ziel – je mehr, desto besser. Schon seit längerer Zeit habe ich das Empfinden, nicht mehr in diese Werbewelt zu passen, und es fällt mir immer schwerer, Strategien zu entwickeln, die Leute zum Geldausgeben verführen sollen. Viel lieber würde ich die Menschen dazu verführen, der Natur und dem Klima etwas Gutes zu tun.

✕

Am nächsten Tag begrüßt mich ein herrlicher Spätsommermorgen mit strahlend blauem Himmel – schöner kann ein Wandertag nicht beginnen. Als erstes Ziel meines Aufenthalts im Elbsandsteingebirge habe ich die Bastei gewählt. Seit Jahren schon träume ich davon, dieses Bauwerk einmal zu sehen. Die Region hat ein gut ausgebautes Netz an öffentlichen Verkehrsmitteln, und ich bin froh, dass ich das Auto für ein paar Tage nicht benötigen werde. Um nach Rathen zu kommen, von wo aus ich meine Wanderung starten werde, muss ich zuerst mit der Fähre über die Elbe.

Während der Elbüberquerung lerne ich zwei ältere Frauen kennen. Eine von ihnen lebt hier und kennt sich sehr gut aus. Sie fragt mich, was ich alles vorhabe, und holt eine Sammlung von Wanderkarten aus ihrem Rucksack, darunter eine riesige Karte, die noch aus der DDR-Zeit stammt. Ich erzähle ihr von meinen Plänen und erhalte hilfreiche Wandertipps, die ich auf die freien Flächen meiner kleinen Faltkarte kritzle. Für die heutige Wanderung rät sie mir, zuerst auf den Gamrig zu wandern und danach zu den sogenannten Schwedenlöchern, die ich aber unbedingt gegen den Besucherstrom von unten nach oben hinaufsteigen soll, als letzte Station dann zur Bastei, durch die sich gegen späten Nachmittag eventuell nicht mehr ganz so viele Touristen drängeln. Dankend nehme ich diese wertvollen Ratschläge an und freue mich sehr über diese nette Begegnung. Zum Abschied dreht sich die Frau noch einmal zu mir um und sagt: »Es treffen und begegnen sich immer die Leute, deren Schwingungen übereinstimmen.« Was für ein Satz, und wie viel Sympathie innerhalb einer halben Stunde entstehen kann. Gut gelaunt und mit einem glücklichen Lächeln im Gesicht laufe ich los.

Ein schluchtartiger Waldweg führt mich hoch zum Kletterfelsen Gamrig. Das Klettern hat eine große Tradition in der Sächsischen Schweiz, es gibt Extrawege zu den Felsen, die nur den Kletterern vorbehalten sind. Am Fuße des Felsens entdecke ich die Gamrighöhle. Henry hatte mir von den »Boofen« erzählt, die eine Art Kulturgut sind. Grundsätzlich ist das Übernachten und Zelten im Nationalpark verboten. Wenn man aber aktiven Klettersport betreibt, darf man in offiziell freigegebenen und gekennzeichneten Felshöhlen, den Boofen, übernachten. Leider wurde diese Möglichkeit von Party- und Abenteuertouristen in den letzten Jahren dermaßen ausgereizt und missbraucht, dass nun eine Belastungsgrenze erreicht ist. Spätestens dann, wenn ein Rückgang an wichtigen Arten beobachtet wird, ist es Zeit zu handeln. Doch nicht nur die Arten, die in ihrer Nachtruhe gestört werden, sind bedroht, auch die Felsen selbst sind durch Trittschäden einer höheren Erosion ausgesetzt. An der Gamrighöhle ist ein entsprechender Hinweis befestigt, der uns Besucher darauf hinweist, unbedingt auf den gekennzeichneten Wegen zu bleiben. Die fortschreitende Erosion ist deutlich zu sehen, überall auf der Erde liegt der feine weiße Sand der Felsen.

Mit Holzbalken abgesetzte Stufen führen an den steilen Felswänden entlang, hinauf auf das Gamrig-Plateau. Schon allein der Aufstieg ist eine kleine Sensation für mich. Zwischen den Felstürmen öffnen sich traumhafte Blicke nach Westen, hinüber zum Tafelberg Lilienstein, dem Wahrzeichen des Nationalparks. Mit dem Aufstieg lasse ich mir Zeit, erfreue mich an verschiedenen Aussichten, berühre die Felswände und nehme eine Handvoll des weißen Sands auf. Langsam lasse ich ihn und mit ihm Millionen Jahre Erdgeschichte zwischen meinen Fingern hindurchrieseln. Was spüre ich da gerade? Was nehme ich wahr in diesem Moment? Es ist ein Gefühl. Ein Gefühl von ... Verbundenheit.

Oben auf dem Plateau bin ich überwältigt von der zerklüfteten Felsenlandschaft und dem atemberaubenden Panorama mit der Bastei im Norden.

Der Ausblick ist großartig, am liebsten würde ich den ganzen Tag hier sitzen und vor mich hin träumen. Hinter mir höre ich ein angestrengtes Schnaufen und Stöhnen. Ein älteres Ehepaar steigt langsam und keuchend die Stufen empor. Wir kommen schnell ins Gespräch. Beide haben künstliche Knie und sind froh, dass sie den Aufstieg geschafft haben. Dass sie beide über achtzig Jahre alt sind, hätte ich nicht gedacht, sie wirken trotz ihrer Knieprobleme noch recht fit und jugendlich. Zum ersten Mal während meiner bisherigen Reise denke ich an meinen Vater, der früher viel gewandert ist, aber heute krankheitsbedingt kaum noch laufen kann. Ich beschließe, ihn gegen Abend anzurufen und ihm eine klassische Postkarte zu schicken, schön bunt und mit Bergen drauf.

Nach einer traumhaft schönen Stunde auf dem Gamrig mache ich mich wieder auf den Weg, um zu den Schwedenlöchern und dann zur Bastei zu gelangen. Ich lande auf einem wunderschönen Pfad, der durch einen sehr mitgenommenen Fichtenwald führt. Niemand sonst außer mir ist hier unterwegs. Der Duft der ätherischen Öle ist umwerfend. Nach einer halben Stunde Wanderzeit betrete ich die Kernzone, erkennbar an einem Schild, das mich über die Verhaltensregeln in dieser Schutzzone aufklärt. Ein leichter Windstoß bewegt die Baumkronen, lässt Gehölz aneinanderreiben und knarzen. Ab und zu sind Rufe von Kletterern zu hören, die sich an den Felsen abmühen. Ich nähere mich den Feldsteinen, einer von unzähligen Felsengruppen, die diesem Gebirge sein prägendes Gesicht geben. Weißer Sand bedeckt den Boden, auf dem ich laufe. Vor mir taucht ein schroffes Felsengebilde auf, dem die Erosion eine Wabenstruktur verpasst hat. So beeindruckend und schön die bizarren Formen der Felsen sind, sie sind Ergebnis des Zerfalls, der unaufhörlich fortschreitet. Umso mehr wachsen meine Wertschätzung und mein Respekt für die Zeugnisse unserer geologischen Vorzeit.

Am Beginn eines Treppenwegs bleibe ich stehen. Er führt zwischen den Feldsteinen und dem benachbarten Honigsteinkopf steil über den Berg. Auweia, so viele Treppen? Langsam beginne ich mit dem Aufstieg. Schon nach wenigen Minuten merke ich, dass ich konditionell noch nicht ganz auf der Höhe bin. Ach, ist doch egal, dann lasse ich mir eben Zeit. Kurze Pausen haben den Vorteil, dass man sich dabei die Umgebung viel intensiver anschauen kann, als wenn man daran vorbeihetzt. Mir gefällt die Vegetation hier oben. Hohe schlanke Kiefern und Birken, dazwischen streben ein paar einzelne Eichen und Eschen zum Himmelslicht, und in den sandig-steinigen Boden hat sich Heidekraut eingenistet. Stufe für Stufe kämpfe ich mich voran. Etwas unterhalb meines Standorts sehe ich zwei junge Frauen mit Tempo den Berg hochkommen. Doch auch sie bleiben nach wenigen Metern stehen und japsen nach Luft. Dies zu beobachten verleiht mir wieder neuen Mut, und ich setze meinen Marsch fort, obwohl ich noch etwas außer Atem bin. Nach zwanzig Stufen gebe ich mich geschlagen und gestehe mir ein, dass ich mich überschätzt habe. Wie zwei junge Gazellen ziehen die beiden Mädels an mir vorbei. Für einen kurzen Augenblick habe ich das Bedürfnis, mich über das Älterwerden zu grämen und meinen untrainierten Körper zu beschimpfen. Aber was hätte ich davon? Es ist nun mal so, wie es ist. Eines ist sicher: Wo es hochgeht, geht es auch wieder runter.

Zwanzig Minuten später stehe ich am Amselsee unterhalb des Basteimassivs. Aus der Stille des Felsenreichs bin ich direkt in die touristische Vergnügungswelt geraten. Das muss ich erst einmal verkraften und eile am Gewässer vorbei, auf dem Tretboote hin und her gleiten. Entlang des Grünbachs wandere ich durch den Amselgrund und kann schon von Weitem sehen, wo sich der Aufgang zu den Schwedenlöchern befindet, nämlich dort, wo die vielen Menschen herkommen. Ach herrje, schon wieder Stufen! Einen Schwung Leute lasse ich noch vorbei, dann fordere ich für mich auch etwas Platz für den Aufstieg. Ich möchte eintauchen in die Wildheit dieser schönen Natur und mit ihr auf Tuchfühlung gehen. Der Weg entwickelt sich zu einem abenteuerlichen Wandersteig durch eine schluchtartige Felsenwelt, mit steilen Wänden, die bis in den Himmel ragen. Dort, wo Feuchtigkeit am Felsen herunterrinnt, wachsen Farne und Moose, lassen eine unwirkliche Märchenwelt entstehen. Nach jeder Kurve wirkt die Umgebung anders wild, anders romantisch. An manchen Stellen neigen sich die Felsen so zueinander hin, dass sie eine schmale Gasse bilden. Ich bin total begeistert, auch wenn die Stufen kein Ende nehmen möchten. Es ist ziemlich anstrengend, daher ist es mir nicht ganz unrecht, wenn ich ab und an zum Stehenbleiben gezwungen werde, um Leute vorbeizulassen.

Die Schwedenlöcher entpuppen sich als kleine Höhlen in den Berghängen und zerklüfteten Felsformationen. Während des Dreißigjährigen Kriegs dienten sie den Bauern als Unterschlupf, dort konnten sie ihr Hab und Gut vor den schwedischen Truppen verstecken. Vor einer Höhle hat sich die Wurzel einer Fichte wie eine Riesenkrake über ein paar moosbewachsene Felsbrocken gewunden und in die Erde gekrallt.

Der Steig endet an der Ganshütte. Völlig außer Atem komme ich an und setze mich erst einmal auf eine der Bänke. Die Nähe zur Bastei macht sich bemerkbar, es ist viel los hier oben. In dem Stimmengewirr schnappe ich einen Gesprächsfetzen auf: »... über achthundert Stufen ...«. Was, so viele Stufen waren das? Jetzt bin ich doch etwas stolz. Das müssen dann insgesamt über tausend Stufen gewesen sein, die ich bis jetzt bewältigt habe. Von der Hütte geht ein Weg ab zur Pavillonaussicht, einer Aussichtskanzel mit großartigem Blick auf das Basteimassiv. Aus der Ferne dringt Jahrmarktgedudel an mein Ohr. Mir graut davor, was ich auf der Bastei zu sehen bekommen werde.

Zur Bastei sind es nur wenige Gehminuten. Der Boden unter meinen Füßen ist platt gewalzt von den vielen Schuhen, die hier schon gelaufen sind. Wurzeln glänzen wie glatt poliert. Die Erde ist verdichtet, hart wie Beton. Dann stehe ich endlich vor dem Monument, auf das ich mich seit Wochen gefreut habe. Trotz all dem Trubel und der vielen Menschen bin ich sehr beeindruckt. Caspar David Friedrich, einer der wichtigsten Maler der deutschen Romantik, hat vor zweihundert Jahren diesen Anblick in seinem Gemälde *Felsenschlucht* verewigt. Die Brücke hat er allerdings weggelassen, er wollte nur die »wilde Natur« auf seinem Bild haben. Eine ganze Weile stehe ich da, schaue über das Felsenmeer hinüber zur Brücke, versuche mir meine Wahrnehmung einzuprägen und sie als persönliches Bild meiner Sinneseindrücke in meinem Gedächtnis abzuspeichern. Ich beobachte junge Leute, die abseits der Wege einen spektakulären Platz für ihr Selfie suchen. Angesichts der vielen Fußspuren in der Erde haben das bereits etliche andere an derselben Stelle getan. An einem Aussichtspunkt sehe ich nur hochgehaltene Handys um mich herum und Gesichter, die wie festgefroren in Kameras lächeln. Die Bastei – reduziert zum schmucken Hintergrund für die mediale Selbstinszenierung. Es widerstrebt mir, ebenfalls mein

Handy zu zücken. Ich tue es dennoch, weil auch ich ein paar Erinnerungsfotos mit nach Hause nehmen möchte. Aber auf ein Selfie verzichte ich und stelle mir vor, der Bastei damit ein Stück ihrer Würde zurückzugeben – zumindest für diesen einen Augenblick.

✕

Gleich nach dem Frühstück breche ich auf zu meiner zweiten Wanderung im Nationalpark. Es ist eine Etappe auf dem Malerweg, die an den Schrammsteinen entlangführt und die Henry aus dem Nationalparkzentrum mir empfohlen hatte. Im 18. Jahrhundert haben Maler, Musiker und Literaten das Elbsandsteingebirge als Inspirationsquelle für sich entdeckt und bekannt gemacht. Unter den damaligen Künstlern war eine Route besonders beliebt. Auf deren historischen Spuren verläuft heute der Malerweg. Ich bin gerade mal fünfzehn Minuten unterwegs, als ich in eine Art Schlucht gelange und mich in einer urwaldähnlichen Atmosphäre wiederfinde. Ich bin begeistert, mit so etwas habe ich überhaupt nicht gerechnet. Weniger schön sind die vielen Sonntagsausflügler, die sich an mir vorbeidrängen, da ich ihnen wohl zu langsam bin. Davon lasse ich mich nicht weiter stören, denn ich habe Zeit. Über einen endlos scheinenden Treppenweg laufe ich durch den »Lattengrund« Richtung Schrammsteine. So wie ich das sehe, werden Treppenwege und -stiege mich weiterhin konditionell auf harte Proben stellen. Allerdings spüre ich auch eine Verbesserung meiner Fitness. So schnell wie am Tag zuvor geht mir heute nicht die Puste aus.

Beim Blick in die Wildheit der Schlucht kann ich gut nachempfinden, warum die Künstler von dieser urkräftigen Natur begeistert waren und sie zum Motiv ihrer melancholisch-erhabenen Gemälde machten. Zwischen den steil aufragenden Felswänden, die mit ihren Spalten und Klüften aussehen wie ein riesiges Mauerwerk, führen Stufen immer tiefer in die Schlucht hinein. Anhand der Fichten, die hier ungewöhnlicherweise auf zweihundert Metern Höhe wachsen, vermute ich, dass auch hier das spezielle Kellerklima herrscht. Die wenigen Sonnenstrahlen, die sich hierherverirren, tauchen die Umgebung in ein mystisches Licht. Entfesselte Natur zwischen monströsen Felswänden, wild und geheimnisvoll – hier könnte ich einen ganzen Tag verbringen. Junge Fichten und Eichen wachsen auf bemoosten Felsvorsprüngen und schmalen Absätzen. An einer Stelle stehen zwei Felstürme so dicht beieinander, dass ihre Überhänge ein Felsentor bilden. Meine Hände streichen über das feuchte Moos, das die Wände des Gesteins bedeckt. Auf einem Mooskissen entdecke ich kleine weiße Pilze, deren Stiele von einem flauschigen Schimmelpilz umhüllt sind. Dann, etwas exponiert auf einem bemoosten Stein, wie im Rampenlicht stehend, gelblichweiße Pilze mit einem hauchzarten Hut, der sich wie ein halb durchsichtiger Regenschirm aufspannt – grazil und anmutig und wunderschön.

Mit dem letzten Treppenaufgang gelange ich in eine andere Vegetationszone. Es wird zunehmend heller und wärmer. In der Schlucht war es teilweise so düster, dass ich den strahlend blauen Himmel gar nicht wahrgenommen habe. Umso erfreuter bin ich jetzt über das herrliche Wetter. Buchen, Birken und Kiefern bestimmen von nun an das Waldbild. Wie auf einer Zielgeraden gehe ich direkt auf eine imposante Felsengruppe zu. Mit jedem Schritt, den ich näher komme, scheinen sie in die Höhe zu wachsen. Dann biege ich um eine Kurve und bin umringt von riesengroßen, bizarr geformten Felsen. Und mittendurch führt der Malerweg, genau genommen durch einen breiten Spalt, bekannt als »Schrammtor«. Vor dem blauen Himmel kommen die Farben des Sandsteins schön zur Geltung. Sie wechseln von rötlich zu ockergelb und weiß bis zu verschiedensten Grautönen. Wind und Wetter haben Mulden und Waben in die Wände geformt und kleine Felssäulen entstehen lassen. Fast haben sie die Form von Sanduhren. Der Boden ist mit dem Sand bedeckt, der Tag für Tag von den Felsen abgetragen wird. Ich durchschreite das Schrammtor und begebe mich in die Felsenwelt der Schrammsteine.

Anfangs wandere ich am Fuß der Felsen entlang und bin von der Umgebung fasziniert. Nach einer halben Stunde gemütlichen Lustwandelns wird es abenteuerlich. Über Eisenleitern beginnt der Aufstieg auf den Gratweg. Zum Glück habe ich keine Höhenangst, denn die Leitern sind teilweise sehr steil und kommen mir endlos vor. Habe ich eine erklommen, stehe ich schon am Fuß der nächsten. Spätestens nach der zweiten Leiter habe ich den Überblick verloren, auf welchem Felsen ich gerade bin. Es sind zu viele, und alle haben Namen. Egal, es gibt nur einen Weg, und dem folge ich einfach, ohne nachzudenken. Durch breite Felsspalten erhasche ich ab und zu einen Blick ins tief liegende Tal.

Fast bin ich auf dem Grat angelangt, ich muss nur noch eine Leiter hinauf Richtung Großer Winterberg. An ihr Ende schließt eine kurze, steile Kletterpassage an, vor der ich irritiert stehen bleibe. Hier gibt es keine Leiter. Stattdessen dienen ausgewaschene Mulden im Fels als Aufstiegshilfe. Und an der Felsseite gibt es lediglich einen Handlauf zum Festhalten. Die Seite, an der es steil nach unten geht, ist nicht gesichert. Ich spüre, wie Angst meinen Nacken hochkrabbelt. Unsicher setze ich meinen Fuß in die erste Mulde und klammere mich am Handlauf fest. Die zweite Mulde, die dritte ... Plötzliche Panik lähmt mich. Was, wenn ich jetzt abstürze? Ich kann nicht weitergehen. Hinter mir warten schon Leute, die ebenfalls nach oben wollen. Ich weiß, dass die Angst nur in meinem Kopf existiert, und versuche dagegen anzukämpfen. Meine Knie fangen an, leicht zu zittern. Geh weiter, geh einfach weiter nach oben, schau nicht hinunter und hör auf zu denken. Mit wackligen Beinen klettere ich weiter den Felsen hinauf. Zum Glück ist diese Passage recht kurz. Oben gibt es einen Aussichtspunkt. Hier muss ich mich erst einmal kurz an die Seite setzen und mich sammeln, bevor ich weiterlaufe. Jetzt freue ich mich über die Leiter, mit der ich auf der anderen Seite wieder vom Felsen herunterkomme. Klettersteig ist nichts für mich, das weiß ich jetzt.

Auf dem Grat wandere ich nun Richtung Großer Winterberg. Sandig und steinig ist der Pfad, der mich an beeindruckenden Felsengebilden entlangführt. Es herrschen trocken-heiße Bedingungen an Standorten wie diesem, was sich in der Vegetation bemerkbar macht. Kiefern und Birken dominieren, auch ein paar Eschen und Eichen haben sich dazugesellt. Adlerfarn, Beerensträucher und Heidekraut haben auf dem felsig-sandigen Boden einen geeigneten Lebensraum gefunden. Ich fühle mich wie im Urlaub in Italien oder Südfrankreich.

Ein Holzgeländer am Wegesrand kündigt einen besonderen Platz an. Jetzt bin ich gespannt, was sich hinter den Bäumen versteckt, die mir noch die Sicht verdecken. Etwas Helles schimmert zwischen den grünen Blättern durch. Was ist das? Mir verschlägt es die Sprache, als ich mich auf einem ausgedehnten Felsplateau wiederfinde und sich mir die »Breite-Kluft-Aussicht« darbietet. Im ersten Moment meine ich, an einem Strand zu sein. Nur, dass ich nicht auf ein Meer schaue, sondern auf die großartige Landschaft

des Elbtals und der Bergwelt dahinter. Ein atemberauben-
des Panorama!

Über die Breite Kluft führt ein Wanderweg hinunter nach
Schmilka, dem Endpunkt meiner Tour. An der Weggabelung
nehme ich die ausgeschilderte Abzweigung und schaue in
die Tiefe der Kluft. Der Abstieg gestaltet sich abenteuerlich – ein gutes Training für Gleichgewichtssinn und Trittsicherheit, die, wie ich feststelle, noch ausbaufähig sind.
Durch wilde, ungebändigte Natur werde ich zu einem letzten Aussichtspunkt geleitet: zur Kleinen Bastei. Ich schaue
hinunter ins Elbtal, fühle mich entspannt und zufrieden.
Dann steige ich ab nach Schmilka.

An meinem letzten Wandertag möchte ich einen weiteren
Abstecher in die Kernzone des Nationalparks machen. Dieses Mal starte ich von Schmilka aus in Richtung Großer
Winterberg, der zweithöchsten Erhebung der Sächsischen
Schweiz, dann weiter über den Kleinen Winterberg zum
Lichtenhainer Wasserfall, wo sich eine Bahnstation befindet. Um den Touristen einigermaßen aus dem Weg zu
gehen, wähle ich eine Route auf weniger prominenten
Wanderwegen. Steil schraubt sich der Weg durch den Erls-
grund den Berg hinauf. Meine Kondition hat sich verbessert,
der Aufstieg fällt mir gar nicht so schwer. Es fühlt sich toll
an, wieder mehr Fitness zu haben. Ich mag den feuchten
Duft des Laubs am frühen Morgen, inhaliere ihn, versuche
feine Nuancen herauszufiltern. Zum ersten Mal, seit ich
hier in der Sächsischen Schweiz bin, wandere ich durch
einen Buchenwald.

   Doch bei aller Freude auf die bevorstehenden Erlebnisse fühle ich mich heute eigenartig bedrückt. Was ist los

mit mir? In einer Wegbiegung fällt mir ein Felsbrocken auf. Etwas Blaues schimmert aus einer ausgewaschenen Mulde. Es ist ein kleines, türkisblau angemaltes Steinchen. Was hat das zu bedeuten? Ist es ein Seelensteinchen oder das geheime Zeichen eines Liebespaars? Mir wird auf einmal ganz komisch. Mein Herz verkrampft sich. Urplötzlich erinnere ich mich an meinen nächtlichen Traum: Arme, die mich halten, ein Mund, der mich sanft küsst, Nähe, Intimität, ein Gefühl des Geborgenseins. Unvorbereitet, wie ein Faustschlag in die Magengrube trifft mich eine Woge aufbrechender Gefühle. Zurückliegende Verletzungen, die ich glaubte, verarbeitet zu haben, bahnen sich einen Weg an die Oberfläche meines Bewusstseins. Wohin mit dem Schmerz? Auf keinen Fall möchte ich dieses Gefühl den ganzen Tag mit mir herumschleppen. Ich lasse los und weine so lange, bis der Schmerz gelöscht ist. Erst dann bin ich wieder in der Lage, meine Wanderung fortzusetzen.

Meine Gedanken kreisen weiter um das soeben Erlebte, als ein Wegweiser mein Kopfkino kurz zum Stillstand bringt. »Kipphornaussicht« – das klingt gut, finde ich und folge dem Pfad zu einem Aussichtsfelsen. Was für ein wunderschöner Platz. Ganz vorne an der Spitze steht eine Bank, auf der ich eine Pause einlege. Sonnenstrahlen wärmen mein Gesicht, ein leichter Windhauch bringt die Blätter der Birkenbäume zum Rascheln und nimmt meinen Kummer mit. Warum länger um Verlorenes trauern? Was bringt mir das? Hier und jetzt, genau dieser Moment ist real. Das Vergangene existiert nur in meiner Gedankenwelt. Ich bin es leid, mich von zurückliegenden Verletzungen oder Verlusten beeinflussen zu lassen. Ich möchte sie ruhen lassen, die Menschen, die nachts durch meine Träume geistern. Sie werden immer Platz in meinem Herzen haben. Aber jetzt verabschiede ich mich von ihnen. Tschüssikowski.

Hinter mir höre ich Stimmen und Gelächter, die eine Gruppe ankündigen. Es sind Österreicher, wie ich am Dialekt erkenne. Ein reger Austausch über Erlebnisse und Wanderungen in der Region entsteht. Die Österreicher strahlen so viel Lebensfreude, Geselligkeit und Offenheit aus, dass sich das auf mich überträgt. Ich fühle mich leicht und beschwingt. Was so ein kurzer netter Austausch doch bewirken kann. Aber nicht nur das hat meine Stimmung positiv verändert, auch dieser Platz mit seiner tollen Aussicht hat mich neu beseelt.

Auf der Basaltkuppe des Großen Winterbergs schaue ich mir das »Eishaus« an, eine Informationsstelle des Nationalparks. In den liebevoll eingerichteten Räumen erfahre ich etwas zu Artenreichtum und Vegetation auf diesem besonderen Boden. Aus ökologischer Sicht gehören die krautreichen Wälder der Basaltberge – mit der Buche als Hauptbaumart – zu den wertvollsten Gebieten im Nationalpark. Herrlich wild ist der Buchenwald, durch den ich nun Richtung Kuhstall unterwegs bin. Wie ich eben gelernt habe, fühlen sich Buchen auf bodensaurem vulkanischem Basaltgestein, wie es hier in der Sächsischen Schweiz vorkommt, am wohlsten. Ein Schild weist mich darauf hin, dass ich die Kernzone betrete. Meine Augen gehen auf Entdeckungsreise, finden ungewöhnlich geformte Pilze und Baumfiguren. Eine ganze Weile trotte ich so vor mich hin, bis ich eine Veränderung wahrnehme. Der Weg wird zunehmend felsiger und sandiger, die Umgebung nimmt einen mediterranen Charakter an. Kiefern, Birken und Heidekraut lassen keinen Zweifel offen: Ich bin auf einer Felsheide gelandet.

Ein schmaler Pfad führt mich auf eine freie Sandsteinflä-
che, von der aus ich in einen gigantischen Canyon schaue.
So etwas Schönes habe ich in meinem ganzen Wanderleben
noch nicht gesehen. Ergriffen von dieser unglaublichen
Aussicht und einzigartigen Landschaft setze ich mich auf
den Boden. Jetzt ist mir klar, warum das Elbsandsteingebirge unter den Landschaften Mitteleuropas eine herausragende Stellung einnimmt.

Der folgende Wegeverlauf auf dem Kleinen Winterberg,
wird mir lange in Erinnerung bleiben. Es öffnen sich atemberaubende Ausblicke in die einzigartige Bergwelt der Sächsischen Schweiz. Ab und zu gibt es kleine Felsplateaus, die
zum Verweilen einladen. Ich möchte gar nicht dran denken,
dass dies mein letzter Tag im Elbsandsteingebirge ist. Wehmütig schaue ich noch ein letztes Mal in den Canyon und
folge dem Wegweiser, der mich wieder hinab ins Tal leitet.

Der Abstieg ist ein Wildnistraum. Ein Treppensteig
führt ganz dicht an den Felsen entlang, durch ein Waldgemisch aus uralten Buchen, sterbenden Fichten und frisch
erblühendem Jungwald. Erfüllt von den Erlebnissen des
Tages und tief greifenden Eindrücken wandere ich entspannt zum Lichtenhainer Wasserfall. Dort befindet sich
die Station der historischen Kirnitzschtalbahn, mit der ich
zurück nach Bad Schandau fahre. Tief in mir spüre ich eine
kraftvolle Energie, und ich weiß, dass ich wieder einen
Schritt weitergekommen bin, auf der Suche nach meinem
verlorenen Glücksgefühl.

5

Vogel des Glücks

In der Auenlandschaft des Nationalparks
Unteres Odertal

Ankunft in der Uckermark in Brandenburg. Es regnet in
Strömen. Bis ich das Gepäck in meine Unterkunft in Stolpe
geschleppt habe, bin ich klatschnass. Schnell raus aus den
Klamotten und rein in den gemütlichen Schlabberlook. Fast
drei Wochen bin ich jetzt unterwegs, ohne auch nur einmal
ausgeschlafen zu haben. Müdigkeit macht sich bemerkbar.
Nur ein paar Minuten auf dem Bett liegen und ausruhen,
denke ich und schlafe innerhalb kürzester Zeit ein. Als ich
zwei Stunden später aufwache, hat es aufgehört zu regnen.
Ich beschließe, mir etwas die Füße zu vertreten und die
nähere Umgebung auszukundschaften. Außerdem brauche
ich Lebensmittel, da ich ein Apartment mit Selbstversor-
gung gemietet habe. Wie ich so durch den Ort marschiere,
muss ich zu meiner Überraschung feststellen, dass es hier
keine Möglichkeit gibt, Essen zu kaufen. Keine Bäckerei,
keine Gastronomie, kein Hofladen, nichts. Verfügbarkeit
von Lebensmitteln – darauf habe ich überhaupt nicht ge-
achtet, als ich damals bei der Reiseplanung nach Übernach-

tungsmöglichkeiten gesucht habe. Mir war die Nähe zum Nationalpark und zu den Kernzonen am wichtigsten. Nun gut, das Problem werde ich schon irgendwie lösen, später, nach meinem Waldspaziergang.

Stolpe liegt direkt am Gellmersdorfer Forst, der zur Wildniszone des Nationalparks gehört. In diesen Wäldern findet keine forstwirtschaftliche Nutzung mehr statt, sie dürfen sich natürlich und frei von menschlichen Einflüssen entwickeln. Es zieht mich richtiggehend dorthin. Wie fühlt sich der Wald an, direkt nach dem Regenwetter? Auf einem ausgewiesenen Waldweg wandere ich einfach drauflos, direkt hinein in den regennassen Buchenwald. Ich nehme mir Zeit für Details, die sich am Wegesrand auftun, inspiziere Moosflächen auf Totholzstämmen, schaue mir glitschige Pilze an, lausche den Wassertropfen, die von den Blättern fallen, und atme die frisch gewaschene Luft ein. Schlanke Buchen mit ihren glänzenden silbergrauen Stämmen heben sich vom restlichen Baumbestand ab. Außer mir ist hier niemand sonst unterwegs. Mir kommt eine Wahrnehmungsübung aus dem Waldbaden-Seminar in den Kopf, das ich vor einem Jahr besucht habe. Dabei geht es um das bewusste Betrachten der Umgebung, in der man sich gerade befindet: zuerst geradeaus schauen, anschließend nach unten auf den Boden und dann hoch in die Baumkronen. Was sehe ich? Was nehme ich gerade wahr? Danach dreht man sich um neunzig Grad und macht die gleiche Übung noch einmal. Das Ganze wird viermal durchexerziert, bis man einmal in alle Himmelsrichtungen geblickt hat. So beginne ich, alles zu inspizieren, was sich in meinem Blickfeld befindet: wildes Gestrüpp, Ahorn- und Eichenbäume, herumliegende Äste. Es duftet nach feuchter Erde. Dann kommt der mit braunem Laub bedeckte Boden dran und schließlich der Himmel, den ein grüner Rahmen aus Blätterwerk einfasst. Eine halbe Drehung, und ich habe eine ganz neue Perspektive: Berge von Ästen über Totholzstämmen, Moos, Jungbäume und – ein Reh, mittendrin, in etwa fünfzig Metern Entfernung. Donnerwetter! Stocksteif verharre ich und warte. Hat es mich gesehen? Es bewegt sich ohne Eile, äugt in meine Richtung, bleibt aber am Platz. In Ruhe frisst es weiter, geht dann ein paar Schritte, bleibt wieder stehen, frisst. Und ich darf zuschauen. Sein Fell ist rötlich braun auf dem Rücken, stellenweise graubraun an den Flanken und etwas struppig. Möglicherweise befindet es sich gerade im jahreszeitlichen Fellwechsel. Als es in meine Richtung sieht, blicke ich direkt in sein hübsches schmales Gesicht. Wie ein Radar drehen sich seine Ohren nach hinten, nach vorne, zur Seite. Ich kann es nicht glauben, dass ich auf einem Waldweg stehe und in unmittelbarer Nähe einem Reh beim Fressen zuschaue. Bisher war die Begegnung mit Rotwild immer von sehr kurzer Dauer. Darum ist dies ein ganz besonderes Erlebnis für mich. Nach über einer halben Stunde bewegungslosem Stehen ziehe ich mich langsam zurück und lasse dem Tier seine Privatsphäre. Schließlich bin ich die Besucherin in seinem Reich und nicht umgekehrt. Außerdem färbt sich der Himmel gerade gelborange und kündigt den Sonnenuntergang an. Also, raus aus dem Wald, bevor es anfängt zu dämmern.

Um etwas Essbares kaufen zu können, muss ich fünfzehn Kilometer nach Angermünde fahren. Es ist für mich tatsächlich eine neue Erfahrung, dass es auf so einer Strecke nicht einmal eine Bäckerei gibt. Ich fühle mich wie ein verwöhntes Kind. Sonst bin ich diejenige, die sich ärgert, wenn Urlauber überall das erwarten oder fordern, was es auch bei ihnen zu Hause gibt. In der Stadt finde ich einen Supermarkt, in dem ich mich mit dem Nötigsten eindecke. Zwischenzeitlich ist es dunkel geworden, und ich mache mich auf den Rückweg nach Stolpe. Langsam fahre ich die Landstraße entlang, denn es ist außergewöhnlich dunkel für diese Uhrzeit. Wohin ich auch blicke, nirgendwo ein Licht. Das kenne ich so nicht. Wenn ich zu Hause übers Land fahre, sehe ich überall die Lichter der nah beieinanderliegenden Dörfer. Sind wir im Vergleich so dicht besiedelt, dass ich keine dunkle Nacht mehr kenne? Bin ich die heimatliche »Lichtverschmutzung« schon so gewohnt, dass mir die natürliche Dunkelheit als außergewöhnlich erscheint? So wird es wohl sein. Bei der nächstmöglichen Gelegenheit fahre ich rechts ran und schalte kurz das Autolicht aus. Weit und breit kein Schimmer, kein Leuchten, nichts. Schade, dass der Himmel bewölkt ist. Ob man hier mehr Sterne sieht als bei uns? Ganz bestimmt, denke ich.

✕

In keiner anderen Region hat mir Autofahren bisher so viel Spaß gemacht wie hier in der Uckermark. Kilometerlange prächtige Alleen mit alten Kastanien- und Lindenbäumen und überall diese geschwungenen Hügel – daran kann ich mich gar nicht sattsehen. Was für ein krasser Wechsel vom schroffen Felsgestein des Elbsandsteingebirges in die schier endlose Weite der Uckermark. Ich bin auf dem Weg nach Criewen ins Informationshaus des Nationalparks, das in einem ehemaligen Schafstall untergebracht ist. Von dort werde ich meine erste Wanderung im Nationalpark Unteres Odertal starten. Doch zuvor möchte ich mir noch eine Wanderkarte besorgen und mich über die Region informieren.

In den großen Räumen der Ausstellung mache ich einen Abstecher in die Entstehungsgeschichte des Odertals und lande wieder in der Eiszeit, genau genommen in der

»Pommerschen Eisrandlage« vor etwa zwölftausend Jahren. Damals drangen die nordischen Gletscher bis ins südliche Brandenburg vor. Nach dem Abschmelzen des Eises blieb eine flachwellige Grundmoränenlandschaft aus Hügeln, Seen und den Niederungen des Odertals übrig. Aus den ehemaligen Endmoränen entstanden die heutigen Höhenzüge auf beiden Seiten des unteren Odertals. Diese eizeitliche Formung ist eine geologische Besonderheit. Jetzt habe ich also die Erklärung für die markante Hügellandschaft, die mir so gut gefällt. Wie mächtig müssen die Gletscher damals gewesen sein, wenn sie ganze Landstriche vereinnahmen konnten? Ich kann mir diese Größenordnung nur schwer vorstellen. Im Vergleich dazu ist die Fläche des Nationalparks ein Steinchen im Gletschergeröll.

Mit einer Länge von etwa sechzig und einer Breite zwischen drei und fünf Kilometern gehört die Niederung Unteres Odertal zu den artenreichsten Lebensräumen Deutschlands. Der 1995 gegründete Nationalpark ist Deutschlands einziger Flussauen-Nationalpark. Er liegt im Nordosten Brandenburgs an der deutsch-polnischen Grenze und ist Teil des grenzüberschreitenden Internationalparks Unteres Odertal. Auf engstem Raum ist ein wechselhaftes Landschaftsmosaik entstanden, aus Auengebieten, Feuchtbiotopen, Wiesen, Trockenrasen sowie urwüchsigen Au- und Hangwäldern. Viele seltene Pflanzen- und Tierarten leben in der Oderniederung und auf den umgebenden Hochflächen. Das Leben im und mit dem Wasser ist ein zentrales Thema im Nationalpark sowie im Odertal. Um das Gebiet vor Hochwasser zu schützen, wurden zu Beginn des 20. Jahrhunderts eingedeichte Flutungsflächen, sogenannte Polder, angelegt. Während des Winterhalbjahres, wenn die Oder mehr Wasser führt, werden diese Gebiete gezielt geflutet. Die Polder sind nach holländischem Vorbild ent-

standen und haben sich zu wertvollen naturnahen Lebensräumen und Rückzugsgebieten für Brutvögel entwickelt.
Zehntausende Wasservögel und Kraniche ziehen im Herbst
und im Frühling durch das Gebiet, machen hier Rast auf
ihrer Reise, suchen Brutplätze oder überwintern in den Niederungen. Aufgrund dieser Flussauenlandschaft nimmt der
Nationalpark in Mitteleuropa eine bedeutende Position ein.
Auf die Kraniche freue ich mich schon besonders. Es ist
September, und viele Vögel sind bereits auf dem Weg zu
ihrem Winterquartier. Besser hätte ich es zeitlich nicht treffen können.

Direkt am Nationalparkhaus beginnt die Rundwanderung
»Weg der Auenblicke«, die ich mir für diesen Tag ausgesucht habe. Über Nacht hat es sich zum Glück ausgeregnet.
Das triste Einheitsgrau des Vortags ist einem fröhlichen
Himmelblau gewichen. Es riecht nach Herbst. Vogel-
schwärme bilden kunstvolle Formationen am Himmel. Ich
laufe unter Linden einen Feldweg entlang. Wie gut muss
das im Mai riechen, wenn die Lindenblüten ihren betören-
den Duft verbreiten? Schon bald gelange ich in die Schutzzone beziehungsweise ins Totalreservat, wie die Kernzone
hier genannt wird. Herbstwind bringt die Bäume in Bewegung. Knarzend reiben sie aneinander, es hört sich an wie
lautes Zähneknirschen. Mir fallen die abrupten Wechsel
der Vegetationszonen auf: Zu meiner Rechten schaue ich
auf mehrere Hügel. Das müssen die Densenberge sein, von
denen ich gelesen habe. Sie sind durch die Gletscherbewegungen während der Pommerschen Eiszeitphase entstanden. Links von mir herrscht Waldwildnis. Dann, nach einer
Wegbiegung, sehe ich zwischen den Bäumen auf die Hohensaaten-Friedrichsthaler Wasserstraße. Wenige Minuten
später stehe ich auf einem Holzbohlenweg, dem »Knüppel-

damm«, und bin umgeben von einer Märchenwelt aus Feuchtbiotop und Erlen-Eschen-Wildnis. Ich komme aus dem Staunen gar nicht mehr heraus.

Ein Teilstück des Auenblicke-Wegs ist der Quellerlebnispfad, der mitten durch das Hangquellmoor führt. Wasserundurchlässige Tonschichten im Erdboden bilden eine Sperrschicht, sodass Wasser nicht tief in den Boden eindringen kann. Von den höher gelegenen Gebieten fließt das Sickerwasser unterirdisch ab und tritt in den Niederungen als Quellwasser an die Oberfläche. An so einem Quellaustritt stehe ich nun und betrachte die Wasserwildnis.

Plötzlich spüre ich ein Krabbeln auf meinem Kopf. Ich zupfe etwas aus meinem Haar und erschrecke: eine Zecke, igitt. Nun krabbelt es auch am Hals. Noch eine Zecke. Ruckzuck habe ich mich bis auf die Wanderhose entkleidet. Ich schüttle mehrmals mein Haar und meine Kleidung aus, streiche hektisch mit den Händen über meinen Oberkörper und warte einen Augenblick, ob ich erneut ein Krabbeln spüre. Nichts. Vorsichtshalber ziehe ich auch noch die Hose runter, entdecke aber keinen Blutsauger. Das ist noch mal gut gegangen. Alleine auf Reisen kann das problematisch werden, wenn sich eine Zecke in einer Körperregion festbeißt, an die ich nicht rankomme. Bevor ich mich wieder anziehe, sprühe ich mich einmal komplett mit einem Antizeckenspray ein. Sicher ist sicher. Zusätzlich setze ich noch meine Sonnenkappe auf, um meinen Kopf zu schützen. Es schüttelt mich kurz vor Ekel beim Gedanken an das Zeckengekrabbel. Wie Spinnen gehören Zecken nicht zu meinen Lieblingstieren.

Kurz vor Stützkow führt der Weg aus dem Wald hinaus in die beeindruckende Hügellandschaft der Densenberge. Ein schmaler Fußpfad schlängelt sich über den Trockenrasen zur Kuppe eines Hügels. Es sind nicht mehr als dreißig Meter, die ich hinaufgehen muss, aber dafür ist es ganz schön steil. Oben auf der Kuppe steht eine Sitzbank, auf der ich eine kurze Verschnaufpause einlege. Steppenlandschaften wie diese sehen zwar recht karg aus, sie bergen jedoch eine beachtliche Artenvielfalt an seltenen Pflanzen wie etwa die sibirische Glockenblume oder den Wiesensalbei. Um sie sehen zu können, hätte ich allerdings ein paar Wochen früher hier sein müssen, denn ihre Blütezeit ist Ende August vorüber. Trockenrasen sind wie Wiesen keine natürliche Erscheinungsform, sie sind einst durch Rodung der Wälder entstanden, die ursprünglich hier wuchsen. Zwar hat der menschliche Eingriff die Vegetation verändert, doch konnten sich dadurch auch neue Arten ansiedeln und neue Lebensgemeinschaften entwickeln. Es ist eine strukturreiche Kulturlandschaft entstanden, die es zu schützen gilt. Um die standortgebundene Artenvielfalt weiter zu erhalten, werden die Flächen mit Schafen beweidet. Würde man das nicht tun, würde sich das Gebiet in kurzer Zeit wieder zu Wald zurückentwickeln.

Der Ausblick von hier oben ist ein Traum. Nach Osten schaue ich über die Polderlandschaft hinweg bis zu den sanft ausgeprägten Hügelketten auf der polnischen Oderseite. In südlicher Richtung öffnet sich eine großflächige Seenlandschaft. Auf den näher gelegenen Gewässern kann ich Schwäne erkennen, die über die Wasseroberflächen gleiten. Von irgendwoher vernehme ich Kranichrufe, die sich in das rhythmische Zirpen der Grillen mischen. Vielleicht kann ich ja endlich einmal Kraniche sehen, wenn ich auf dem Rückweg näher am Wasser bin?

In Stützkow beginnt der Rückweg nach Criewen – nun auf der anderen Seite der Hohensaaten-Friedrichsthaler Wasserstraße. Parallel zur Auenlandschaft wandere ich auf dem Deich, mit freiem Blick in die Flussaue. Pflanzen, die in den Feuchtgebieten leben, kommen mit den Überflutungen während der Wintermonate zurecht, da in diesem Zeitraum die Vegetation ruht. Außergewöhnliche Hochwasser können allerdings dazu führen, dass Bäume, die sich gerade in der Wachstumsphase befinden, unter Stress geraten und geschädigt werden. So etwa die Erle, die maximal dreißig Tage Sommerhochwasser überleben kann. Silberweiden dagegen sind Überlebenskünstlerinnen, sie können fast das ganze Jahr über im Wasser stehen. Es ist erstaunlich, wie die Natur mit den Gegebenheiten vor Ort zurechtkommt – und das aus sich selbst heraus, ohne Hilfe von außen. Für jede Standortsituation gibt es Spezialisten in der Tier- und Pflanzenwelt, die dort und nirgendwo anders existieren können. Einmal mehr frage ich mich, ob die Evolution der Anpassung ausschließlich auf zufälliger Mutation beruht oder ob da nicht auch eine Art »göttlicher Funke« wirkt.

Noch immer warte ich darauf, dass ich Kraniche zu Gesicht bekomme. Ich höre sie zwar hin und wieder, doch ich sehe sie nirgends. Mir kommt es vor, als ob ich immer zur falschen Zeit am falschen Ort wäre. Sobald ich ein Gewässer sichte, halte ich Ausschau nach ihnen. Während ich meine Blicke über den Schilfgürtel am gegenüberliegenden Ufer gleiten lasse, entdecke ich einen großen weißen Vogel, der anmutig im flachen Wasser herumstolziert. Ein Storch ist es nicht, ein Kranich auch nicht. Er ist sehr schlank und hat einen orangegelben, spitz zulaufenden langen Schnabel. Durch das Teleobjektiv meiner Kamera kann ich ihn näher heranzoomen und identifizieren: ein Silberreiher. Vögel in dieser Größenordnung finde ich sehr beeindruckend und auf eine Art auch anmutig. Aus dem Schilf kommt ein weiterer Reiher dazu und noch ein dritter. Im nächsten Moment schwingen sie ihre Flügel, rennen ein paar Meter über die Wasseroberfläche, heben ab und gleiten im Tiefflug über das Gewässer. Ein toller Anblick.

Wenn der Wind durch das hohe Schilfröhricht bläst, ähnelt das Geräusch dem Rauschen des Meeres. Wie ich so auf dem Deich laufe, erinnere ich mich an Familienausflüge in die Rheinebene. Wir sind oft durch die Pfälzer Rheinauen und auf dem Rheindamm geradelt. Es waren schöne Ausflüge, ich genoss die Fahrt am Rhein entlang und stellte mir vor, wie ich auf einen der vorbeifahrenden Tanker hüpfen und einfach mitfahren würde. Der Rhein war für mich immer eine Verbindung zum Meer. Und wenn es einmal sehr windig war, bildete ich mir ein, den Duft der Nordsee riechen zu können. Ich meine, die kindliche Leichtigkeit von damals zu spüren, breite meine Arme aus und lasse mich vom Herbstwind umarmen. Sonne wärmt mein Gesicht, und aus der Ferne rufen die Kraniche.

✕

Für meinen letzten Tag im Nationalpark Unteres Odertal habe ich einen Besuch der Vogelbeobachtungsstation in Mescherin geplant und anschließend eine Wanderung auf dem Auenpfad bei Criewen. Als ich am frühen Morgen meinen Rucksack im Auto verstaue, höre ich in der Nähe das laute Rufen der Kraniche. Es müssen Hunderte sein, und ich meine, die Richtung der Geräuschquelle ausmachen zu können. Ich eile mit der Kamera hinunter zum Kanal und weiter auf eine Brücke. Nichts. Ich sehe weder Kraniche, noch höre ich sie. Das gibt es doch nicht. Wo sind die denn jetzt alle hin? Enttäuscht marschiere ich zurück zum Auto und mache mich auf den Weg nach Mescherin.

Unterwegs lege ich einen Zwischenstopp in Gartz ein. Auf meiner Wanderkarte sind nämlich Kranichplätze sowohl in Gartz als auch in Mescherin eingezeichnet. Vor Ort stelle ich allerdings fest, dass ich mit dem Auto nicht weit komme. Natürlich ist das so, denn erstens befinde ich mich in einem Nationalpark und zweitens in einer Rad-Region. Entsprechend sind viele Plätze und Gebiete mit dem Fahrrad am besten zu erreichen. Ich war die ganze Zeit über so auf das Wandern fixiert, dass ich die Möglichkeit, auch einmal mit dem Rad die Gegend zu erkunden, gar nicht in Betracht gezogen habe. Zu Fuß sind die Entfernungen definitiv zu groß, ich müsste die Strecken ja hin- und auch wieder zurücklaufen. Während ich zurück zum Auto gehe, ärgere ich mich darüber, dass ich mich nicht besser mit den Gegebenheiten vor Ort vertraut gemacht habe.

In Mescherin angekommen, entdecke ich oberhalb des Wanderparkplatzes eine Bergkuppe, zu der ein Wanderweg hinführt. Wenn ich schon hier bin, kann ich mir auch einmal die Aussicht von dort oben anschauen. Der Weg ist kurz, aber steil. Belohnt werde ich mit dem tollen Panorama, das ich hier von der Kuppe aus sehe: Im Osten liegt das ausgedehnte Zwischenoderland und im Westen die hügelige Moränenlandschaft. Herrlich, dieser Blick und überhaupt die ganze Gegend. Hier möchte ich gerne mal länger Urlaub machen. Ein Kurzaufenthalt wird der Region nicht gerecht, es gibt so viel zu sehen. Allein schon, um Zugvögel zu beobachten, würde sich eine Woche Aufenthalt lohnen.

Schließlich mache ich mich auf den Weg zum Beobachtungsturm, der am Ufer der Westoder, unmittelbar an der polnischen Grenze liegt. Elf Meter ist der Turm hoch, von dessen Aussichtskanzel ich auf die Schilflandschaft des Totalreservats »Staffelder Polder« schaue. Seit zwanzig Jahren ist dieses Areal sich selbst überlassen. Am Beispiel der Naturentwicklung hier können Rückschlüsse auf die noch entstehende Wildnis in den Flussniederungen gezogen werden. Ich werfe praktisch einen Blick in die Zukunft des Odertals. Enten und Gänse schwimmen gemütlich auf den Wasserläufen zwischen den Schilfinseln umher. In einem Gebüsch entdecke ich einen Silberreiher, der gerade seinen Kopf herausstreckt. Zu anderen Gewässern ist die Distanz zu groß, das schafft mein Teleobjektiv nicht. Ich sollte mir für solche Beobachtungen besser ein Fernglas anschaffen. Schade, dass ich daran nicht schon früher gedacht habe. Dennoch kann ich einige Silberreiher ausmachen. Aber mit Kranichen habe ich einfach kein Glück. Elegant fliegen mehrere Reiher vorbei. Meine Augen folgen ihnen, und ich beneide die Vögel darum, einfach losfliegen zu können. Das muss ein fantastisches Gefühl sein, mit ausgebreiteten Schwingen durch die Luft getragen zu werden. Auf einem Baum entdecke ich eine kuriose schwarze Vogelgesellschaft. Wie Zuschauer eines mir unersichtlichen Spektakels blicken sie alle in eine Richtung. Schwarzes Gefieder, gelborangefarbene Schnäbel, schlanke Figur – das sind Kormorane. Was für eine tolle Entdeckung! Jeder sitzt für sich auf einem Ast. Mich erinnert dieses Bild an Geier in der Wüste, die im kahlen Geäst eines Baums lauern. Über eine Stunde lang stehe ich auf dem Turm und beobachte das tierische Treiben im Schutzgebiet. Nun wird es langsam Zeit, nach Criewen zu fahren, damit es für die Wanderung nicht zu spät wird.

In Criewen statte ich dem Nationalparkzentrum einen weiteren Besuch ab. Die nette Frau an der Infotheke erkennt mich wieder, und wir kommen ins Gespräch. Einem Impuls folgend, frage ich sie, ob sie mir einen Tipp geben kann, wo ich die Kranichschwärme zu sehen bekomme.

»Das ist ganz einfach«, meint sie lächelnd, »am frühen Morgen fliegen sie auf die umliegenden abgeernteten Maisfelder, wo sie sich tagsüber zum Fressen aufhalten. Kurz bevor die Sonne untergeht, kehren sie zu ihren geschützten Schlafplätzen in den Feuchtgebieten zurück.«

Na, da ist es ja kein Wunder, dass sie mir bisher immer durch die Lappen gegangen sind. Wahrscheinlich habe ich sie immer dann gehört, wenn sie von einem Futterplatz zum nächsten geflogen sind. Und heute Morgen muss ich sie knapp verpasst haben, als sie aufgebrochen sind. Meine ganze Hoffnung liegt auf dem morgigen Abreisetag, wenn ich an die Müritz fahre. Ich werde Ausschau halten, ob ich sie irgendwo auf einem Acker stehen sehe.

Der Auenpfad führt von der Criewener Brücke quer durch die Weichholzaue – wie die Flussaue außerdem genannt wird – bis zum Saathener Wehr an der Oder. Kaum vorstellbar, dass dieses Gebiet im Winter unter Wasser steht. Wiesen oder auch Graslandschaft wirken auf mich sehr beruhigend, besonders wenn Insekten und Schmetterlinge darin herumschwirren. Die sehe ich zwar nicht, aber dafür noch ein Reh, das diesmal aber vor mir flüchtet. Ich bin selbst auch etwas erschrocken, als es plötzlich auftaucht. Da ich nur wenige Wanderkilometer zurücklegen muss, habe ich einen Schlendergang eingelegt und lasse mir Zeit zum Wahrnehmen und Entdecken. Zwischen dem großflächigen Schilfröhricht liegen die Altwasserarme der Oder versteckt. Höckerschwäne und Silberreiher erkenne ich sofort, ihr weißes Federkleid leuchtet richtiggehend in der Sonne. Ein weiteres Reh schreckt auf und rennt davon. Pfeifenten dösen auf der seichten Wasseroberfläche eines kleinen Sees. Reh Nummer drei flieht vor mir. Dann, ein Schatten auf dem Boden. Ich schaue nach oben und staune. Ein Fischadler kreist über dem Gebiet. Deutlich ist das markante Muster auf der Unterseite seiner Flügel zu erkennen. Aus dem Augenwinkel sehe ich das vierte Reh dieses Tages aufspringen und wegrennen. Bisher habe ich auf meiner Reise keine größeren Tiere gesehen, was wohl daran liegt, dass ich in hoch frequentierten Wandergebieten unterwegs war. Das ist hier anders. Bis jetzt habe ich keine anderen Wanderer getroffen, dafür umso mehr Radfahrer und – Rehe.

Am Saathener Wehr lege ich eine Pause ein und schaue auf die gegenüberliegende Hügelkette Polens. Langsam neigt sich der Tag dem Ende zu, das Sonnenlicht wird golden. Was sitzt denn da für ein grauer großer Vogel auf dem kahlen Baum? Für einen Kranich ist er zu gedrungen. Vorsichtig nähere ich mich dem Baumgerippe. Nach ein paar Metern habe ich eine bessere Sicht und erkenne einen Graureiher. Meinen zweiten Annäherungsversuch durchschaut er und fliegt davon. Während ich ihm nachschaue, sehe ich in reichlicher Entfernung Reh Nummer fünf und sechs hintereinander über die Wiese springen. In der Abendsonne trete ich schließlich den Rückweg an. Der Himmel färbt sich in herrlichen Rot- und Orangetönen. Reh Nummer sieben sieht hübsch aus im goldgelben Abendlicht, es leuchtet fast rotbraun, bevor es eilig davonrennt. Plötzlich, wie auf ein Kommando, setzt sich ein ganzer Schwarm Pfeifenten in Bewegung und fliegt auf. Die Geräuschkulisse ist unbeschreiblich, ich bekomme Gänsehaut. Wie ist es möglich, dass sie in diesem Durcheinander in der Luft nicht zusammenstoßen? Mein Herz hüpft vor Freude. Den Vögeln zuzuschauen in dieser weitläufigen Landschaft löst eine angenehme Entspannung in mir aus. Da ist aber noch ein anderes Empfinden, das sich als Erkenntnis in mir ausbreitet: Ich fühle mich frei. Frei wie ein Vogel.

✕

Der Abreisetag beginnt mit Sonnenschein. Einerseits freue ich mich auf die Müritz, andererseits würde ich gerne noch ein paar Tage hierbleiben. Die Dauer meines Aufenthalts war zu kurz. Aber ich weiß ja jetzt, was man hier alles sehen und unternehmen kann. Wenn ich irgendwann einmal wiederkomme, hole ich das alles nach. Wie ich es mir vorgenommen habe, schaue ich im Vorbeifahren auf die Äcker, ob ich irgendwo Kraniche beim Mittagsmahl entdecken kann. Einmal mehr bin ich begeistert von der weiten Landschaft mit den vielen Hügeln und spüre eine tiefe Zuneigung für die Uckermark – ein weiterer Teil Deutschlands, der sich in mein Puzzle einfügt.

Und dann wäre ich fast an der Ackerfläche vorbeigefahren, auf der sich Hunderte Kraniche versammelt haben, zwischen den Hügeln in einer Talmulde. Was jetzt? Ich kann ja nicht einfach mitten auf der Straße stehen bleiben. Auf einem Parkplatz nicht ganz zwei Kilometer weiter stelle ich das Auto ab und laufe mit der Kamera um den Hals zurück. Dummerweise gibt es keinen gescheiten Weg. Unsicher und mit einem leicht schlechten Gewissen stiefle ich am Straßenrand entlang, um zu den abgeernteten Maisfeldern zu gelangen. Darf ich da überhaupt hin? Wer weiß, vielleicht bin ich ja nicht die Erste, die mit einer Kamera in der Hand über einen Acker stiefelt, um Kraniche zu fotografieren. Dann, endlich, nach einer halben Stunde Fußmarsch höre und sehe ich sie. Ihre trompetenartigen Rufe hören sich an wie ein Rudel Baby-Elefanten. Deutlich kann ich das graue Gefieder erkennen und den schwarzen Federbusch am Bürzel, bei manchen Tieren sogar den roten Fleck auf dem Kopf. Wie grazil sie auf ihren langen, dünnen Beinen über die Ackerkrume stolzieren. Hier und da startet ein Kranich seinen Flug, indem er zunächst ein paar Meter Anlauf nimmt. Richtig drollig sieht das aus und bringt mich zum Lachen. Das schreckt die ganze Schar auf. Hunderte Kraniche trompeten, was das Zeug hält, und erheben sich in die Lüfte. Ihre Rufe gehen mir direkt ins Herz und treiben mir ein paar Tränen in die Augen. Im ersten Moment tut es mir leid, dass ich sie aufgeschreckt habe. Doch diese Flugshow mit dem ohrenbetäubenden Trompetenkonzert ist ein unvergessliches Erlebnis. Das Kind in mir hüpft begeistert klatschend umher und ist einfach nur glücklich.

6

Naturzauber

Im Land der tausend Seen – Nationalpark Müritz

Gegen Nachmittag treffe ich in Klein Trebbow ein, wo ich mich für vier Nächte in einer Pension direkt am Kluger See eingemietet habe. Nachdem ich mein Zimmer bezogen habe, mache ich mich gleich nach Neustrelitz auf, wo sich das Informationszentrum des Nationalparks befindet. Mittlerweile ist es schon eine Art Ritual geworden, mich als Erstes über die Region zu informieren und mich mit Prospekt- und Kartenmaterial zu versorgen. Wenig später sitze ich in einem kleinen Restaurant, warte auf das Essen und betrachte die neu erworbene Wanderkarte. Der Nationalpark Müritz liegt in der Mecklenburgischen Seenplatte, ist der größte Waldnationalpark Deutschlands und gleichzeitig der größte Nationalpark auf dem Festland. Er setzt sich aus den zwei Teilgebieten Müritz und Serrahn zusammen, Neustrelitz liegt genau dazwischen. Ein Blick auf die Karte genügt, um zu wissen, dass ich große Abstriche machen muss. Um alle Besonderheiten des gesamten Schutzgebiets sehen zu können, müsste ich wenigstens zwei Wochen hierbleiben. Erschwerend kommt für mich und meine kurze Aufenthaltsdauer hinzu, dass das Großgebiet an der Müritz nur mit öffentlichen Verkehrsmitteln befahren werden darf. Da ich sehr abgelegen wohne, gestaltet sich die Planung mit dem Nahverkehr etwas umständlich. Schweren Herzens fasse ich den Entschluss, mich auf die östlich von Neustrelitz gelegenen Buchenwälder bei Serrahn zu beschränken, die zum UNESCO-Weltnaturerbe gehören. Für den kommenden Tag plane ich den Wald-Erlebnis-Pfad, der durch die Kernzone des Serrahner Schutzgebiets führt. Voller Vorfreude schlendere ich nach dem Essen gemütlich im Sonnenuntergang am Hafen des Zierker Sees zurück zum Parkplatz.

✕

Nachdem die eiszeitlichen Gletscher abgeschmolzen waren, haben Pionierpflanzen wie Birke und Kiefer die frei gewordenen Flächen besiedelt. Jahrtausende später waren die Bedingungen für Eichen und andere Baumarten geschaffen. Seit etwa dreitausend Jahren ist die Rotbuche auf dem Vormarsch und verändert das Waldbild. Das ist eine normale Waldentwicklung, wie sie mir schon in den anderen Nationalparks begegnet ist. Dort, wo der Mensch in die natürlich ablaufenden Prozesse eingreift und nur bestimmte Baumarten zulässt, entsteht ein Ungleichgewicht, dessen Auswirkungen sich erst Jahrzehnte, wenn nicht sogar Jahrhunderte später bemerkbar machen. Buchenwälder sind in Europa selten geworden, da schnell wachsende Zuchtwälder Vorrang hatten, um die Versorgung der Bevölkerungen sicherzustellen. In der heutigen Betrachtung ist es ein Glück, dass die Buchenwälder von Serrahn in früherer Zeit als Jagdgebiete der Großherzöge dienten und forstlich kaum bewirtschaftet wurden. Seit fünfzig Jahren sind sie sogar völlig nutzungsfrei. So konnte sich bis heute ein Naturschatz entwickeln, der nicht umsonst Teil des UNESCO-Weltnaturerbes ist. Natürlich ablaufende Zyklen und Entwicklungsstufen können fortan über Jahrhunderte hinweg beobachtet werden. Und einen klitzekleinen Ausschnitt davon werde ich jetzt erkunden.

Schon nach wenigen Metern auf dem Wald-Erlebnis-Pfad im Buchenwald von Serrahn nehme ich die besondere Nationalpark-Atmosphäre wahr. Nicht nur die gefallenen und quer liegenden Bäume, die vor sich hin modern, tragen zu der unvergleichbaren Stimmung im Weltnaturerbe bei, sondern auch die würdevolle Aura der majestätischen Altbäume. Noch ist der Wald mit anderen Baumarten durchmischt, doch irgendwann in naher oder ferner Zukunft wird sich die Rotbuche durchgesetzt haben und die dominierende Baumart sein. Lediglich Spezialisten haben eine Chance, unter dem geschlossenen Kronendach im Schatten der Buchen zu existieren. Je nach Nährstoffgehalt im Bodensubstrat findet man im Buchenwald eine bestimmte Gesellschaft an Frühblühern. Im Waldgebiet rund um Serrahn ist es das Perlgras, das auf dem sauren eiszeitlichen Sandboden zu wachsen beginnt, sobald Licht und Temperatur das Startsignal für den Frühling geben, noch bevor die Bäume austreiben. Bisher habe ich die UNESCO-Buchenwälder nur im Herbst gesehen. Bestimmt sind sie im Frühjahr, wenn sich die Frühblüher wie ein Teppich ausbreiten, ein ebenso sehenswertes Naturerlebnis.

Mein Blick wandert durch eine lebendige Baumgesellschaft aus Buchen, Kiefern, vereinzelten Birken und Eichen. Neben ihrer silbrigen Rinde mag ich an Rotbuchen die teilweise skurrilen Wuchsformen, die eigentümliche Figuren und Gebilde hervorbringen. Manche sind so beeindruckend, dass ich stehen bleibe und mich zu Deutungen und Interpretationen hinreißen lasse. So auch bei dem eng umschlungenen Baumpaar, das mir am Wegesrand auffällt. Eine Buche hat ihre Arme um eine alte Kiefer gewunden – stützend und beschützend in meiner Lesart. Fast beneide ich die Kiefer um die Berührung und innige Umarmung.

Wenige Minuten später öffnet sich der Wald unerwartet nach links und gibt den Blick auf den Schweingartensee frei. Verblüfft schaue ich auf eine einzigartige Seelandschaft, die sich zusammensetzt aus dürren Baumskeletten, Seerosenteppichen, grünen Bauminseln, meterhohem Schilfrohr und hüfthohen Seggen und Gräsern. Verwitterte Totholzstämme liegen wie gestrandet in der Uferzone, werden vereinnahmt von Moosen und heranwachsenden Baumkindern. Abgebrochene Baumstümpfe ragen aus dem Wasser heraus, zeugen von einer wasserärmeren Vergangenheit, in der sie noch am Leben waren. Von Neuem bin ich überrascht von der vielfältigen Natur in den Nationalparks. In jedem Schutzgebiet präsentieren sich mir Landschaften und geologische Besonderheiten, die ich so noch nirgends gesehen habe. Eine Welt der Superlative, in der jeder neue Anblick beispiellos und unvergleichbar ist, eine Welt, deren Wahrhaftigkeit mich emotional berührt.

Auf einer großen Holztafel begegne ich der Eiszeit wieder, genauer gesagt dem »Pommerschen Stadium«, dem der Schweingartensee seinen Ursprung verdankt. Anhand der Hügel, die ich während der Autofahrt an die Müritz gesehen habe, konnte ich bereits einen Bezug zur Eiszeit herstellen. Auch hier sind es die übrig gebliebenen Endmoränenzüge, die als Hügelland noch heute erkennbar sind. Schmelzwasser der abgetauten Eismassen floss nach Süden ab und ließ viele Seen entstehen: Die Mecklenburgische Seenplatte war geboren. Der Schweingartensee ist ein Rinnensee, entstanden durch abfließendes Gletscherwasser, das eine tiefe Rinne in das Südende der Endmoräne geschnitten hat – ein

Prozess, der sich über Tausende Jahre erstreckt hat. Gespeist wird der See hauptsächlich von Grundwasser, dazu kommen Regen- und einfließendes Moorwasser. Letzteres trägt, zusammen mit eingetragenen pflanzlichen Stoffen, zu der bräunlichen Färbung des Wassers bei. Seit den Maßnahmen zur Renaturierung 1994 ist der Wasserspiegel des Sees um einen Meter gestiegen. Somit habe ich die Erklärung für die Baumstümpfe, die aus dem Wasser herausragen. In solchen nährstoffarmen Gebieten mit schwankenden Wasserständen können ebenfalls nur spezialisierte Arten überleben.

Ich stehe eine ganze Weile am See, beobachte das Wiegen der Rohrkolben im Wind, lausche dem hellen Rascheln des trockenen Schilfgrases, lasse die friedliche Ruhe auf mich übergehen und spüre Leichtigkeit. Alle paar Meter offenbart sich eine neue, faszinierende Szenerie, der ich meine volle Aufmerksamkeit widme, die ich bewundere und fotografiere.

Auf einem quer liegenden stark vermoderten Baumstamm mache ich eine tolle Entdeckung: Aus ihm heraus wächst der Ästige Stachelbart. In allen bisher besuchten Nationalparkzentren habe ich Fotos von ihm gesehen. Dieser Pilz ist ein Urwaldzeiger, ein Gütezeichen für naturnahen, alten Wald. In Europa wächst er ausschließlich auf altem, totem Buchenholz. Äußerlich ähnelt er einer weißlich cremefarbenen Südseekoralle, weswegen er auch Weiße Koralle genannt wird. Von seinem Strunk gehen feine Äste aus, die sich schier endlos verzweigen und teilweise nach unten hängen, was den Eindruck eines Bartes vermittelt. Neugierig schnuppere ich an ihm und nehme einen angenehm süßlichen Duft wahr. In Deutschland ist sein Vorkommen stark gefährdet, daher ist es für mich eine kleine Sensation, diesen Pilz zu Gesicht zu bekommen. Das hatte ich nicht erwartet. Ursprünglich habe ich mich dem Stamm genähert, weil ich unter ihm ein paar kleine, glitschige, keulenförmige Pilze gesehen habe. Umso erfreuter bin ich jetzt über diesen besonderen Fund.

Als ich etwas weiter laufe, nehme ich in der Vegetation um mich herum eine Veränderung wahr. Der Boden ist sehr feucht, an manchen Stellen stehen die Bäume sogar im Wasser. Vorherrschende Baumart ist die Schwarzerle, eine Pionierin, die mit der dauerhaften Nässe in Sümpfen und Feuchtbiotopen sehr gut zurechtkommt. Wieder sehe ich vereinzelt Baumstümpfe im Wasser stehen, umrahmt vom Gestrüpp der neu gewachsenen Pflanzenwelt. Ursprünglich angepflanzte Waldkulturen haben die seit der Renaturierung zunehmende Feuchtigkeit nicht vertragen und überlassen das Feld den auf Nässe spezialisierten Bäumen: den Schwarzerlen. Vor mir sehe ich einen Holzsteg, der durch ein Moor führt. Die beiden darin liegenden Seen sind durch Verlandung des einstigen Serrahnsees entstanden, der vor Jahrhunderten die gesamte Fläche ausfüllte. Übrig geblieben sind der Kleine und der Große Serrahnsee, eingebettet in eine wild gewachsene Moorlandschaft, und von meinem Standort aus nicht zu sehen. Mitten auf dem Steg befindet sich eine Holzplattform. Ein schöner Platz für ein Picknick, wie ich finde. In der Sonne sitzend beobachte ich umherschwirrende Libellen, inspiziere die krautige Moorfläche und genieße die ruhige Atmosphäre. Unmittelbar in meiner Nähe entdecke ich einen Bereich mit unzähligen Moosbeeren. Auf allen vieren krabble ich bis an den äußersten Rand der Plattform und bin entzückt. Alles voll mit den roten Moosperlen und dazwischen haufenweise Sonnentau. Im Nu habe ich das Teleobjektiv auf die Kamera geschraubt und liege bäuchlings auf den Holzbohlen, damit ich so nah wie möglich an die Pflänzchen herankomme.

Hinter mir höre ich Schritte auf dem Steg und die Stimme einer Frau.

»Haben Sie schon die roten Kolben der Drachenwurz gesehen?« Ich drehe mich um und schaue in das freundliche Lächeln einer älteren Dame.

»Äh, nein, noch nicht. Ich habe gerade erst die Moosbeeren und den Sonnentau entdeckt«, antworte ich etwas unsicher, da ich keine Ahnung habe, was eine Drachenwurz ist.

»Kommen Sie mal mit, die Drachenwurz müssen Sie unbedingt sehen, sie ist eine ganz besondere Sumpfpflanze und nicht überall zu finden«, fordert mich die Frau auf, ihr zu folgen. Nur wenige Meter entfernt zeigt sie auf ein traubenartiges Gewächs. Am Ende eines dünnen Pflanzenstängels befindet sich eine Art Rispe mit kleinen roten Beeren, die sich zum Wasser beugt, als wäre ihr Gewicht für den dünnen Stängel zu schwer. Erst jetzt bemerke ich die Hinweisschilder, die entlang des Holzstegs überall im Wasser stecken. Wie kann es sein, dass ich daran vorbeigelaufen bin, ohne einen Blick darauf zu werfen? An jeder Besonderheit im Moor steht ein solches Hinweisschild mit Foto und Erklärungen zur Pflanze. So erfahre ich, dass die Drachenwurz – auch Sumpfcalla genannt – zunächst weiße Blüten trägt, bevor die Samenbeeren heranreifen. Dass sich die Stängel so hinabsenken, ist Absicht, denn auf diese Weise wird der Samen direkt ins Wasser abgegeben, wo er sich verteilen und auf den Grund sinken kann. Wie gut, dass ich die Frau getroffen habe und sie mich zum genaueren Hinsehen verleitet hat.

»Dort hinten liegt ein Baumstamm, auf dem ich eine Krause Glucke gefunden habe.« Ihre Augen leuchten, als sie mir offenbart, dass dies einer der wohlschmeckendsten Speisepilze ist. Es ist mir fast ein wenig peinlich, dass ich keine Ahnung habe, von welchem Pilz sie gerade spricht. Und wenn ich ehrlich bin, möchte ich so einen Pilz auch gar nicht essen. Mir genügt es völlig, ihn anzuschauen, an ihm zu schnuppern und ihn zu fotografieren. Überhaupt freue ich mich jedes Mal, wenn ich eine Zeigerart entdecke, die es nur in alten Wäldern gibt. Wir schlendern zurück zu meinem Picknickplatz und verabschieden uns voneinander. Mir fällt meine Moor-Broschüre aus dem Nationalpark Hunsrück-Hochwald wieder ein, die noch in meinem Rucksack steckt. Ich blättere durch die Seiten und stelle fest, dass die Drachenwurz nicht abgebildet ist, auch nicht die Europäische Wasserfeder, die ich auf einem anderen Hinweisschild gesehen habe. Daraus schließe ich, dass Moor nicht gleich Moor ist. Natürlich hat jede Region eine spezielle Moorlandschaft, mit Pflanzenarten, die es nicht überall gibt. Eines haben die Moorbewohner allerdings gemeinsam: Sie sind wahre Überlebenskünstler, da sie mit wenig Nährstoffen auskommen und mit dem nassen Standort klarkommen müssen.

Dass Moore so wichtig für unser Klima sind, war mir vor meiner Deutschlandreise nicht bewusst. Erst seitdem ich erfahren habe, wie ein Moor aufgebaut ist, habe ich ein besseres Verständnis dafür, wie das alles mit dem Klima zusammenhängt. Torf entsteht nämlich durch absterbende Pflanzen, die im Wasser nicht zersetzt, sondern konserviert werden. In den Pflanzen ist das Treibhausgas Kohlendioxid (CO_2) gebunden, das im Moorboden gespeichert bleibt und somit nicht in die Atmosphäre gelangt. Wenn der Mensch nun ein Moor entwässert und trockenlegt, wird das Treibhausgas freigesetzt. Darum sind der Erhalt und die Renaturierung unserer Moore so wichtig, nicht nur in den Nationalparks.

Mit der Kamera gehe ich weiter auf Entdeckungstour.

Meter für Meter bewege ich mich über den Bohlensteg und erkunde jeden neuen Moorabschnitt. Direkt neben mir, auf dem Handlauf des Stegs, landet eine knallrote Libelle. Bisher kenne ich nur die üblichen grünen oder bläulichen Exemplare, aber so eine rote habe ich noch nie gesehen. Ein Blick ins Internet, und ich habe sie gefunden: Es ist die Blutrote Heidelibelle. Eine ganze Weile fliegt sie mir hinterher, schwirrt um mich herum und setzt sich in meine Nähe, sobald ich stehen bleibe. Drolliges Tierchen. Total fokussiert auf meine Beobachtungen und die Pflanzenwelt zu meinen Füßen vergesse ich völlig die Zeit.

»So trifft man sich wieder«, höre ich hinter mir eine Frauenstimme. Es ist die Frau von vorhin, die offenbar schon wieder auf dem Rückweg von ihrer Wanderung ist.

»Was für ein Zufall, dass wir uns genau hier wieder treffen«, meint sie freudestrahlend.

»Eigentlich bin ich immer noch hier«, gebe ich lachend zur Antwort. »Ich habe mich kaum vom Platz bewegt, seitdem wir uns getroffen haben.«

»Tatsächlich? Das war vor eineinhalb Stunden!« Sichtlich erstaunt darüber, dass ich die ganze Zeit hier im Moor verbracht habe, wünscht mir die nette Frau noch einen schönen Tag und wandert weiter.

Mir ist es vollkommen egal, dass ich hier so viel Zeit vertrödelt habe. Es war so schön ruhig und entspannend, ich fühle mich richtig erholt. Ob ich allerdings die ganze Wanderung schaffen werde, bevor es zu dämmern beginnt, bezweifle ich. Dennoch entschließe ich mich, dem Wanderweg noch eine Stunde zu folgen und erst dann eine Entscheidung zu treffen, ob ich umkehre oder die ganze Schleife wandere.

Nach der sonnigen Helligkeit im Moor finde ich mich nun in der schattigen Welt des Buchenwalds wieder und entdecke eine Informationstafel am Wegesrand. Hier befand sich einst das Dorf Saran, von dem der Name Serrahn abgeleitet ist. Lediglich ein paar kreisförmig angeordnete Steine und einige Hügel erinnern an die mittelalterliche Siedlung. Ich finde den Ort irgendwie bedrückend und möchte mich gar nicht länger hier aufhalten. Ganz gleich, wo ich unterwegs bin, es gibt immer irgendwo einen Platz, der sich für mich komisch anfühlt oder an dem ich nicht verweilen möchte. Keine Ahnung, welche Energien da am Wirken sind. Möglicherweise ist es auch einfach nur die lichtlose Umgebung oder die leicht schlammige Senke, in die ich hinabschaue.

Im Weitergehen nehme ich erneut eine Veränderung wahr: Der schattige Buchenwald geht in einen lichten Birkenwald über. Wohin ich blicke, ist der Boden mit Sträuchern und Farnen überwuchert. Einzelne Birken liegen am Boden, werden zu weißen Linien im wildromantischen Naturgemälde. Nach rechts öffnet sich der Wald, und ich stehe vor einem Aussichtsturm. Von seiner Plattform aus schaue ich auf eine große Kraut- und Gräserfläche. Etwas entfernt am Horizont erkenne ich einen glänzenden Wasserstreifen. Laut Wanderkarte dürfte das ein Teil des Serrahnsees sein und das Gebiet vor mir die Verlandungszone des Sees. An einem Pfosten hängt ein kleines Plakat mit einem Beobachtungstipp. Demnach befindet sich auf einem der hohen Bäume am gegenüberliegenden Ufer ein Fischadlerhorst, der mit bloßem Auge allerdings nicht zu erkennen ist. Zum Glück habe ich meine Kamera dabei. Durch das Teleobjektiv taste ich mit meinen Augen die Baumkronen ab und werde fündig. Auf dem obersten Geäst einer abgestorbenen Kiefer sitzt das große Nest des Fischadlers. Eine ganze Weile stehe ich in der Aussichtskanzel und beobachte den Adlerhorst. Zu gerne würde ich sehen, wie ein Fischadler dort landet.

Der einzige Vogel, der über dem Gebiet fliegt, ist ein Graureiher. Auch schön. Wieder vertrödle ich meine Zeit und muss mir schließlich eingestehen, dass ich die Schleife nicht zu Ende wandern kann. Dann gehe ich halt den gleichen Weg wieder zurück, na und? Bestimmt werde ich auch auf dem Rückweg interessante Eindrücke gewinnen. Außerdem bietet sich noch ein Schlenker über Serrahn an, wo ich ein weiteres Informationszentrum des Nationalparks besuchen kann.

Am Schweingartensee mache ich eine letzte Rast. Mystisch ist nun die Stimmung über dem Gewässer. Der Himmel hat sich mit einem grauen Wolkenkleid geschmückt. Im Gleitflug kommt ein Graureiher angeflogen und landet auf einem vermoderten Baumstamm am gegenüberliegenden Ufer. Ist das etwa der Reiher von vorhin? Stolz erhobenen Hauptes steht er auf einem Bein und wartet. Ab und zu bewegt er sich, verharrt erneut und steht einbeinig herum. Und ich bin die Einzige weit und breit, die ihm ungestört zuschauen darf. Heute ist ein Tag der Beobachtungen. Und es macht unheimlich viel Spaß.

Wie ich so am See entlang in Richtung Parkplatz laufe, höre ich es im Schilf rascheln. Langsam und vorsichtig pirsche ich mich näher heran, kann aber nichts erkennen. Aufgeregte Tierlaute ertönen, klingen wie Warnrufe. Schlagartig wird mir klar, dass ich ein Eindringling bin. Was um Himmels willen tue ich denn da? Das Schilf ist Rückzugsort für alle möglichen Tiere. Gerade zum Abend hin ziehen sie sich hierhin zur Nachtruhe zurück. Ich schäme mich für meine Neugier und entferne mich langsam und so leise es geht von der Uferzone. Im Wohnzimmer der Tiere habe ich nichts zu suchen.

✕

Den zweiten Tag im Nationalpark Müritz werde ich in Kratzeburg östlich der Müritz verbringen und Nationalparkführer Martin auf seinem Kontrollgang durch eine Wildniszone begleiten. Vor unsrem Treffen habe ich noch Zeit, das Informationszentrum »Flatterhus« zu besuchen. Wie der Name vermuten lässt, dreht sich hier alles um die »Fledermaus«. Was weiß ich eigentlich über diese fliegenden Säugetiere? Nicht viel, muss ich mir eingestehen. Siebenundzwanzig Fledermausarten gibt es in Deutschland, davon kommen fünfzehn im Nationalpark vor. Sogar sehr seltene Arten sind dabei, wie etwa die Teichfledermaus, die vom Aussterben bedroht ist und vereinzelt im Schutzgebiet nachgewiesen wurde. Am Informationsschalter spreche ich einen Mitarbeiter an und befrage ihn zu der Ausstellung. Von ihm erfahre ich, dass es ein Forschungsprojekt zu Fledermäusen gibt. An verschiedenen Standorten im Nationalpark sind Horchboxen installiert, die eine Woche lang nachts die Töne der Fledermäuse aufnehmen. Anhand dieser können die Fledermausarten unterschieden werden.

»Können wir Menschen die Töne auch hören?«, möchte ich wissen.

»Nein, sie liegen in einem Frequenzbereich, den wir nicht wahrnehmen können. Wenn man sie mit uns bekannten Tönen vergleichen möchte, ähneln sie einem hohen metallischen Piepsen.«

Horchboxen hängen über die gesamte Nationalparkfläche verteilt, in verschiedenen Waldgebietstypen (Laubwald, Nadelwald, Kulturwald, Naturwald), in Mooren, auf Wiesen, an Seeufern, auf Ackerflächen und in Ortschaften. In Kratzeburg wurden innerhalb einer Woche rund eintausend Fledermausrufe aufgenommen. Als nachtaktive Tiere haben Fledermäuse ein Orientierungssystem entwickelt, das auf Ultraschallsignalen beruht. Die vom Tier ausgesendeten Signale treffen auf ein Objekt und werden als Schallwellen reflektiert. Dieses »Echo« fangen die Fledermäuse mit ihren großen Lauschohren auf und analysieren es. Bei völliger Dunkelheit können sie so Entfernungen, Richtungen und Formen exakt wahrnehmen und ihren Flug danach ausrichten. Fledermäuse sind hauptsächlich Insektenfresser. Ich frage mich, wie das Echo eines Insekts im Ohr einer Fledermaus klingt. Und wie blitzschnell muss das alles ablaufen – noch dazu im Flug, damit der Nachtjäger zu seiner Nahrung kommt? Immerhin muss er jede Nacht etwa ein Drittel seines Körpergewichts fressen. Urwaldartige Laubwälder, wie es sie im Nationalpark gibt, sind aufgrund ihrer Strukturvielfalt für waldgebundene Fledermausarten ein Paradies. Die Mopsfledermaus beispielsweise, die in den Serrahner Wäldern beheimatet ist, braucht stehendes Totholz und Uraltbäume mit abstehenden Rindenfetzen, unter denen sie Unterschlupf finden kann. Faszinierende Tiere, faszinierende Natur.

Der nette Mitarbeiter berichtet von weiteren Forschungsarbeiten, die regelmäßig durchgeführt werden. Ein großes Thema in Nationalparks mit Beständen von Schalenwild – also Damhirsch, Reh, Mufflon und Wildschwein – ist das »Verbiss-Monitoring«, das immer zum Jahresbeginn durchgeführt wird. Dazu gibt es mehrere Flächen mit fünfzig Metern Länge und zwei Metern Breite. Alle auf diesen Flächen wachsenden Bäume werden gezählt, vom kleinen Keimling bis zum eineinhalb Meter hohen Jungbaum, und das bereits seit mehreren Jahren. Das geschieht immer auf denselben Flächen mit derselben Fragestellung: Welche Baumarten wachsen auf den Flächen? Wie groß sind die Bäume? Wurden sie verbissen? Etwa achthundert solcher »Weiserflächen« gibt es. Zusätzlich gibt es noch Zaunflächen und direkt daneben Nichtzaunflächen, ein Quadrat von zehn mal zehn Metern. Somit kann man vergleichen, welche Bäume verbissen werden und in welchem Ausmaß.

»Es ist gut möglich, dass Sie auf Ihren Wanderungen Fotofallen entdecken, automatische Wildtierkameras, die etwa in Kniehöhe an Bäumen angebracht sind«, klärt mich der Nationalparkmitarbeiter auf. Diese Aufnahmen werden ebenfalls für das Monitoring ausgewertet. Auf einem Foto ist auch ein Wolf abgebildet.

»Gibt es hier Wölfe?«, frage ich begeistert.

»Ja, es gibt wieder Wölfe in unseren Wäldern«, verkündet er stolz. Demnach lebt ein Rudel im Müritzer Tal und eins am Rand des Serrahner Nationalparkteils. In Mecklenburg-Vorpommern gibt es laut Wolfsmonitoring fünfzehn bestätigte Rudel und fünfundzwanzig Territorien. Mitte des 19. Jahrhunderts war der Wolf in Deutschland ausgerottet. Was ich bisher auf früheren Reisen von Wölfen gesehen habe, waren Gedenksteine, die daran erinnern, dass an jener Stelle der letzte Wolf der Region geschossen wurde. Ich finde, es ist eine Sensation, dass er sich heute wieder deutschlandweit ausbreitet. Einen Wolf oder einen Luchs in freier Wildbahn zu sehen wäre ein Traum. Aber diese Tiere sind so scheu, dass es sicherlich beim Wunschdenken bleiben wird.

»Kennen Sie sich mit der letzten Eiszeit und ihren Folgen ein wenig aus?« Die Frage reißt mich aus meinen Gedanken.

»Ja, ein wenig schon. Auf meiner bisherigen Reise habe ich mich bereits mehrmals damit beschäftigt, aber ich lerne gerne noch Neues dazu«, gebe ich dem Mitarbeiter zur Antwort. Wir gehen nach draußen zu einem Messgerät, mit dessen Hilfe der Grundwasserpegel kontrolliert wird. Was hat die Eiszeit mit dem Grundwasser zu tun? Interessiert lausche ich den Erklärungen. Bisher habe ich mich nur mit der letzten Eiszeit beschäftigt, die etwa vor zehn- bis fünfzehntausend Jahren zu Ende ging. Insgesamt gab es aber mehrere Eiszeiten im Laufe der Erdgeschichte. In der ersten Eiszeit haben sich Gletscher über das Land gezogen und dabei Erde und Geröll vor sich hergeschoben. Nach dem Abtauen des Gletschereises blieb das sogenannte Geschiebe liegen, wobei ganz unten der feinste Sand lag. Ein paar Millionen Jahre später hat sich dieser Prozess wiederholt und danach noch einmal. Es liegen also drei Schichten Gletschergeröll und Geschiebematerial übereinander. Manche der Schichten, wie beispielsweise Ton, sind aufgrund ihrer Konsistenz wasserundurchlässig. Sedimentschichten, die lockerer und poröser sind, nehmen dagegen Wasser auf und leiten es weiter. Man nennt sie daher »Grundwasserleiter«. Vereinfacht dargestellt passiert Folgendes, wenn es regnet: Wasser folgt der Schwerkraft und sickert ins Erdreich ab, trifft dort auf eine Lehm- oder Tonschicht und staut sich. Über Klüfte und Risse in der Tonschicht bahnt es sich einen Weg zum nächsttiefer gelegenen Grundwasserleiter, staut sich erneut über einer Tonschicht und findet auch dort einen Weg weiter in die Tiefe. So entstehen mehrere Stockwerke mit Grundwasser – der beste Trinkwasserfilter, den es gibt. Der unterste Grundwasserleiter ist eine wassergesättigte Zone. Dort befindet sich schließlich die Oberfläche des Grundwassers, die wir als Grundwasserspiegel bezeichnen.

»Ich messe immer die dritte Schicht in etwa zwanzig Metern Tiefe, und das seit fünfundzwanzig Jahren. Es ist beeindruckend, aber auch erschreckend, was in den letzten Jahren durch die Trockenheit geschehen ist«, schließt der Nationalparkmitarbeiter seinen Exkurs in die Eiszeit und die Entstehung des Grundwassers ab. Seinen Messungen nach ist der tiefste Grundwasserleiter, also die Schicht, aus der das Trinkwasser geholt wird, in den letzten fünfundzwanzig Jahren um dreizehn Zentimeter gefallen.

»Was bedeutet das?«, frage ich nach.

»Man müsste langsam das Gruseln bekommen! Wenn von oben immer weniger Wasser kommt, kommt auch unten weniger an, und unser Trinkwasser nimmt ab.« Das klingt für mich ein wenig nach Apokalypse und hinterlässt ein ungutes Gefühl im Bauch. Nichts ist selbstverständlich, auch Wasser nicht. Ich nehme aus diesem Gespräch mit, im Alltag zukünftig mehr auf meinen Wasserverbrauch zu achten und sparsamer mit diesem kostbaren Gut umzugehen.

Wir kommen auch auf das Thema Navigations-Apps zu sprechen. Ich berichte dem Ranger von meinem Fehlverhalten im Nationalpark Hainich, als ich aus Versehen einen Weg wählte, der gar kein Weg mehr war.

»Das ist in der Tat ein Problem, auch hier bei uns«, erfahre ich von ihm. Eine der großen Kernzonen im Müritz-Nationalpark ist ein ehemaliger Truppenübungsplatz und mit Kampfmitteln belastetes Gebiet. Viele Radwege, die noch in den Apps eingezeichnet sind, existieren schon lange nicht mehr und sind mittlerweile komplett zugewachsen. Es passiert immer wieder, dass sich Leute mit ihren Rädern durch dieses Kernzonengebiet durchkämpfen, weil die Wege immer noch vorgeschlagen werden. Trotz der Warnschilder überall, die auf das belastete Gebiet hinweisen, wählen Leute diese Wege, weil sie laut App die scheinbar kürzeste Strecke von A nach B sind. Welche Auswirkungen das hat, kann man daran erkennen, dass manche Tiere sich in ihrer Ruhe gestört fühlen und das Gebiet verlassen. Verschwindet eine Art, hat das eine Kettenreaktion zur Folge. Dieses Ausmaß ist sogar mir nicht bewusst. Umso dankbarer bin ich dem Mitarbeiter des Nationalparkzentrums für den Einblick in seinen Alltag und das Teilen seiner Erfahrungen. Von nun an ist für mich das höchste Gebot, die vorgegebenen Wege nicht zu verlassen.

Am vereinbarten Wanderparkplatz treffe ich auf Martin, den ich nun auf seinem Kontrollgang begleiten darf. Während wir auf dem Weg in den Kernzonenbereich sind, erfahre ich von Martin etwas über die Geschichte des Geländes, in dem wir unterwegs sind.

»Dass unser Buchenwaldgebiet rings um Serrahn Teil des Weltnaturerbes werden konnte, ist dem damaligen Großherzog zu verdanken, der ab 1848 eine große Fläche seines Waldbestands als Jagdgebiet eingezäunt hat und dadurch kaum noch Forstwirtschaft auf dieser Fläche betrieben wurde,« schildert Martin den Beginn der Buchenwaldentwicklung. Große Teile des Nationalparks waren zu DDR-Zeiten entweder exklusives Staatsjagdgebiet oder Truppenübungsplätze der sowjetischen Streitkräfte. Bis zur Wende gab es östlich der Müritz so gut wie keine touristische Nutzung. Erst ab den 1990er Jahren, nach der Gründung des Nationalparks, wurde ein Wanderwegenetz aufgebaut und die wertvollen Waldgebiete in die Kernzone überführt. Dadurch sind in den Gebieten, die jahrzehntelang nicht forstwirtschaftlich bearbeitet wurden, beeindruckende Landschaftsräume entstanden, etwa die Niedermoore am Ostufer der Müritz, die Sukzessionsflächen auf den Truppenübungsplätzen oder die alten Buchenwälder um Serrahn.

Ein hoher Grad an Natürlichkeit ist eine der Begründungen für das Weltnaturerbe. Dass der Ausdehnungsprozess der Buchenwaldentwicklung noch voll im Gange ist, oder anders ausgedrückt, sich in einem fortlaufenden ökologischen Prozess befindet, war für die UNESCO eine weitere spezifische Besonderheit, die für das Weltnaturerbe »Alte Buchenwälder und Buchenurwälder der Karpaten und anderer Regionen Europas« von großer Bedeutung ist. Seit 2011 gehören auch die Buchenwälder von Serrahn dazu.

Kurz bevor wir wieder am Parkplatz ankommen, bleiben wir vor einem verwilderten, lichten Gelände stehen. Martin erklärt mir, dass wir uns an einer ehemaligen Uferzone befinden. Undurchdringliches Gestrüpp hat das Areal eingenommen, darüber thronen Birken, die sich vor vielen Jahren die ersten Plätze gesichert haben. Was einmal ein See war, hat sich in eine chaotische Wildnis verwandelt, in eine ungebändigte Wildheit, die mir Respekt einflößt. Natur macht, was sie will. Natur macht, was sie kann. Und ich? Mache ich auch, was ich will oder was ich kann?

Für meinen letzten Tag im Müritz-Nationalpark hat mir Martin den Tipp geben, die Rundwege bei Goldenbaum zu wandern. Trotz Regen mache ich mich auf, um ein letztes Mal durch die Buchenwälder bei Serrahn zu streifen. Von Goldenbaum aus werde ich zuerst auf dem Weg mit dem roten Eichhörnchen wandern, um dann auf den des gelben Rehs zu wechseln. Insgesamt etwa zehn gemütliche Kilometer, für die ich mir viel Zeit lassen kann. Leichter Regendunst hängt zwischen den Bäumen. Durch das nahezu geschlossene Kronendach der Buchen bin ich vor dem Regen gut geschützt. Beachtliche Altbuchen stehen rechts und links vom Wanderweg. Einige Stämme liegen quer über dem Weg und scheinen erst vor Kurzem gefallen zu sein, denn ihre Bruchstellen sind noch frisch. Die silbrigen Rinden glänzen vor Nässe und erinnern an riesige Blindschleichen, die über den Weg kriechen. Während ich über die

Hindernisse klettere, entdecke ich auf der Seite einen modrigen Stamm, auf dem sich ein sonderbarer Pilz ausgebreitet hat. Er besteht aus kleinen orangefarbenen Kügelchen, die sich über den ganzen Stamm verteilt haben. In einem Pilzforum im Internet finde ich ihn: Es ist der Orangerote Pustelpilz. Meine Pilzfotosammlung bekommt immer mehr Zuwachs.

Schon bald erreiche ich die Uferzone des Mühlenteichs, die großflächig mit Schilf bewachsen ist. Entlang des Gewässers wandere ich weiter. Wie lange Stangen ragen die schlanken Rotbuchen aus dem leicht ansteigenden Hang rechts vom Weg. Nach links öffnet sich der Blick auf eine offene Sumpflandschaft, die dem See vorgelagert ist. Je näher ich der Uferzone komme, desto mehr Gerüche nehme ich wahr. Würziger, derber Holzgeruch vermischt sich mit süßlichem Pilzaroma, der Duft des Seewassers und des Regens fügen sich zusammen, ein Hauch von Morast schleicht sich dazu und rundet das Regenwaldparfüm ab. Am Gewässer entlang laufe ich durch eine Art Allee mit prächtigen Altbuchen. Manche von ihnen schätze ich auf mindestens zweihundert Jahre. Dort, wo sich der Weg dem Teichwasser nähert, reichen die ausladenden Äste bis an die Wasseroberfläche. Einige Jungbäume wachsen schräg über die Uferkante, dazwischen die unerschütterlichen mächtigen Stämme der Altbäume. Dieses Waldgebiet und die gesamte Atmosphäre nehmen mich völlig gefangen, ich möchte gar nicht mehr weiterlaufen. Ständig fällt mir etwas anderes ins Auge, was ich bestaunen kann. Darunter ist auch der riesige morsche Stamm einer umgestürzten Buche und mittendrauf ein beachtlicher Ästiger Stachelbart in allen möglichen Lebensstufen: Ein Teil ist noch jugendlich frisch, während ein anderer Teil gerade am Verrotten ist oder sich an den Rändern schon modrig schwarz färbt.

An einer anderen Stelle am Stamm entdecke ich noch einen weiteren außergewöhnlichen Pilz. Er ist ebenfalls cremefarben, hat aber lange dünne Fäden, die wie ein dichter, büscheliger Ziegenbart herabhängen. Kein Zweifel, es ist ein Igelstachelbart – ebenfalls eine Art, die Totholz als Lebensraum benötigt und daher nicht überall zu finden ist. Zwei seltene Pilze in unmittelbarer Nähe, ich bin begeistert.

Der markierte Wanderweg leitet mich wieder vom Wasser weg und tiefer in den Buchenwald hinein. Noch immer prasseln Regentropfen auf das Blätterdach und tröpfeln im Viervierteltakt auf mich herab. Meine Hose ist mittlerweile patschnass, und obenrum wird es auch allmählich klamm. Warum habe ich keinen Schirm mitgenommen? Die Regenjacke reicht definitiv nicht aus. Etwa nach der Hälfte der Wanderung gelange ich in einen Waldabschnitt, der mir die Sprache verschlägt. Ich komme mir vor wie in einer Baumgalerie, was ich sehe, ist Naturkunst: fächerartig austreibende Baumstümpfe, lange, elegante Buchenstangen, vernarbte und runzelige Altbäume, Totholzstämme, der Länge nach gespalten und grazil gespreizt, eng beieinanderstehende Baumgruppen und einzelne altehrwürdige Buchenköniginnen, herumliegendes Gehölz und Geäst in allen möglichen Grün-, Grau-, Brauntönen – das alles in einen feinen dunstigen Regenhauch gehüllt. Meine Wahrnehmung verwandelt sich in ein Gefühl in der Herzgegend. Falls man einen Wald lieben kann, dann tue ich das in diesem Augenblick.

Etwa auf der Höhe von Goldenbaum begebe ich mich auf den Wanderweg mit dem gelben Reh, der mich durch einen Mischwald aus Eichen, Buchen, Kiefern und Ahorn führt. Wie anders dieser Wald riecht, frischer und süßlicher. Besonders der Kiefernwald, der noch ein Überbleibsel aus forstwirtschaftlicher Nutzung zu sein scheint, riecht angenehm süß. An einigen der Kiefernstämme bemerke ich eine merkwürdige Kerbung. Es wurden ganze Stücke aus der Rinde herausgeschnitten, in einer Art Fischgrätmuster, das pfeilförmig spitz nach unten zuläuft. In der Mitte des Musters verläuft eine senkrechte Rille. Damit etwas herauslaufen kann? Im nächsten Moment weiß ich, was das zu bedeuten hat: Hier wurde Harz gewonnen. Bis zur Wende wurde in der ehemaligen DDR »geharzt«. Aus den schrägen Schnittrillen floss das Harz der Kiefer in die senkrecht eingefräste Tropfrinne und von dort weiter in einen darunter befestigten Topf. Da nur ein Stück der Rinde beschädigt wurde, konnten die Bäume das gut verkraften, wie man heute sehen kann. Die Schnittmuster sind vernarbt und scheinen gut verheilt zu sein.

In den statischen Kiefernreihen, an denen ich vorbeilaufe, sind durch Baumbrüche freie Flächen entstanden. Das Mehr an Licht hat den im Boden schlummernden Samen den Impuls zum Wachsen gegeben. Mit einer gewissen Genugtuung applaudiere ich im Stillen der aufstrebenden neuen Baumgeneration, die mehr Grün ins Waldbild bringt und eigenwillig die einstige sterile Ordnung aufbricht. Ich bleibe kurz stehen und nehme mir Zeit für eine konzentrierte innere Betrachtung. Was ist das für eine innere Regung, die ich gerade spüre? Meine Erkenntnis Minuten später bringt mich zum Schmunzeln. Fast triumphierend habe ich mich über den Eigensinn der Natur gefreut, über die Gegenwehr zur aufgezwungenen Ordnung, in Reih und Glied zu stehen, über die Selbstbestimmtheit und Selbstverständlichkeit, mit der sich der Wald nun frei entfaltet. Es ist ein Spiegelbild meiner eigenen Rebellion gegen die von Kindesbeinen an gelernte Angepasstheit.

Nach einer Wegbiegung stehe ich wieder am Rand eines

großen Gewässers, am nördlichen Ufer des Schweingarten-sees. Genau an der gegenüberliegenden Stelle stand ich noch vor zwei Tagen. Deutlich sind die Spuren der Wasser-pegelanhebung seit 1994 zu sehen. Wohin ich auch schaue, auf der ganzen Fläche verteilt stehen die unterschiedlich hohen Baumstümpfe abgestorbener Birken. Entstanden ist eine atemberaubende Sumpflandschaft, die an Mangroven erinnert. Vor dem regengrauen, dunstigen Hintergrund heben sich die schmalen weißen Birkenstämme deutlich ab. Zu gerne würde ich diesen Blick einmal bei sonnigem Wetter erleben. Ein Grund mehr, noch einmal wiederzu-kommen. Für einen Moment schließe ich die Augen, nehme Geräusche wahr, verschiedene Gerüche und genieße diesen Naturzauber. Bisher hat jeder Nationalpark etwas Eigenes und Besonderes. Jeder ist ein Teil unseres Naturerbes, zu-mindest seit der letzten Eiszeit. Je mehr ich darüber erfahre und lerne, desto mehr verändert sich meine Naturwahr-nehmung. Jetzt schon kann ich sagen, dass mein Blick auf die Natur – insbesondere auf den Wald – ein anderer ge-worden ist.

7

Die Kreidekönigin

Buchenurwälder auf Rügen im Nationalpark Jasmund

Während der Fahrt zur Insel Rügen habe ich richtig Herzklopfen, so sehr freue ich mich auf die Landschaft dort. Als Kind habe ich oft im elterlichen Bücherregal gestöbert und mir alle möglichen Bildbände angesehen. Darunter befand sich auch ein Buch über die Maler der Romantik. Mein Lieblingsbild war das der *Kreidefelsen auf Rügen* von Caspar David Friedrich. Dieses Gemälde hat mich so fasziniert, dass ich es mir immer und immer wieder anschaute. Anfangs dachte ich, es handle sich um ein reines Fantasiebild. Später dann, als ich wusste, dass es diese märchenhafte Landschaft tatsächlich gibt, wurde Rügen zu einem Sehnsuchtsort. Irgendwann werde ich da auch mal stehen und auf diese Wunderwelt schauen – das habe ich mir ein Leben lang gewünscht. Und jetzt bin ich auf dem Weg dorthin und erfülle mir diesen Kindheitstraum.

Nicht nur auf die weißen Felsen freue ich mich, sondern auch auf den Buchenwald, der neben den Wäldern in den Nationalparks Hainich, Müritz und Kellerwald zum

Weltnaturerbe der UNESCO zählt. Der Nationalpark Jasmund wurde 1990 gegründet und ist mittlerweile nahezu komplett in die Kernzone übergegangen. Nur noch wenige kleine Offenflächen sind Pflege- und Entwicklungszonen, die ehemaligen Kreidebrüche etwa, die vor einer Verbuschung geschützt werden, um den spezifischen Lebensraum für die dort vorkommenden Tier- und Pflanzenarten zu erhalten. Neben dem Inselland zählt auch ein Teil der Ostsee zum Schutzgebiet: der fünfhundert Meter breite Flachwasserbereich vor der Küste. Die Ostsee ist weltweit das größte Brackwassermeer – ein Gemisch aus Süß- und Salzwasser. Darin können nur Organismen überleben, die mit einem permanent schwankenden Salzgehalt des Wassers zurechtkommen. Dazu gehören Flunder, Hecht und Zander sowie die Miesmuschel. Der Nationalpark leistet auch einen Beitrag zum Erhalt der Kegelrobben, den größten Raubtieren Deutschlands, die an seiner Küste geeignete Nahrungsquellen und Ruheplätze finden. Vereinzelt werden sogar Schweinswale gesichtet, eine positive Entwicklung, nachdem sie nahezu ausgerottet wurden.

Mein Quartier für die nächsten vier Tage ist ein Apartment in Sassnitz, in einer Villa im Stil der Bäderarchitektur. Kaum bin ich dort angekommen, zieht es mich hinunter ans Ufer der Ostsee. Schon nach den ersten paar Schritten durch die Altstadt fühle ich mich wohl in der ehemals größten Badestadt Rügens. Nach zehn Tagen Abgeschiedenheit tut mir die lebendige Hafenatmosphäre mit ihren Cafés, Bars und Restaurants entlang der Uferpromenade unsäglich gut. Auf einem Felsblock sitzend, genieße ich die Sonnenwärme und beobachte die Leute. Auffällig viele gehen in leicht gebückter Haltung mit gesenkten Köpfen am Strand entlang. Hin und wieder hebt jemand etwas auf und lässt es in einem

Säckchen verschwinden. Manche stochern mit Stöcken zwischen den Steinen herum, graben Löcher und wühlen mit den Händen darin. Sehr merkwürdig. Was sammeln die denn alle? Was gibt es denn hier Besonderes zu finden?

Gemütlich schlendere ich die Promenade entlang. An einer schmalen Seebrücke bleibe ich stehen. Hunderte Kormorane haben sich auf der für Fußgänger gesperrten Seebrücke niedergelassen, sitzen auf dem Geländer, krächzen und flattern mit den Flügeln. Seit der letzten Eiszeit sind diese Vögel bei uns heimisch. Kormorane sind gute Taucher, sie können minutenlang bis in neun Metern Tiefe nach Fischen jagen. So viele auf einmal und dazu noch aus der Nähe zu sehen ist ein Erlebnis, das ich mit mehreren Touristen teile, die mit Kameras an der Brücke stehen, um die grauschwarzen Vögel zu fotografieren. Vor meinen Augen öffnet einer der Vögel seine Flügel, spreizt sie weit auseinander. Auf diese Weise trocknet er sein Gefieder, denn obwohl Kormorane zu den Wasservögeln gehören, haben sie zugunsten ihrer Tauchfähigkeit kein Wasser abstoßendes Federkleid.

Zum Abschluss des Tages laufe ich auf der einst längsten Außenmole Europas zum Leuchtturm, um mir den beginnenden Sonnenuntergang anzuschauen. Auf die hellblaue Himmelsleinwand hat die Sonne bereits rötliche Streifen gepinselt. Als Nächstes wirft sie ein sattes Rotorange auf die Wolken und kleckst ein paar hellgelbe Farbtupfen dazu. Mit einem tiefen Blau begleitet der Himmel das feurige Spektakel aus Rot- und Orangetönen. Aufgeregte Möwenschreie ertönen, kleine Wellen kräuseln die Wasseroberfläche, während der rot glühende Sonnenball hinter den Hügeln verschwindet und noch einmal seine ganze Strahlkraft über die Szenerie ausschüttet. Dann, ganz langsam, kehrt wieder Ruhe ein. Am Himmel mischt sich ein versöhnliches Hellblau mit einem Hauch Magenta zu einem zarten Abschiedsrosé. Die Möwen haben sich in Grüppchen auf dem ruhig gewordenen Wasser niedergelassen, bewegen sich in den sanften Wogen auf und ab. Mit der eintretenden Abendstille fühle ich mich ausgeglichen wie nach einer Meditation.

Mir geht es gut, psychisch wie körperlich. Ich bin so ruhig und entspannt wie schon lange nicht mehr. Das Einzige, was mich hin und wieder plagt, ist das schlechte Gewissen gegenüber meinem Vater, dass ich meinen »Tochterpflichten« nicht nachkomme. Was nehme ich mir heraus, meinen Vater für einen Egotrip im Stich zu lassen? Doch dann besinne ich mich: Wie kann es sein, dass ich ein Schuldgefühl empfinde, wenn ich mir etwas Gutes tue und eine Auszeit nehme? Welche Glaubenssätze höre ich da in mir? Meine sind es nicht. Es sind vielmehr jene, die ich ein Leben lang von anderen vorgebetet bekommen habe. Eigentlich dachte ich, mich von dem Druck, es allen recht machen zu müssen, verabschiedet zu haben. Mich nicht mehr darum zu scheren, was »die Leute« über mich denken und sagen, war mein Weg aus einer bigotten Dorfgesellschaft, in der ich aufgewachsen bin. Um die Eltern hat man sich aufopferungsvoll zu kümmern und die eigenen Bedürfnisse zurückzustellen. Ansichten einer veralteten Weltanschauung, die mich oft in meiner kreativen Entfaltung ausbremsten. Ich finde, es ist an der Zeit, den Aufopferungsmodus abzuschalten und selbstbewusst auf meinen eigenen Weg zurückzukehren. Fort mit solchen Gedanken, sie führen in die falsche Richtung.

Entspannt mache ich mich zu meiner Unterkunft auf. Unterwegs entdecke ich in einem Schaufenster eine Sammlung eigenartig geformter Steine und Schmuckstücke, allesamt aus Naturmaterialien gefertigt. Auch auf die Herkunft der verwendeten Elemente wird hingewiesen. Erstaunt lese ich etwas über »Donnerkeile« und »Hühnergötter«, die offenbar entlang der Küste zu finden sind. Aha, das ist es also, was die Leute vorhin am Ufer gesucht haben. Auch ich bin eine leidenschaftliche Sammlerin und nehme mir von jeder Wanderung ein standorttypisches Steinchen mit. Mein Gesteinsregal zu Hause ist mittlerweile schon recht bunt geworden und repräsentiert die geologische Vielfalt der deutschen Regionen, in denen ich bisher unterwegs war. Ob ich hier auch etwas Hübsches für meine Sammlung finden werde? Und was hat es mit den Namen auf sich? Antworten dazu werde ich mit Sicherheit im Kreidemuseum bei Gummanz finden, dem einzigen Museum seiner Art in Europa, das ich am nächsten Tag aufsuchen möchte.

Hühnergötter und Donnerkeile gehören zu den beliebtesten Fundstücken an den Blockstränden der Kreideküste, erfahre ich im Museum. Die Beschreibung eines Hühnergotts ist recht simpel: Es ist ein Feuerstein mit einem Loch. Wasserlösliche Einschlüsse in den schwarzgrauen Feuersteinen werden über Jahrtausende durch Verwitterung herausgelöst. Zurück bleiben kreisförmige Mulden und Löcher. Vermutlich hängt die Namensgebung damit zusammen, dass man in früherer Zeit solche Lochsteine in die Hühnerställe legte, um die Legefreudigkeit der Hennen zu begünstigen. Ganz gleich, welchen Sagen und Überlieferungen man glauben möchte, letztendlich haben sie alle einen gemeinsamen Wunsch: Der Hühnergott soll Glück bringen. Mit geschärftem Blick kann man an den Blockstränden entlang der Kreideküste Exemplare dieser außergewöhnlichen Gesteinsform finden. Schwieriger zu entdecken sind die gelbbraunen, zylindrischen bis kegelförmigen hohlen Donnerkeile. Meist liegen sie unter dem Geröll am Strand verborgen oder im grobkörnigen Sand versteckt. Da muss man schon genau wissen, wo man suchen muss. Donnerkeile sind siebzig Millionen Jahre alte Fossilien, die im Inneren aus Schalenresten des sogenannten Rostrums von urzeitlichen Tintenfischen bestehen. Als Talisman sollten sie in früherer Zeit vor den spitzen, keilförmigen Blitzen des Donnergotts schützen, die er auf die Erde zu schmettern drohte. In manchen Kulturen wird ihnen sogar eine heilende Wirkung nachgesagt. Nachweisbare Heilung verspricht eine andere regionale Besonderheit: die Rügener Kreide. Sie spielt im Umkreis von Sassnitz eine bedeutende Rolle. Neben dem industriellen Abbau in den großen Kreidebrüchen wurde sie auch als Gesundheits- und Pflegeprodukt entdeckt. Unter dem Begriff »Rügener Heilkreide« ist sie bis heute als Heilmittel in Mecklenburg-Vorpommern anerkannt.

Die Ausstellung des Museums ist sehr interessant aufgebaut, mit vielen Exponaten und ausführlichen Erklärungen. Immer tiefer tauche ich in die Erdgeschichte ein, erfahre, wie die einzigartige Rügener Küstenlandschaft entstanden ist. Nach meinem geologischen Exkurs in der Sächsischen Schweiz finde ich mich erneut in der Kreidezeit wieder – dieses Mal aber etwa zwanzig Millionen Jahre später –, in der nun das namensgebende Sedimentgestein der Periode, die Kreide oder genauer gesagt die »Schreibkreide«, entstand. Schreibkreide ist ein weiches weißes Gestein, aufgebaut aus kleinsten Kalkplättchen, die von abgestorbenen Mikroorganismen (Kalkalgen) stammen. Diese lebten vor über siebzig Millionen Jahren in einem Flachmeer, das sich während der Kreidezeit über ganz Norddeutschland erstreckte. Im Lauf der Zeit haben sich die mikroskopisch kleinen Kalkteilchen am Meeresboden zu einer stetig dicker und härter werdenden Kalkschlammschicht abgelagert. In eintausend Jahren wuchs diese Schicht um etwa dreieinhalb Millimeter. Am Ende der Kreidezeit war die Kreideschicht um die sechshundert Meter dick.

Eine Besonderheit in der Schreibkreide sind Schichten aus Feuerstein, die im Verlauf von etwa zwanzigtausend Jahren aus Quarzvarianten entstanden sind und horizontal am Meeresboden abgelagert wurden. Nachdem das Meer verschwunden war, gelangte der Kreidekalk durch Bewegungen der Erdkruste an die Oberfläche. Während der Eiszeit dann, vor etwa zwanzigtausend Jahren, war die Küste von Gletschern bedeckt, wobei die schwach verfestigte Bodenschicht durch den gewaltigen Druck der Eismassen gestaucht und in riesigen Schollen mehrfach übereinandergefaltet wurde. In den weißen Kreidefelsen kann man diese Faltung an den schräg verlaufenden Feuersteinlagen erkennen, die sich wie dünne Bänder von links unten nach rechts oben durch das Kalkgestein ziehen. Zusätzlich haben die Eiszeitgletscher aus dem skandinavischen Raum und dem Baltikum Gesteine mittransportiert und diese nach dem Abschmelzen des Eises als Geschiebe auf Rügen zurückgelassen. Somit habe ich eine Erklärung für das ganze Geröll am Ostseeufer. Als Findling bezeichnet man die großen, tonnenschweren Steine, die entlang der Küste, teilweise auch im Landesinneren zu finden sind. Die besonders großen wurden sogar als Geotope unter Schutz gestellt.

Mit meinem Besuch im Kreidemuseum bin ich der geologischen Geschichte Deutschlands wieder ein Stück nähergekommen. Was mich zunehmend beschäftigt, ist der Faktor Zeit. Die Erde ist viereinhalb Milliarden Jahre alt, ein Zeitraum, den ich mir beim besten Willen nicht vorstellen kann. Manchmal ängstigt mich die Auseinandersetzung mit diesem Thema. Vor allem das Wissen darüber, dass der Mensch in dem ganzen Zeitkosmos eine unbedeutende Rolle spielt, dass er lediglich eine Art unter Millionen ist. Für die Erde ist der Mensch nach meiner bisherigen Erkenntnis unwichtig. Selbst wenn er heute alles zerstören würde, hätte der Planet reichlich Zeit, sich zu erholen und neu zu gestalten. Das ist mitunter auch ein tröstlicher Ausblick für die Zukunft der Erde. Beängstigend für mich ist jedoch der Gedanke, dass der Mensch an diesem Prozess möglicherweise nicht mehr beteiligt sein wird, weil er unter den neu entstandenen Klimabedingungen nicht mehr existieren kann. Was wäre ich bereit zu tun oder aufzugeben, um meinen Beitrag zum Klimaschutz zu leisten – einmal abgesehen von Mülltrennung und Energiesparen, worauf ich sowieso schon seit Jahren achte? Welche Opfer würde ich bringen wollen, um den nachfolgenden Generationen eine gesündere Welt zu hinterlassen? Fragen, auf die ich noch keine Antworten habe.

Außerhalb des Museumsgebäudes befindet sich der stillgelegte Kreidebruch Gummanz, zu dessen höchstem Punkt – dem »Kleinen Königsstuhl« – ein Lehrpfad führt. Von dort oben habe ich einen großartigen Blick über die gesamte Fläche und weiter bis zur Küste des Jasmunder Boddens. Nachdem der Abbau hier in den Sechzigerjahren endete, wurde das Areal weitestgehend sich selbst überlassen. In mehreren aufeinanderfolgenden Sukzessionsstadien hat sich eine standorttypische Vegetation entwickelt, in der sich Sanddorn, Schlehe und Hundsrose wohlfühlen.

Während ich so auf der Aussichtsplattform stehe, sehe ich einen Rotmilan, der seine Kreise über dem Kreidebruch zieht. Sein Erkennungsmerkmal ist der tief gegabelte, rostrote Schwanz. Ich freue mich immer, wenn ich einen Milan sehe, und beobachte gerne seine Flugakrobatik. Plötzlich raschelt es im Gebüsch, dann ein helles Zwitschern, und im nächsten Moment sitzt eine Schwanzmeise auf dem Holzgeländer, ungefähr zwei Meter von mir entfernt. Putzig sieht sie aus, mit ihrem kleinen rundlichen Körper und den langen, schmalen Schwanzfedern, die lebhaft auf und ab wippen. Ich wage kaum zu atmen, um sie nicht zu verscheuchen. So schnell, wie sie gekommen ist, verschwindet sie auch wieder. Welch reizende Begegnung. Wie ich mich wieder dem Bruch zuwende, sehe ich einen Greifvogel in meine Richtung fliegen. Zuerst kann ich ihn nur von oben betrachten, da er unterhalb von meiner Position auf die Kreidewände zusteuert. Sein Rücken ist rötlich braun und der Rest des Gefieders dunkelbraun, mit grau-schwarzen Mustern. An seinem schmalen, langen Schwanz erkenne ich den Turmfalken. Er fliegt mehrere Runden über das Gelände und bietet mir eine Vogelflugschau vom Feinsten. Dankbar für diese kleinen Momente mache ich mich auf den Rückweg nach Sassnitz.

✕

Mein nächstes Ziel ist das Nationalparkzentrum auf dem Königsstuhl, zu dem ich von Sassnitz aus über den Hochuferweg hinwandern möchte. Jetzt habe ich so viel über die Kreidefelsen erfahren, dass ich darauf brenne, sie endlich zu sehen. Nachdem ich die Stadt hinter mir gelassen habe, wandere ich oberhalb der Steilküste auf einem Waldweg durch herrlichen Mischwald. Vor dem Strandabstieg zur Piratenschlucht verharre ich kurz im Kreise uralter Buchen, ein Vorgeschmack auf den Welterbewald. Über ein Holztreppengerüst steige ich hinab in die Schlucht. Bevor ich den Blockstrand erreiche, sehe ich schon die großen Findlinge im Wasser liegen, teilweise mit Algen überzogen und

An diesem wundersamen Platz im Hunsrück-Hochwald nahm die Reise zu den deutschen Nationalparks ihren Anfang.

UNESCO-Weltnaturerbe im Nationalpark Hainich: Freie Entfaltung lautet das Motto in der entstehenden Waldwildnis.

Am Odersee im Nationalpark Harz führt eine Etappe des Hexenstiegs durch einen Naturraum, der sich im Wandel befindet.

Erhabener Blick vom Kleinen Winterberg aus in einen atemberaubenden Canyon, im Nationalpark Sächsische Schweiz.

Im unteren Odertal liegt Deutschlands einziger Auennationalpark,
ein artenreicher Naturraum und Paradies für unzählige Vogelarten.

Eindrucksvolle Wasserwildnis am Schweingartensee im Nationalpark
Müritz, die nach Renaturierungsmaßnahmen entstanden ist.

Wind und Wetter sind stete Modellierer der Kreideküste im Nationalpark Jasmund. Eindrücke wie diese sind lediglich eine Moment-
aufnahme.

Wohltuende Weite im Nationalpark Vorpommersche Boddenlandschaft. Erinnert uns die Landschaft an nacheiszeitliche Steppen und
Tundren?

Ausblick von der Aussichtsdüne Melkhörn auf der Insel Langeoog.
Wanderwege führen durch die Dünenlandschaft zum Nordseestrand.

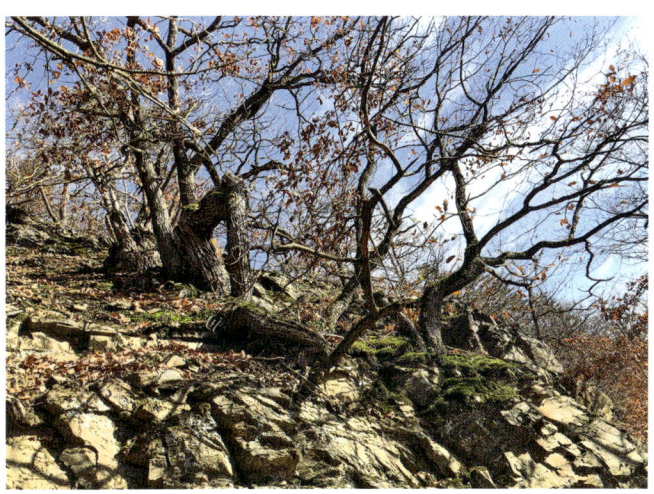

Im Nationalpark Kellerwald-Edersee wächst diese uralte Krüppeleiche.
Einige Äste haben sich zum Boden gesenkt und Wurzelausläufer ge-
bildet.

Abenteuerlicher Pfad zum Wilden See durch den Bannwald
und die Kernzone des Nationalparks Schwarzwald.

Blockmeer auf dem Lusengipfel im Nationalpark Bayerischer Wald:
Die Granitblöcke sind mit gelbgrünen Landkartenflechten überzogen.

Auf dem Weg zum Gipfel des Jenners im Nationalpark Berchtesgadener Alpen wähnt man sich dem Himmel ein Stückchen näher.

Die Natur im Nationalpark Eifel wird zum Seelenspiegel und initiiert
den Neuanfang, den Beginn eines neuen Lebensabschnitts.

Auswahl aus meinem Pilzalbum

(v. l. n. r.) Königsfliegenpilz, Gelbe Lohblüte, Kampfermilchling, Igelstachelbart, Ästiger Stachelbart, Fliegenpilz, Rotrandiger Baumschwamm und Flaschenstäubling im Sonnenlicht phosphorgrün leuchtend. Mit dem blauen Meer im Hintergrund ergibt sich ein sensationeller Farbkontrast. Ich laufe über das Geröll in die Bucht hinein, und es verschlägt mir den Atem. Links und rechts von mir ragen die mächtigen, weiß strahlenden Kreidefelsen in die Höhe. Obenauf das satte Grün der Buchenwälder. Und im Meeresblau der Ostsee gleitet ein Schwan anmutig am Ufer entlang. Als Postkarte wäre dieser Anblick fast schon kitschig, aber in der Realität ist er einfach atemberaubend. Dicke Baumstämme liegen wie Strandgut herum, von Wasser und Wind glatt geschmirgelt. Große Findlinge ragen aus der See, einige Möwen haben sich auf ihnen niedergelassen. Überall sind Leute unterwegs, die nach Hühnergöttern und anderen kleinen Kostbarkeiten suchen. Fasziniert bewundere ich die knollenförmigen Feuersteine unter meinen Füßen, schwarz und weiß und in allen möglichen Graustufen. Jeder einzelne ein Unikat, ein kleines Kunstwerk mit spannenden Mustern und Auswaschungen, geformt von Wasser und Zeit. Abgeplatzte Steinscheiben haben glatte Flächen hinterlassen, in denen sich das Licht spiegelt. Als sich nach der Eiszeit die ersten Menschen auf Rügen ansiedelten, haben sie den Feuerstein mit seinen scharfen Splitterkanten zu nutzen gewusst. Aus ihm konnten sie Werkzeuge und Waffen herstellen, Pfeilspitzen zum Beispiel und Messerklingen.

Meine Augen gehen auf Entdeckungsreise, sehen verschiedenste Figuren und Gebilde. Besonders hübsch finde ich die dunklen Steine mit ihren weißen Krusten. In der Hand fühlen sie sich angenehm glatt und schmiegsam an. Mit dem Fuß kicke ich einen größeren Brocken zur Seite und bin erstaunt über das Geräusch: Es klackert nicht wie bei einem gewöhnlichen Kieselstein, es klirrt hell wie eine Glasscherbe. Experimentierfreudig schlage ich zwei Feuersteine gegeneinander und rieche an ihnen. Die Intensität des wahrgenommenen Brandgeruchs überrascht mich. Wie ihr Name bereits verrät, wurden Feuersteine früher auch zum Schlagen von Funken benutzt, um Feuer damit zu entzünden. In der Steinzeit war das ein wahres Multifunktionswerkzeug.

Spontan entschließe ich mich, ein Stück unterhalb der Klippen entlangzuwandern und mir die bemerkenswerten Kreidewände anzusehen. Wie im Elbsandsteingebirge sind auch hier die Felsen und Klippen von starker Erosion betroffen. Der Aufenthalt am Fuß der Steilküste ist nicht ungefährlich, denn dort herrscht eine eigene Dynamik. Für Laien sind Risse oder sonstige drohende Abbrüche in der Felswand nicht zu erkennen. Äußere Einflüsse, wie starke Meeresbrandung, Starkregen oder Frost, vermindern die Stabilität der Kreidehänge. In der Folge kommt es zu Rutschungen oder Abbrüchen, wie es 2005 bei den berühmten Wissower Klinken der Fall war. Solche dynamischen Prozesse an den Steilküsten kommen immer wieder vor, sie sind die Gestalter der Landschaft. An einem Hangrutsch bleibe ich stehen und begutachte die Szenerie, entstanden aus einem riesigen Haufen Sand-Kreide-Gemisch, Feuersteinklumpen, allerlei Geäst und ganzen Bäumen, die mitsamt Wurzeln in die Tiefe gestürzt sind. An den Abbruchwänden sind deutlich Rinnsale des aus den Wäldern und Mooren abfließenden Wassers zu erkennen.

In den Steilhängen entdecke ich kleine Löcher, die Bruthöhlen der Uferschwalben, die hier einen geeigneten Lebensraum gefunden haben. Auch die schräg verlaufenden dunklen Feuersteinbänder kann ich in der weißen Felswand gut erkennen. Wie übergroße Kartoffeln stecken die Steinklumpen in der Kreide. Ich bin neugierig, wie sich das Kreidegestein anfühlt, und taste es mit den Fingern ab. Manche

Stellen sind fest, andere weich und schmierig. Von der Klippe über mir hängt ein Krautteppich herunter und entblößt sein Wurzelwerk. Jetzt verstehe ich, warum es verboten ist, sich auf dem Hochufer in die Nähe der Kanten zu begeben. Ein Tritt auf diese lockere Fläche, und es geht abwärts. Die sich ständig verändernden Steilufer werden als »aktive Kliffs« bezeichnet. Jährlich geht die Küste in diesen Bereichen durch die Erosionswirkung der Ostsee um ein paar Zentimeter zurück. Etwas Positives hat der Schwund allerdings: Jeder Abbruch bringt neue, herrlich weiße Kreidefelsen hervor.

Zurück auf dem Hochuferweg, stehe ich nun am Aussichtspunkt vor den Wissower Klinken, jenen ehemals markanten Zinnen, die Caspar David Friedrich in seinem berühmten Gemälde verewigt hat. Von den schroffen, spitz aufragenden Zinnen ist nichts mehr zu sehen. Im Ansatz kann ich noch erkennen, wo sich eine der Zinnen befand. Positiv betrachtet ist durch den Absturz eine neue Perspektive entstanden. Mich beeindruckt der Blickwinkel von oben auf die schroffen Steilwände. Es ist nur ein kleiner Ausschnitt, der mich die Tiefe des Abgrunds erahnen lässt. Die schräg stehenden Buchen am Hang vervollständigen das Bild zu einer geheimnisvollen Szenerie. Ich kann nachvollziehen, dass Dichter und Maler von der mystischen Landschaft auf Jasmund inspiriert wurden. Mit ihrer romantischen Sicht auf die Schönheit der Natur, die sie in ihrer Kunst festhielten, haben sie nebenbei in der Gesellschaft zu einer Bewusstseinsänderung beigetragen, nämlich, dass Natur nicht nur einen wirtschaftlichen Nutzen hat, sondern auch auf andere Arten wertvoll und schützenswert ist. Natur erfindet sich immer wieder neu, dennoch ist sie verletzlich. Wie schön, dass es zu ihrem Schutz Nationalparks und andere Reservate gibt.

Am Welterbefenster – einem hölzernen Naturfenster, das zu einem bewussten Blick in den Wald einlädt – treffe ich auf ein Ehepaar, das schon mehrmals meinen Weg gekreuzt hat. Wir grüßen uns immer oder nicken uns zu, wenn wir uns begegnen. Nach der vielen Abgeschiedenheit freue ich mich über diese »Bekanntschaft«. Durch die Corona-Beschränkungen ist es allgemein schwieriger, wenn nicht sogar unmöglich geworden, Kontakte zu knüpfen oder Urlaubsbekanntschaften zu machen. Das fehlt mir, wie ich mir eingestehen muss. Ich komme zwar sehr gut mit mir alleine zurecht, aber ab und an ein netter und informativer Austausch über die Region oder über Wanderziele fände ich schon nett. Aus einem Impuls heraus biete ich den beiden an, ein Foto von ihnen vor dem Fenster zu machen. Etwas schüchtern stimmen sie zu und geben mir ihre Kamera in die Hand. Beim Fotografieren schaue ich ihnen in die Augen und meine, Traurigkeit darin zu erkennen. Sie sind still, sprechen nicht viel, bedanken sich freundlich für das Foto und gehen weiter.

Auf den Hochflächen der Steilklippen folgt der Wanderweg nun der Küstenlinie. Hin und wieder öffnet sich zwischen den Bäumen ein kleines Sichtfenster, durch das ich hinunter auf das türkisfarbene Meer blicken kann. Vereinzelt leuchtet das strahlende Weiß der Kreidefelsen durch das dichte Blättergrün. Vor einer Klippe ist der Waldboden komplett von Wurzeln durchzogen, ein richtiges Knäuel an Wurzelsträngen, freigespült von Wasser und Wind. Ich frage mich, ob die Baumwurzeln das Gelände zusammenhalten und wie lange man diesen Abschnitt noch bestaunen kann, bis auch er eines Tages in die Tiefe stürzt. Nach unten öffnet sich ein unbeschreiblicher Blick auf das kristallklare Meerwasser. Das Zwitschern der Vögel fügt sich in das beruhigende Geräusch der Wellen, die in sanften

Bewegungen am Ufer auslaufen, und erzeugt eine entspannende Naturmusik. Rings um mich herum stehen hohe, schlanke Rotbuchen. Ihre Aura ist spürbar, und ich weiß, wo ich mich befinde. Ab hier beginnt der UNESCO-Buchenwald. Feiner Dunst fächert die einfallenden Sonnenstrahlen auf und zaubert eine fast sakrale Atmosphäre. Ich erinnere mich an die Heiligenbildchen im Gesangbuch meiner Oma, in dem ich als Kind oft geblättert habe. Auf manchen waren Engel zu sehen, die auf einer Wolke schweben, umgeben von einem hellen Strahlenkranz. Dieses Bild habe ich gerade vor Augen, fehlt nur noch ein Engel. Da ist er wieder, der göttliche Funke, den ich manchmal in der Natur zu spüren glaube. Gänsehaut überzieht meine Arme. Es ist unbeschreiblich, welche Wirkung dieser Wald auf mich ausübt. Am liebsten möchte ich mich zwischen den Buchen auf den Boden setzen, ein Teil ihrer Gemeinschaft sein.

Tief eingeschnittene Kerbtäler gilt es nun zu durchqueren, über Holztreppen und steile Wege. Konditionell bin ich in einer besseren Verfassung als zu Beginn meiner Reise, aber noch nicht so fit, dass ich das Auf und Ab ohne Verschnaufpause bewältigen kann. An einem Aussichtspunkt in der Nähe des Königsstuhls lege ich eine Rast ein und treffe das Ehepaar wieder. Dieses Mal zeigen sich die beiden etwas offener und erklären mir, weshalb sie anfangs mir gegenüber so zurückhaltend waren.

»Sie erinnern uns so sehr an unsere liebe Freundin«, beginnt die Frau zu sprechen. »Deswegen waren wir vorhin so verdutzt, als sie uns angesprochen haben. Die Ähnlichkeit zwischen Ihnen beiden ist wirklich verblüffend, sie war auch so offenherzig, wie Sie es sind. Eigentlich wäre unsere Freundin hier mit dabei, doch ...« Mitten in der Erzählung bricht sie ab. Tränen rinnen über ihr Gesicht. Als sie sich wieder gefangen hat, spricht sie weiter.

»Sie ist oft mit uns weggefahren, zum Wandern und Fotografieren. Leider ist sie vor wenigen Monaten gestorben.« Die Trauer der beiden berührt mich sehr. Ich fühle mich hilflos und weiß nicht, was ich sagen soll.

»Sie beide wären ein gutes Gespann gewesen«, sagt sie mit einem schwachen Lächeln und zeigt mir ein Handyfoto ihrer verstorbenen Freundin. Ein lachendes Gesicht mit freundlichen Augen. Wir hätten uns bestimmt sympathisch gefunden und vielleicht sogar eine gemeinsame Wanderung unternommen. Wie gerne hätte ich sie kennengelernt. Ich spüre einen dumpfen Schmerz in der Magengrube. Mir ist, als ob auch ich eine gute Freundin verloren hätte. Meine Gefühlsregung irritiert mich, und aus Verlegenheit antworte ich den beiden: »Ich finde es schön, dass ich Sie an sie erinnere.« Mehr bringe ich nicht heraus. Wir lächeln uns an und verabschieden uns voneinander.

Im Nationalparkzentrum auf dem Königsstuhl beschäftige ich mich noch einmal mit der Geschichte der Region und des Schutzgebiets. Dadurch, dass die Wälder auf dem Hochufer unzugänglich waren, hatten sie für die forstwirtschaftliche Nutzung keine Bedeutung, konnten sich auf natürliche Art und Weise entwickeln und alt werden. Wo in anderen Regionen in der Vergangenheit die Glas- und Eisenhüttenindustrie zu großflächigem Buchenwaldschwund geführt haben, waren die alten Wälder der Stubnitz – wie das zusammenhängende Waldgebiet der Halbinsel Jasmund von alters her genannt wird – durch einen geplanten Kreideabbau an der Küste bedroht. Glücklicherweise konnten sich Naturliebhaber durchsetzen und dafür sorgen, dass die Stubnitz 1929 zum »Naturschutzgebiet Jasmund« ausgewiesen wurde. Bestimmt wären die Naturfreunde stolz gewesen, hätten sie noch miterlebt, dass sie damit auch die Grundlage für den späteren Nationalpark geschaffen haben. Heute ist der Buchenbestand von Jasmund ein wertvoller Naturschatz und von überragender Bedeutung für Europa und die ganze Welt. Während der Eiszeit verschwand die Buche nämlich nahezu komplett vom europäischen Kontinent. Lediglich in Südosteuropa haben kleine Bestände überlebt. Vor etwa sechstausend Jahren begann die Buche, sich von dort aus ihre alten Lebensräume zurückzuerobern. Auf der Insel Rügen hatten sich in der Zwischenzeit Steppen zu Birken-, Kiefern- und Eichenwäldern entwickelt. Sie haben den Boden vorbereitet für die Buche, die sich schließlich am Ende dieser Sukzessionsphase vor etwa achthundert Jahren wieder auf der Insel Rügen ansiedeln konnte. Heute bestimmt sie das Waldbild der Stubnitz und bildet mit den Hangwäldern der Küste die natürliche Ostgrenze des einzigartigen europäischen Weltnaturerbes.

✕

Am letzten Tag meines Aufenthalts auf Rügen möchte ich noch einmal an der Küste entlangwandern. In Lohme, im Norden der Halbinsel Jasmund, endet der Hochuferweg. Mir fehlt noch das letzte Wegstück vom Königsstuhl dorthin. Hoch über dem Meer schlängelt sich der Pfad durch die morgendliche Stubnitz. Das noch spärliche Sonnenlicht setzt Akzente, lenkt meine Aufmerksamkeit auf Details, gibt ihnen Bedeutung. Am Wegesrand glänzt eine Pilzfamilie auf einem Totholzstamm. Bei genauer Betrachtung erkenne ich den Buchen-Schleimrübling. Sein weißer Hut ist feucht-glitschig, ein kleiner Tropfen seilt sich langsam von ihm ab. Als Zersetzer von totem Buchenholz sorgt er dafür, dass Nährstoffe für andere Pflanzen frei werden. Bisher

151

habe ich ihn nur auf Fotos gesehen, jetzt kann ich selbst eines machen, für mein Pilz-Album.

Meinen Weg säumen Buchen, deren Rinden je nach Lichteinfall grau bis silbrig schimmern. Ich mag solche Lichtspiele, sie legen sich wie glitzerndes Zauberkonfetti über die Bäume. Vor meiner Reise hätte ich es nicht für möglich gehalten, dass sich Wälder so grundlegend voneinander unterscheiden können. Im Hainich und an der Müritz war der Buchenwald mit viel mehr Unterholz und niedrigem Buschwerk durchsetzt, wirkte wilder und ungezähmter. Die Jasmunder Rotbuchen dagegen sind die elegantesten und anmutigsten Bäume, die ich bisher gesehen habe. Ihre hohen, astfreien Stämme, glatt und schlank, erinnern an überdimensionale Säulen. Erst in etwa fünfzehn Metern Höhe beginnen sie sich zu verzweigen. Unter ihrem geschlossenen Blätterdach habe ich den Eindruck, durch eine riesige Halle zu schreiten. Wenn ich den Blick geradeaus nach vorne richte, ähnelt der Weg dem Kreuzgang einer gotischen Kathedrale. Dieser Wald hat eine ergreifende Ästhetik, die mir richtig ans Herz geht. Ich muss die glatten, kühlen Rinden berühren, um mich zu vergewissern, dass ich nicht träume.

Nach einer Wegbiegung komme ich in einen zauberhaften Waldabschnitt, in dem sich die Wuchsform der Buchen deutlich von jenen unterscheidet, an denen ich die ganze Zeit über vorbeigewandert bin. Meinem Eindruck nach sehen sie aus wie schlanke Frauenkörper, die in einer anmutigen Bewegung verharren. Manche von ihnen erinnern an Balletttänzerinnen, die Arme und Beine in eine künstlerische Pose gewunden. Eine Rotbuche fällt mir besonders ins Auge. Schlangenartige Äste winden sich wie bei einer Medusa aus dem dicken Stamm. Sie wirkt auf mich königlich erhaben. Doch nicht nur sie, auch die Bäume drum herum haben eine ähnliche Ausstrahlung. Für mich sind sie die Königinnen der Kreideküste.

Kurz vor Lohme sehe ich einen riesigen Findling im Flachwasser vor dem Strand liegen, den »Schwanenstein«. Er ist eines der geschützten Geotope von Rügen. Eine einzige Möwe hat sich darauf niedergelassen, ein hübscher weißer Tupfen, der sich von dem rötlichen Gestein abhebt. Wie eine kleine Meerjungfrau thront sie auf der Spitze des pyramidenförmigen Steinkörpers. Am Hafen von Lohme angekommen, beschließe ich, denselben Weg wieder zurückzulaufen. Mir hat dieser Wegabschnitt so gut gefallen, dass ich noch einmal in diese märchenhafte Buchenwelt eintauchen möchte. Inzwischen hat sich der Stand der Sonne verändert und damit auch der Lichteinfall an der Nordküste. Nun stehen andere Naturmotive im Rampenlicht, die von mir entdeckt werden möchten. Ich genieße die Unabhängigkeit und die Freiheit, einfach Entscheidungen treffen zu können, die mir guttun und Freude bereiten. Gewiss gibt es noch viel mehr auf Rügen zu sehen. Aber ich sträube mich dagegen, auf Erlebnisjagd zu gehen. Von einer Sehenswürdigkeit zur nächsten zu hetzen ist nicht mein Ding. Vielmehr möchte ich meiner Seele Zeit geben, all das zu verarbeiten, was ich gesehen habe, was mich bewegt und berührt hat. Ich habe mir mit Rügen einen Kindheitstraum erfüllt, den möchte ich so lange wie möglich wirken lassen. Wo würde mir das besser gelingen als auf dem Hochuferweg entlang der wunderschönen Kreideküste?

In der Piratenschlucht spaziere ich vor der Abreise ein letztes Mal am Strand entlang. In Ufernähe schwimmt ein Gänsesägerpärchen. An ihrem markanten Merkmal, dem roten, schmalen Schnabel, der am Ende wie ein Haken nach unten gebogen ist, habe ich sie erkannt. Das Weibchen taucht ständig seinen rotbraunen Kopf unter Wasser, um die Nahrungslage zu checken. Ich setze mich auf einen Findling und schaue den beiden eine Weile zu.

Was mich noch brennend interessiert, ist der Geschmack des Brackwassers, das ja eine Mischung aus Süß- und Salzwasser ist. Also kraxle ich über das Geröll bis zum Ufersaum und tauche meine Finger ins Meerwasser. Nach der Geschmacksprobe bin ich erstaunt: Es schmeckt weich und süßlich, mit einer minimal salzigen Note. Auf dem unwegsamen Geröll komme ich ins Stolpern und kann mich gerade noch mit den Händen abfangen. Neben meinem Schuh erblicke ich einen außergewöhnlich geformten Feuerstein. Ich hebe ihn auf und stoße einen Freudenjauchzer aus: Es ist ein Hühnergott! An meinem letzten Tag auf Rügen habe ich tatsächlich einen Lochstein gefunden. Er wird auf meinem Regal einen Ehrenplatz bekommen. Glücklich nehme ich Abschied von den weißen Kreidefelsen auf Rügen.

8

Küstenwind

Wildnis am Darßer Ort im Nationalpark Vorpommersche Boddenlandschaft

Im Ostseebad Prerow, auf der Halbinsel Darß-Zingst, werde ich die nächsten Tage verbringen und die Kernzone des Nationalparks Vorpommersche Boddenlandschaft erkunden. Als ich am Campingplatz ankomme, bin ich etwas aufgeregt, denn es erwartet mich eine Premiere: Ich werde in einem Wohnwagen übernachten. Mit Zelten oder Campen habe ich so gut wie keine Erfahrung, was mich aber nicht davon abhielt, mich auf dieses kleine Abenteuer einzulassen, inspiriert von der romantischen Vorstellung, in einem Tiny House zu leben.

Nachdem mich der Platzwart mit den Regeln und den sanitären Anlagen vertraut gemacht hat, stehe ich nun vor meinem Wohnwagen und öffne die Tür. Mein erster Schreck: Es ist ganz schön eng da drin. Mein zweiter Schreck: Es gibt keinen Wasseranschluss. Ach du Schreck, kein fließendes Wasser? Das hatte ich bei der Buchung nicht im Blick. Wie soll das gehen? Ich sitze an dem kleinen Tisch in meinem neuen Zuhause und fühle mich etwas hilflos. Vor solch einer Situation habe ich noch nie gestanden. Egal wo ich bisher übernachtet habe, fließendes Wasser war immer vorhanden, jederzeit verfügbar. Ein Anflug von Panik steigt in mir hoch, und ich stelle fest, dass ich mich gerade völlig überfordert fühle. Für die nächsten fünf Tage muss ich mich von meinen Gewohnheiten verabschieden. Das macht mir Angst. Gleichzeitig wundere ich mich über mich selbst. Was ist eigentlich mein Problem? Bin ich so verweichlicht und verwöhnt? Die Antwort lautet: Ja. Ich bin mein ganzes Leben daran gewöhnt gewesen, in meinem Lebensraum jederzeit einen Wasserhahn aufdrehen zu können. In diesem Moment wird mir bewusst, dass Wasser ein Luxusgut und gar nicht so selbstverständlich verfügbar ist. Ich schäme mich für mein Wohlstandsdenken und den damit verbundenen Anspruch, es so leicht und bequem zu haben wie nur möglich. Zum Glück steht der Wohnwagen nicht weit weg von den Dusch- und Toilettenräumen, auch die Trinkwasserplätze sind schnell erreichbar. Dennoch macht sich Unbehagen in mir breit. Für jeden Tropfen Wasser, für jedes Händewaschen quer über das Gelände laufen? Am liebsten würde ich sofort wieder ausziehen und in ein schickes Hotel wechseln. »Es sind nur vier Nächte, die wirst du doch hoffentlich hinter dich bringen!«, schimpfe ich laut mit mir selbst. »Stell dich nicht so an, dir ist es bisher immer gelungen, dich in neuen Situationen zurechtzufinden. Das ist doch ein Klacks gegen das, was du schon alles hinter dich gebracht hast!«, versuche ich mich zu motivieren. Ja, irgendwie werde ich das hinbekommen, denke ich und atme tief durch.

✕

Bevor ich den Nationalpark auf eigene Faust erforsche, treffe ich am frühen Morgen Ranger Lutz, der mich zu einer Sonnenaufgangswanderung am Darßer Ort eingeladen hat.

Während wir auf dem Leuchtturmweg zu unserem ersten Zielort unterwegs sind, haben wir einen angeregten Austausch. Beide sind wir uns einig, dass die Gesellschaft sehr anspruchsvoll geworden ist und dass diese Haltung mit Umweltschutz kaum in Einklang gebracht werden kann. Mehrmals im Jahr in Urlaub fahren oder gar fliegen, Lichtverschmutzung, Wasserverschwendung und Bequemlichkeit – damit muten wir unserem Planeten, der Natur und ihren Lebewesen einiges zu. Ich fühle mich ertappt und berichte ihm von meinem Wohnwagendilemma und meinen Schwierigkeiten, mit der Situation klarzukommen. Dabei müsste ich nichts weiter tun als zurückzustecken. Lutz meint, dass uns für die wahrhaft wichtigen Dinge im Leben mittlerweile das Bewusstsein fehlt, wie etwa ein Dach über dem Kopf zu haben oder genügend Wasser. Nach seinen Gedankenäußerungen ist mir klar, dass, will man tatsächlich etwas zugunsten der Natur verändern, Verzicht unumgänglich ist: weniger Autofahren, Strom und Wasser sparen, den Konsum insgesamt nachhaltiger und bewusster gestalten. Dass das gar nicht so einfach ist, erlebe ich gerade selbst. Allerdings bin ich jetzt noch motivierter, die für mich neue Wohnsituation zu meistern.

Noch bevor die Sonne aufgeht, sind wir an einer Beobachtungsplattform angelangt.

»Von hier können wir am besten den Flug der Zugvögel beobachten«, meint Lutz und holt seine Kamera heraus. Die ersten Gänse überfliegen unseren Standort. Freudige Aufregung lässt mein Herz schneller schlagen. Nach und nach stoßen weitere Fotografen zu uns und richten ihre Stative auf der Plattform aus. Man kennt sich untereinander, wie ich nebenbei mitbekomme. Ich begutachte die riesigen Objektive der versammelten Truppe nicht ohne Neid, und mir kommen echte Zweifel, ob ich mit meiner bescheidenen Ausrüstung überhaupt einen Vogel ordentlich fotografieren kann. Ein Schwarm Nonnengänse fliegt über uns hinweg.

»Die sind müde und wollen rasten«, erklärt Lutz, der mit seinem Fernglas den Schwarm im Blick hat. »Wir können es von hier nicht sehen, aber dort vorne ist Wasser. Bevor sie landen, überfliegen die Gänse das Gebiet und vergewissern sich, dass keine Feinde in Sichtweite sind. Jetzt gehen sie runter!«, kommentiert er seine Beobachtungen. Inzwischen hat sich der Himmel orangefarben verfärbt, die Sonne geht auf und schüttet ein wohltuend warmes Licht über die Boddenlandschaft. Um mich herum klicken die Kameras. Ich weiß gar nicht genau, wo ich hinschauen muss.

»Weißhorngänse im Anflug!«, höre ich jemanden rufen. Hastig reiße ich die Kamera hoch und habe auf Anhieb ein paar Tiere im Visier.

»Sieh dort. Ein Kormoran!« Lutz deutet auf einen schwarzen Punkt am Himmel, der sich langsam nähert. Plötzlich wird es hektisch auf der Plattform. Stative werden umgestellt und neue Positionen eingenommen. Was ist denn jetzt los?

»Ein Rothirsch! Dort drüben!«, ruft einer der Fotografen aufgeregt.

Es dauert einen Augenblick, bis ich den Hirsch mit seinem mächtigen Geweih in dem hohen Schilfgras entdecke. Ich knipse wild drauflos und hoffe inständig, dass ich auf die Schnelle die richtigen Einstellungen gewählt habe. Ist das aufregend, ich fühle mich wie auf einer Fotosafari. Ein Schwarm Drosseln flattert über uns hinweg. Wie hübsch sie aussehen mit ihrem getupften Federkleid. Aus der anderen Richtung kommen Höckerschwäne in

Formation angeflogen. Mit ihrer über zwei Meter messen-
den Flügelspannweite verursachen sie deutlich hörbare
Fluggeräusche. Überhaupt ist es interessant, wie sich die
Flugstile der Vogelarten voneinander unterscheiden. Wild-
gänse und Schwäne beispielsweise sind im Ruderflug unterwegs – erkennbar am häufigen Flügelschlagen. Das ist
anstrengender als der Gleitflug, mit dem Kraniche durch
die Lüfte segeln. Sie bewegen nur gelegentlich ihre Flügel
und können dadurch längere Strecken am Stück zurücklegen. Wenn Kraniche vorüberfliegen, wird es mir immer
warm ums Herz. Ihre trompetenartigen Rufe hallen tief in
meine Seele hinein und lassen mich ein wohliges Stück
Kindheit fühlen. Plötzlich ereignet sich am Himmel eine
kleine Sensation. Ein Kolkrabe jagt einer Möwe hinterher.
Lutz erklärt mir, dass der Rabe die Möwe bedroht und an-
greift, damit diese ihren Fischfang fallen lässt.

»So etwas sieht man selten«, meint Lutz und reicht mir
sein Fernglas, damit ich den Beuteflug des Kolkraben besser verfolgen kann. In ein Fernglas zu schauen ist gar nicht
mal so einfach, wie ich feststelle. Ich bin viel zu zappelig
und bekomme den Räuberraben einfach nicht scharf. Und
dann ist das Schauspiel auch schon vorüber. Ob der Kolkrabe letztendlich Erfolg hatte, habe ich leider nicht mitbekommen. Als langsam Ruhe auf der Plattform einkehrt
und der Vogelzug vorüber zu sein scheint, macht sich Auf-
bruchsstimmung breit. Die Fotografen packen zusammen,
wechseln noch ein paar Worte miteinander, während sie
den Beobachtungsstand verlassen und in verschiedene
Richtungen entschwinden. Auch wir machen uns wieder
auf den Weg und wandern auf dem Leuchtturmweg in
Richtung Darßer Ort. Da dies mein erster Besuch in Meck-
lenburg-Vorpommerns Boddenlandschaft ist, versorgt
mich Lutz unterwegs mit Hintergrundwissen zur Entste-

hung der Ostsee und der Dünenlandschaft, durch die wir laufen.

Über die Jahrhunderte sorgte das Schmelzen der eiszeitlichen Gletscher zu einem globalen Anstieg des Meeresspiegels. Davon waren zuerst die Ozeane betroffen. Das vom Eis freigelegte Ostseebecken lag etwas höher als die Nordsee und war von ihr weitgehend abgetrennt. Schmelzwasser und das Süßwasser der Flüsse stauten sich in ihm und begannen es aufzufüllen. Als vor etwa neuntausend Jahren der Weltmeeresspiegel weiter anstieg, flutete Salzwasser der Nordsee ins Becken – das Brackwassermeer Ostsee entstand. Etwa dreitausend Jahre später, also vor sechstausend Jahren, hatte die Ostsee ungefähr den Wasserspiegel des heutigen Niveaus erreicht. Höher gelegene, vom Wasser eingeschlossene Landflächen wurden zu Inseln, die in den folgenden Jahrtausenden durch Sandverlagerungen zusammenwuchsen. Es bildeten sich Strandwälle, dann Sandhaken und schmale Landzungen, die Buchten vom Meer abtrennten und Lagunen bildeten – die heutigen Bodden. Bis heute sind Küstenabschnitte von Fischland-Darß-Zingst und Hiddensee diesen dynamischen Prozessen unterworfen, darunter der Darßer Ort, eine Landzunge an der nördlichsten Spitze der Darßer Halbinsel, die jährlich etwa zehn Meter in die Ostsee hineinwächst. Diese Küstendynamik ist einzigartig an der deutschen Ostseeküste und für den Nationalpark Vorpommersche Boddenlandschaft ein Alleinstellungsmerkmal.

Der Leuchtturmweg folgt dem Küstenverlauf, erfahre ich von Lutz. Irgendwann wird er verschwunden sein, denn die Küste wird jährlich um etwa sechzig Zentimeter abgetragen. Man kann nicht zu hundert Prozent vorhersagen, was geschehen wird. Würde man jedoch hier Küstenschutz betreiben, um die Abtragung aufzuhalten, würde es dieses

Land so nicht geben. Gerade weil es diesen Schutz nicht gibt, kann sich die Dynamik frei entfalten und die Küste täglich neu erschaffen und gestalten. Besonders deutlich zu sehen ist das am Darßer Ort, wo wir nun ankommen. Als Teil der Kernzone ist das gesamte Gebiet ausschließlich der Tier- und Pflanzenwelt vorbehalten. Bereits zur DDR-Zeit wurden großflächig Gebiete entlang der Boddenküste als Naturschutzgebiete ausgewiesen, die in etwa der heutigen Kernzone des Nationalparks entsprechen. Für Besucher herrscht hier striktes Betretungsverbot. Ähnlich wie auf den mit Flechten bewachsenen Blockhalden, die ich im Hunsrück gesehen habe, wirken sich auch hier an diesem Strand Trittschäden negativ auf das Ökosystem aus und vernichten Lebensraum für störungsempfindliche Kleinlebewesen wie Strandflohkrebse oder Fliegenlarven. In einiger Entfernung kann ich von der Absperrung aus eine große Kolonie Kormorane sehen, die sich auf dem weitläufigen Sandstrand niedergelassen haben. Mir fällt auf, dass der Strand sich von den Badestränden grundlegend unterscheidet. Es liegen Steine herum, angeschwemmte Algen, und zu den Dünen hin ist Vegetation zu erkennen. So sieht also ein Strand aus, der in Ruhe gelassen wird.

Strände sind Extremstandorte, die starkem Wind, Sandverwehungen und Überflutungen mit salzhaltigem Wasser ausgesetzt sind. Pflanzen und Tiere, die hier überleben wollen, müssen mit diesen schwierigen Lebensbedingungen zurechtkommen können. Vor den ansteigenden Dünen entdecke ich kleine Sandhügelchen, aus denen spärlich Gräser herauswachsen.

»Das ist Strandhafer«, klärt mich Lutz auf und schildert, wie die Dünenlandschaft entstanden ist, auf die wir schauen. Bereits am Strand bilden sich aus Sandverwehungen Primärdünen. Die kleinen Hügel, die ich entdeckt habe, gehören dazu. Ich bin verblüfft, dass es verschiedene Dünenformen gibt. Bisher war für mich alles einfach nur Düne. Insgesamt ist der Strandbereich vegetationsarm, nur wenige Grasarten können hier gedeihen. Diese haben allerdings eine bedeutende Funktion, denn mit ihren Wurzeln halten sie den Sand fest. Für einige Vogelarten und Insekten sind diese kleinen Standorte bereits beliebte Brutplätze. Das war mir nicht bewusst, und ich kann immer besser nachvollziehen, warum diese Gebiete vor jeglichen Störungen geschützt werden müssen. Auch angewehter Sand wird von den Pflanzen aufgefangen, wodurch sich die kleinen Sandhügel vergrößern und zu einer Weißdüne heranwachsen. Ohne Vegetation in diesen Strandabschnitten könnte sich keine weitere Natur entwickeln. Durch Absterben des Strandhafers gelangt nämlich Humus in den Boden, der für die folgende Pflanzengeneration wichtig ist. Hat sich genügend Humus gebildet, vergrößert sich die Pflanzendecke, und aus der Weißdüne wird eine Graudüne – erkennbar an der gräulichen Farbe des Sands. Die Humusbildung schreitet weiter voran, und es siedeln sich Rentierflechten, Seggen, Dünen-Stiefmütterchen und weitere standorttypische Pflanzen an. So wird die Dünenlandschaft über viele Jahrzehnte immer älter, die Graudüne reift zur Braundüne, und es folgt das Vorwaldstadium mit Krähenbeeren, Kiefern und Wacholder auf der Nordseite der Dünen. Im nächsten Entwicklungsschritt ereignet sich, was wir bereits aus den anderen Nationalparks kennen: Pionierbaumarten mischen sich in den lichten Kiefernwald. Das Ende der Sukzession – das Hauptwaldstadium – würde nach ein paar Jahrhunderten, sofern die Bodenverhältnisse es zuließen, die Rotbuche einleiten. Mit diesem Exkurs hat Lutz meine Wahrnehmung und mein Verständnis von den Lebensräumen Strand und Dünen bereichert und nachhaltig verändert.

Als Ranger macht Lutz auch Führungen im Nationalpark. Von Leuten, mit denen er hier unterwegs ist, hört er oft den Ausspruch: »Jetzt fühle ich mich geerdet.« Er ist der Meinung, dass die Boddenlandschaft in uns Menschen etwas wachrüttelt, was wir seit der Eiszeit in uns tragen.

»Warum mögen wir solche Landschaften wie den Darßer Ort?«, beginnt Lutz seine These zu formulieren. »Es sind die großen Weiten der Offenlandschaft, die uns an die eiszeitlichen Steppen und Tundren erinnern und in denen wir uns seit jeher wohlfühlen. Wir können von Weitem Feinde ausmachen, haben alles im Blick und genügend Fluchtmöglichkeiten.« Da ist was dran, finde ich, auch ich fühle mich geerdet.

»Außerdem fällt uns die Orientierung leichter als im dichten Wald«, fügt er hinzu. Ich denke über seine Worte nach und erzähle ihm von meinem bedrückenden Walderlebnis im Nationalpark Hainich, wo ich festgestellt habe, dass ich, sobald ein Wald etwas düsterer und undurchdringlicher wird, Beklemmung spüre. Und das, obwohl ich ansonsten keine Angst im Wald habe.

»Das kann gut sein. Möglicherweise kommt da eine innere Unruhe zum Vorschein, da wir merken, da ist so etwas wie ein ›Wesen des Waldes‹, dem wir uns ausgesetzt fühlen und das uns klein erscheinen lässt.« Ein »Wesen des Waldes« – diese Beschreibung gefällt mir. Sie trifft ganz gut das, was ich in einer Waldwildnis schon häufiger wahrgenommen habe: das Gefühl, nicht allein zu sein, dass mich etwas »Wesenhaftes« umgibt.

Noch immer weiß ich nicht, was es mit dem Begriff »Bodden« auf sich hat, und bitte Lutz darum, es mir zu erklären. Das niederdeutsche Wort bedeutet »Boden« oder »Grund«. Bodden sind Lagunen, flache Küstengewässer, die durch schmale Landzungen und Halbinseln von der Ostsee abgeschnürt sind. Lediglich schmale Flutrinnen haben noch eine Verbindung mit dem Meer, wodurch ein eingeschränkter Wasseraustausch stattfindet. Bodden sind gesäumt von Schilfröhrichten und Salzgrasland. Nur Tier- und Pflanzenarten, die mit dem schwankenden Gemisch aus Salz- und Süßwasser zurechtkommen, können hier existieren. Röhricht hat eine wichtige Aufgabe im Ökosystem der Bodden: Es filtert Nährstoffe aus dem Brackwasser und bildet Schilftorf.

An der Adlerplattform treffen wir erneut auf die Fotografen, die schon bereitstehen, um im richtigen Moment ihre Fotos machen zu können. Lutz zeigt mir zwei Seeadler, die auf einer Sandbank sitzen, wartend und beobachtend. Ein paar Rothirsche ziehen über die küstennahe Steppe. Schweigsam stehen wir beisammen und beobachten jeder für sich die Tiere. Jetzt hat ein ganzes Rudel Rothirsche die Fläche für sich eingenommen. Manche sind auf Futtersuche, manche liegen im hohen Gras und strecken ihre schmalen, grazilen Köpfe heraus. Auf einmal bricht wieder allgemeine Hektik aus.

»Der Seeadler fliegt los!«, ruft jemand aufgeregt. In diesem Moment bemerke ich, dass alle Wasservögel, die zuvor gemütlich zwischen den Schilfgürteln herumschwammen, wie auf ein Kommando hochflattern.

»Wenn Vögel so plötzlich aufsteigen, ist ein Feind in der Nähe«, erläutert Lutz für mich das Geschehen. Jetzt sehe ich ihn, den größten europäischen Adler und König der Lüfte, wie er mit seinen braunen Schwingen über das Gebiet gleitet. Er muss kaum mit den Flügeln schlagen und ist dennoch schnell wie ein Pfeil. Zu seiner bevorzugten Beute gehören schwimmende Vögel. Insgeheim hoffe ich, dass alle Enten die Bedrohung aus der Luft mitbekommen und sich in Sicherheit gebracht haben. Um mich herum klicken die Kameras, dazwischen Begeisterungsrufe.

»Da ist noch einer!« Jemand stupst mich an und deutet zum Himmel. Donnerwetter, beide Seeadler fliegen nun dicht hintereinander her. Haben sie sich jetzt zusammengetan und jagen zu zweit? Gespannt beobachte ich mit den anderen, was sich am Himmel abspielt. Von der ganzen Aufregung unbeeindruckt, schreitet in aller Seelenruhe ein Graureiher vor einer Schilfinsel durchs flache Wasser. Ich schmunzle über seine scheinbare Gelassenheit. Auf mich wirkt er wie ein ausgleichendes Moment in dem ganzen Trubel.

Am Leuchtturm und am Ende unserer Wanderung angekommen, lädt mich Lutz noch zu einem Kaffee in sein Büro ein. Wie ich sehe, hat auch er ein paar Steine gesammelt, sogar Fossilien sind dabei. Es entsteht ein reger Austausch über Gesteine, Fehler der Vergangenheit und Klimaschutz.

»In den Nationalparks kann man wunderbar beobachten, wie Evolution abläuft«, sinniert Lutz und wirft ein paar Fragen in den Raum, die mich zum Nachdenken anregen. Wie gehen die Wälder mit unserem Klima um? Wie reguliert die Natur Einflüsse von außen – egal ob von Menschenhand oder durch Umweltphänomene? Wie findet natürliche Auslese statt? Welche Veränderungen insgesamt ereignen sich in den Wäldern? Wenn Buchen kein Wasser mehr haben, so wie in den Jahren 2018 und 2019, lassen sie ihre Krone kahl werden und versuchen mit der mittleren kleineren Krone zu überleben. Wenn es dann in den Folgejahren wieder mehr regnet, verdichten sie die Kronen oben wieder.

Auch die Eiche wirft bei Trockenheit Äste ab, lässt die Hälfte ihrer Krone fallen, damit sie weniger Wasser benötigt.

»Vieles davon haben wir noch nicht wirklich erforscht und werden es auch nicht erforschen können«, weiß Lutz, »denn das ist eine generationenübergreifende Entwicklung, deren Ergebnis wir nicht erleben werden.« Er ist davon überzeugt, dass mindestens dreißig Prozent unserer Erde unter Schutz gestellt werden sollten. Nach seiner Auffassung müssen die Menschen dringend von ihrem überheblichen Luxusdenken Abstand nehmen und der Erde Freiraum geben. Die Erde trägt uns Menschen. All unsere Nahrungsmittel kommen aus der Natur. Wir müssen begreifen, dass Natur und Evolution uns überlegen sind. Wir können noch so viel aufforsten, doch wenn die natürliche Vielfalt, das natürliche Gleichgewicht fehlt, bekommen wir Schwierigkeiten, wie wir es aktuell überall in unseren Fichtenwäldern sehen können. Die Natur fragt uns nicht um Erlaubnis, sie reagiert einfach. Am Beispiel Tschernobyl schildert mir Lutz, welche Fähigkeiten die Natur hat. Trotz der Verseuchung durch die Atomkatastrophe baut die Natur dort um. Sie kompensiert, strukturiert neu und entwickelt sich. Menschen können dort nicht mehr leben, aber die Natur lässt Neues entstehen und schafft trotz alledem eine Wildnis. Man kann sagen, dass sie unsere Fehltritte wiedergutmacht. Das zeigt auch, wie mächtig Natur ist. Eine Macht, die wir nicht steuern können, die wir aber brauchen, um die von uns erzeugten Katastrophen notfalls zu reparieren. Wenn wir ihr jedoch nicht die Möglichkeit geben, ein intaktes und funktionierendes Ökosystem zu sein, nehmen wir ihr die Fähigkeit, auf jegliche äußeren Einflüsse zu reagieren. Deshalb dürfen wir die Natur und Mutter Erde nicht als Bedrohung oder gar als Feindin betrachten. Wir müssen lernen, mit ihnen zu leben und uns nicht über sie zu erheben. Aus dem Ranger spricht Erfahrung, tiefe Überzeugung und Weitsicht. Vieles von dem, was er sagt, klingt in mir nach und erweitert meinen Blick und mein Verständnis dafür, wie alles miteinander zusammenhängt, sich gegenseitig beeinflusst und bedingt. Es war ein sehr bereichernder Tag für mich. Zum Abschied schenkt mir Lutz die Versteinerung eines Seesterns, die schätzungsweise siebzig Millionen Jahre alt ist. Dankbar nehme ich den kleinen Schatz in Empfang und weiß auch schon, wo auf meinem Gesteinsregal er einen Platz haben wird – direkt neben dem Hühnergott von der Insel Rügen.

Mir haben die Abschnitte auf dem Leuchtturmweg so gut gefallen, dass ich beschließe, den Weg noch einmal komplett zu gehen und mir mehr Zeit für Tierbeobachtungen zu nehmen. Mich interessieren besonders die Strandabschnitte um den Darßer Ort, die man betreten darf und von denen aus man die vielen Vögel auf den Nehrungen sehen kann. Als ich mich auf den Weg mache, wirbelt der Herbstwind kräftig durch die Baumkronen und schüttelt alles herunter, was nicht angewachsen ist. Heidekraut und Heidelbeersträucher bedecken den Boden des lichten Kiefernwalds, durch den ich anfangs laufe. Nach etwa einer Stunde Wanderzeit erreiche ich den Leuchtturm und die wundervolle Dünenlandschaft, die ich am Tag zuvor kennengelernt habe. Auf einem Holzbohlensteg laufe ich über die jungen Dünenflächen, dann durch die älteren Graudünenbereiche. Großflächig wachsen Rentierflechten zwischen Silbergras und Sandseggen. Mein Blick fällt ringsum über die Hügel. Vor mir liegt die gesamte Entwicklung, die hier von der Natur vollzogen wurde. Ich erkenne die verschiedenen Dünenarten mit ihrer speziellen Vegetation und bin dankbar für das neue Puzzleteil, das sich in mein Deutschlandbild einfügt.

Vor ein paar kleinwüchsigen Kiefern, die alle auffällig in eine Richtung wachsen, bleibe ich stehen. Lutz hat mir erklärt, dass sie Windflüchter genannt werden. Der vorherrschende Westwind lässt kein Wachstum in die Höhe zu, die Kiefern haben keine andere Möglichkeit, als mit der Hauptwindrichtung nach Osten zu »flüchten«. Das sieht man ihnen an, richtig windschief sind sie. Je weiter ich mich von den Küstendünen entferne, desto dichter wird der Baumbewuchs. In diesen Vegetationsabschnitten ist die Waldentstehung schon fortgeschrittener. Bis jetzt gestaltet sich der Leuchtturmweg sehr abwechslungsreich. Kiefernwäldchen und Offenland – diese Kombination gefällt mir. Ausgedehnte Schilfgürtel umsäumen die Strandseen, an denen ich nacheinander vorbeikomme. Mal durchquere ich auf einem Bohlensteg ein Schilfgebiet, dann geht es wieder auf einem sandigen Weg durch herrlichen Mischwald. Es ist ein Freudenfest für meine Sinne.

Am Ottosee gibt es einen Übergang zum Prerower Strand, an dem ich mit Vorfreude auf Vogelbeobachtungstour gehe. Eine Absperrung, die ein ganzes Stück ins Meer hineinreicht, trennt den Kernzonenbereich des Darßer Orts vom restlichen Strand. Was sehe ich auf dem Geländer? Kormorane. Wie auf der Seebrücke in Sassnitz sitzen sie nebeneinander und trocknen ihre Flügel. Etwas abseits von ihnen haben sich Rotschnabelmöwen niedergelassen. Sie sind zierlicher als die Seemöwen und haben knallrote Schnäbel und Füße. Richtig hübsch sehen sie aus. Auf einem breiten Sandstreifen im flachen Küstenwasser entdecke ich ein paar witzige Vögel. Sie stehen nebeneinander und flitzen ständig hin und her. Das sieht lustig aus, so als ob sie Reise nach Jerusalem spielen würden. Im Sand etwas oberhalb des Strands sitzt eine Gruppe Fotografen zusammen. Ich spreche sie an und frage, ob sie mir sagen können, was das für Vögel sind.

»Das sind Sanderlinge. Die sind unermüdlich, rennen immer den Wellen hinterher, um Nahrung aufzuspüren«, ruft mir einer der Männer zu.

Neben der Gruppe Sanderlinge sehe ich zwei weitere Vögel, die ich noch nie zuvor gesehen habe. Ein hellbrauner, etwa entengroßer Vogel, der mit seinem langen spitzen Schnabel im Ufersaum herumstochert, und ein ebenso im Sand stochernder schwarz-weißer Vogel mit einem langen roten Schnabel. Bestimmt kennen die Fotografen auch diese beiden, denke ich und frage sie noch einmal.

»Der braune Vogel ist eine Pfuhlschnepfe und der schwarz-weiße ein Austernfischer. Zum ersten Mal hier?«, werde ich gefragt. Beschämt nicke ich und gehe wieder hinunter, ganz nah ans Wasser, und beobachte in aller Seelenruhe das Treiben der Vögel. Stundenlang wandere ich am Strand entlang, setze mich ab und zu in den Sand, schaue in die Ferne oder halte Ausschau nach weiteren Vogelarten. Zeit spielt keine Rolle mehr.

Erst als das Sonnenlicht einen goldenen Schimmer bekommt und eine warme Abendstimmung verbreitet, mache ich mich auf den Weg zurück nach Prerow, wo mein Wohnwagen auf mich wartet. Mein Unbehagen ist nach der ersten Nacht gewichen, es war sogar richtig gemütlich in dem breiten Bett. Zwar ist noch immer alles etwas umständlich, doch ich habe ein Dach über dem Kopf und den Strand direkt vor der Tür. Mehr brauche ich gerade nicht.

✕

Am Tag vor meiner Abreise wandere ich an der Westküste entlang, eine Etappe der drei »Darßer Sternentouren« von

Ahrenshoop nach Prerow. Anfangs geht es am Fischland-kliff entlang, das sich wie eine Wand in fünfzehn Meter Höhe erhebt. Ähnlich wie die Steilküste auf Rügen ist auch das Fischland-Hochufer zwischen Wustrow und Ahrens-hoop der Erosion ausgeliefert. Laut Informationstafel ist es das »am meisten von der Abtragung betroffene Ufer an der Ostseeküste von Mecklenburg-Vorpommern«. Pro Jahr weicht hier die Küste um etwa einen halben Meter zurück. Ich möchte der unbändigen Kraft und Energie des Meeres ganz nah sein und nutze die nächstmögliche Gelegenheit, direkt am Strand weiterzulaufen. Der Meereswind pfeift mir um die Ohren, lässt Möwen wie kleine Drachen auf-steigen, hält sie stehend in der Luft, bis sie von selbst wie-der abdrehen. Es ist zwar beschwerlich, durch den wei-chen Sand zu stapfen, doch es ist eine willkommene Anstrengung. Meine Fitness nimmt täglich zu, was sich positiv auf mein Körpergefühl auswirkt. Insgesamt stelle ich auch eine Veränderung in meiner Selbstwahrnehmung fest. Mein Bauchgefühl ist wieder lebhafter und mutiger, ich höre mehr darauf, was es mir zuflüstert, und treffe da-nach meine Entscheidungen. So oft wie möglich gebe ich meinen kindlichen Bedürfnissen Raum, indem ich mir Zeit lasse für Beobachtungen – im Großen wie im Kleinen. Dadurch, so scheint mir, finden Kopf und Bauch wieder mehr zusammen. Ich habe das Gefühl, mit allem im Ein-klang zu sein.

Wieder einmal vertrödele ich die Zeit mit Fotografieren, verliere mich in den Anblicken, sehe ständig neue Motive und verliebe mich richtiggehend in die Umgebung. Über dem Festland braut sich ein Unwetter zusammen. Aus der Ferne schaue ich auf den dunklen Regen, der wie dünne, feine Fäden zwischen Himmel und Erde hängt. Dicke schwarze Wolken türmen sich weiter auf, bilden einen fantastischen Farbkontrast zu den weißen Dünen mit ihren grünen Grasbüscheln.

Während ich mich in der Betrachtung der Umgebung verliere, fällt mir auf, dass die Dünenlandschaft hier am Weststrand anders aussieht als am Darßer Ort. Hier wächst ein äußerst beeindruckender Dünen-Kiefernwald, der durch Wind und Wetter gestaltet wurde. Windschief und bizarr sind die Bäume und Büsche gewachsen, auch Rotbuchen stehen dazwischen, und ich freue mich über den Anblick der silbrigen Rinden. Der stetige Küstenrückgang macht auch vor den Bäumen nicht halt. Teilweise sind Wurzeln freigespült und unterhöhlt, die Vegetationsschicht des Waldbodens hängt an manchen Stellen wie ein ausgefranster Teppich über niedrigen Dünenabbrüchen. Hier zeigt sich die ganze Kraft und Urgewalt des Küstenwindes. Fast bin ich etwas enttäuscht, als mich der Wanderweg vom Strand weg in den Darßwald leitet. Doch kaum bin ich eingetaucht, nimmt mich auch hier die Atmosphäre gefangen. Kiefern und Birken zeichnen ein lichtoffenes, liebliches Waldbild. Hinzu kommt der weiße Dünensand am Boden, der noch einen Hauch Südseeflair hineinzaubert. Recht bald jedoch habe ich das Meer mit seinem luftig-leichten Ambiente hinter mir gelassen, der Wald wird dichter und gleicht nun mehr einer Wildnis. Etwa zwanzig Minuten laufe ich, bis der helle, freundliche Kiefernwald in dunkler werdenden, geheimnisvollen Mischwald mit Altbuchenanteil übergeht. Manche Bäume schätze ich anhand ihrer dicken Stämme auf mindestens zweihundert Jahre, darunter mächtige Baumgestalten mit skurrilen Wuchsformen und knolligen Auswüchsen. Mir kommt ein Satz von Lutz wieder in den Sinn: »Man sieht einem alten Baum sein Leben an. Er vertuscht es nicht, er altert in Würde, mit all seinen Wunden und Narben.« Wie recht er hat.

Erneut verändert sich die Natur um mich herum, und der mystische Buchenwald wird von einem Sumpfgebiet abgelöst. Schmale weiße Birkenstämme ragen aus dem Morast. Ich schaue in diese ungebändigte Wildheit und komme mir vor wie in einer märchenhaften Anderswelt. So etwas habe ich in dieser Kombination noch nie gesehen.

Als es schon langsam zu dämmern beginnt, erreiche ich die ersten Häuser von Prerow und freue mich nun auf meine letzte Nacht im Wohnwagen. Trotz meiner anfänglichen Bedenken habe ich mich nämlich über die Tage ganz gut mit der Wohnsituation arrangiert. Nachdem ich herausgefunden hatte, dass es Wasserkanister gibt und große Waschschüsseln, mit denen man im Vorzelt Geschirr spülen kann, war meine Unsicherheit verschwunden. In den letzten vier Tagen habe ich gelernt, meine Ansprüche herunterzufahren und mich mit dem, was ich habe, zufriedenzugeben. Am Anfang meiner Reise hatte ich mir vorgenommen, alles anzunehmen, was kommt. Manchmal mag das zwar eine Herausforderung sein, doch nun bin ich stolz darauf, dass es mir gelungen ist. Ich würde alles genau so wieder tun. Das intensivste Gefühl dieser Tage, das ich neben Glück und Naturverbundenheit wahrgenommen habe, ist Demut. Morgen reise ich weiter ans Wattenmeer und gehe dort auf Spurensuche. Welches Puzzleteil für mein Deutschlandbild werde ich finden?

9

Gezeitenleben

Inselwandern im Nationalpark Wattenmeer

Als ich in Norddeich ankomme und mich über Wattwanderungen und Inselfahrten informiere, wird mir klar, dass meine Reiseplanung für den Nationalpark Wattenmeer mangels Erfahrung recht naiv war. Hier läuft man nicht einfach drauflos, so wie ich es bisher gewohnt war. Jede Wanderung ins Watt muss im Hinblick auf die Gezeiten und das damit verbundene begrenzte Zeitfenster genau geplant sein. Es gibt sogar für jede Region an der Nordseeküste eigene Gezeitenkalender. Ich wundere mich über mich selbst, dass ich mich vorab nicht besser informiert habe. Dennoch finde ich für die Dauer meines Aufenthalts im Nationalpark Wattenmeer zwei passende Angebote, die ich buchen kann: eine Wattwanderung nach Baltrum und eine Fahrt zur Insel Langeoog. Das klingt doch vielversprechend.

Gegen Abend schlendere ich am Deich entlang und lasse die neue Umgebung auf mich wirken. Gerade ist Ebbe, und ich schaue auf das Watt, in dem ein paar Leute herumwaten. Auf den Rasenflächen hinter dem Deich lassen Kinder mit ihren Eltern Drachen steigen. Geschickt hantieren sie mit den Schnüren und lassen ihre bunten Drachen kunstvolle Figuren fliegen. Gedämpfte Musik dringt aus den Lautsprechern der Strandbar, verbreitet eine unbeschwerte, leichte Urlaubsatmosphäre, in die ich mich entspannt hineingleiten lasse. Mit einem Cocktail in der Hand sitze ich auf der Deichwiese und beobachte die Möwen, die in Scharen umherfliegen. Frech nähert sich eine Silbermöwe und setzt sich wenige Meter entfernt neben mich. Bisweilen sind die Möwen ganz schön aufdringlich, vor allem dann, wenn man etwas Essbares in der Hand hält. Ich finde Möwen hübsch und schaue ihnen gerne beim Fliegen zu. Über den roten Punkt an ihrem Schnabel habe ich nie näher nachgedacht. Erst seit ich im Nationalparkzentrum auf Rügen mehr über diese Meeresvögel erfahren habe, weiß ich, was es mit diesem Merkmal an der Schnabelspitze auf sich hat: Bei den Jungtieren löst es einen Schlüsselreiz aus. Pickt ein Junges auf den roten Fleck, würgt der Altvogel Nahrung aus seinem Schlund.

Während ich auf die Weite des Wattenmeers schaue und an meine bevorstehende Wattwanderung denke, spüre ich ein unbehagliches Kribbeln im Bauch. Vor der Flut habe ich großen Respekt und fürchte mich auch ein wenig vor ihr. Gleichzeitig bin ich aber auch neugierig und freue mich darauf, die größte zusammenhängende Wattlandschaft der Welt kennenzulernen, die es nur an der Nordseeküste gibt. Ich bin etwas stolz auf die Einmaligkeit dieser Gezeitenlandschaft, denn sie war für die UNESCO ein Grund, das Wattenmeer 2009 in die Liste der Weltnaturerbestätten aufzunehmen. Bis kurz nach Sonnenuntergang sitze ich auf dem Deich, dann wird es mir zu kalt, und ich spaziere zur Strandbar hinüber. Dort mache ich die Bekanntschaft von

Hanna, die wie ich in Norddeich Urlaub macht. Sie ist am Jadebusen aufgewachsen, doch lebt sie schon seit über dreißig Jahren nicht mehr hier. An die Küste ihrer Heimat zieht es sie aber regelmäßig zurück. Sie fragt mich, was ich alles unternehmen möchte, und so berichte ich ihr von meinen geplanten Ausflügen und gestehe ihr meine Furcht vor dem Watt.

Hanna meint, dass diese Furcht gar nicht so unbegründet ist. Im Schulunterricht haben sie als Kinder alles übers Watt und die Gezeiten gelernt. Ihnen war stets bewusst, dass man die Nordsee mit all ihren Gefahren besser nicht unterschätzt. Für sie als Einheimische war es unerklärlich, weshalb Urlauber scheinbar ohne groß nachzudenken ins Watt marschiert sind. Immer wieder hörte man Geschichten über Touristen, die aus dem Watt gerettet werden mussten. Das wird mir definitiv nicht passieren, denn alleine durchs Watt zu laufen ist für mich keine Option.

»Hast du auch schon einmal eine Sturmflut erlebt?«, frage ich Hanna.

»Nein, zum Glück nicht«, antwortet sie und erzählt von ihrem Vater, der beim Wasser- und Schifffahrtsamt gearbeitet hat. Wenn er am Abend ins Amt gerufen wurde, war der Familie sofort klar, dass »etwas Schlimmes« im Anmarsch war.

»Ich hatte da immer ein mulmiges Gefühl«, erinnert sie sich. Auch für den Vater waren das Situationen mit hoher Anspannung, denn die Entscheidung, einen Alarm auszulösen, war schwerwiegend. Damit wurde die komplette Notfallkette aktiviert, die beispielsweise bei einer Sturmflut vorgesehen war.

»Vor Naturgewalten habe ich großen Respekt«, schließt Hanna ihre Kindheitserinnerung ab. Da stimme ich zu, mir geht es genauso.

Bei dem Gedanken, in wenigen Tagen das Meer zu verlassen und mich wieder in die Welt der Mittelgebirge zu begeben, spüre ich schon jetzt einen leisen Abschiedsschmerz. Wie muss das erst für Hanna sein, wenn sie wieder abreist?

»Verspürst du eine Sehnsucht nach dem Meer, wenn du nicht hier bist?«, frage ich sie vorsichtig.

»Diese Sehnsucht ist immer in mir.« Hannas Augen werden feucht, während sie das sagt und auf das Meer hinausblickt. Ich erkenne, dass sie eine tiefe, emotionale Bindung an ihre Heimat hat.

»Mir fehlt das Wasser, das Rauschen der Wellen und der Blick auf das Meer«, ergänzt Hanna mit weicher Stimme. »Und die ›steife Brise‹«, gibt sie lachend zu. »Hier an der Küste herrscht einfach ein anderer Windgang als im Landesinnern. Wenn mir der starke Wind um die Ohren bläst, fühlt sich das richtig gut an.« Jetzt lachen wir beide, und ich bin dankbar für diese nette und warmherzige Begegnung.

»Obwohl ich schon lange nicht mehr an der Nordsee wohne, habe ich immer ein Gefühl von Heimat, sobald ich hier bin. Ich glaube, ich bin mit dem Meer verbunden«, meint Hanna nachdenklich. Das kann ich nachvollziehen, auch ich fühle mich zum Meer hingezogen.

Es ist mein zweiter Tag im niedersächsischen Nationalpark. Mit der Fähre setze ich über auf die »Lange Insel« Langeoog und zum ersten Mal einen Fuß auf eine ostfriesische Insel. Wie der Name bereits andeutet, ist Langeoog eine lang gestreckte Insel. Bis zu den an der östlichen Inselspitze gelegenen Seehundbänken ist es zu Fuß leider zu weit. Da ich nur wenige Stunden auf der Insel habe, bis die Fähre wieder zum Festland zurückfährt, gestalte ich mir die Wanderzeit nicht zu straff. Ich möchte mir genügend Freiräume lassen, um die Tier- und Pflanzenwelt erkunden zu können, ohne dabei ständig auf die Uhrzeit achten zu müssen. Im Vorfeld habe ich mich über die Wanderwege informiert und mir eine Route durch verschiedene Landschaftsbereiche zusammengestellt: zuerst auf dem Seedeich an den Salzwiesen entlang, dann durch die Dünenlandschaft zur zwanzig Meter hohen Aussichtsdüne Melkhörn, der höchsten Erhebung auf Langeoog, und von dort über den Strand zurück zum Hafen.

Was mir auf dem Deich als Erstes auffällt, ist das Naturkonzert aus Zwitschern, Piepen und Schnattern, das aus den Sandwiesen zu mir herüberschallt. Salzwiesen sind Verlandungszonen des Meers und befinden sich an den Inselsüdseiten. Diese Bereiche sind als Schutzzone ausgewiesen und dürfen – wenn überhaupt – nur auf markierten Wegen begangen werden. In der Ferne sehe ich riesige Möwenschwärme aufsteigen. Mitten im Grün der Salzwiese, an der ich gerade vorbeilaufe, entdecke ich einen schwarz-weißen Vogel, der mir irgendwie bekannt vorkommt. Dann sehe ich seinen roten Schnabel: ein Austernfischer. Kaum zu glauben, dass ich in den Wildnisbereich des Nationalparks schaue. Es sieht so ordentlich aus. Ich stutze. Wie komme ich darauf, dass Wildnis immer auch wie ein verwildertes Stück Land aussehen muss? Wildnis bedeutet doch in erster Linie, dass sich Natur ausbreiten und ihrer eigenen Gesetzmäßigkeit nachgehen darf. Wichtig dabei ist, dass sie nicht durch menschliche Eingriffe behindert oder reglementiert wird. Beschämt gestehe ich mir ein, dass ich mein Bild von Wildnis noch einmal überdenken sollte. Am besten fange ich gleich hier damit an.

Was auf den ersten Blick wie eine langweilige Grasfläche aussieht, bietet hoch spezialisierten Arten einen einzigartigen Lebensraum. Zwei Pflanzen stechen aufgrund ihrer Farbe aus dem Wiesengrün heraus: der violette, buschige Strandflieder und der silbrig-pelzige Strandwermut, der auch Strandbeifuß genannt wird. Er wächst eine Ebene höher auf der sogenannten Oberen Salzwiese, weil er keine Staunässe verträgt. Pflanzen, die auf den Salzwiesen existieren wollen, müssen mit den extremen Bedingungen, wie etwa der täglichen Überflutung, auf irgendeine Weise klarkommen. Binsen und Gräser beispielsweise haben sich hier durchgesetzt, weil ihre Wurzeln eine vermehrte Salzaufnahme verhindern. Strandflieder dagegen reichert Salz an und gibt es über spezielle Drüsen in den Blättern wieder ab. Ganz anders macht es die Strandaster, die schneller wächst, als sie Salz aufnehmen kann. Dadurch verdünnt sie den Salzgehalt in der Pflanze. Für mich sind das alles kleine Naturwunder.

Auf dem Weg zur Melkhörn-Aussicht komme ich an den Teichen der Großen Schlopp vorbei, an denen sich Kolonien von Möwen und Gänse versammelt haben. Jedes Mal, wenn ein Schwarm Möwen mit lautem Getöse losfliegt, bekomme ich Gänsehaut. Meterhoch wachsen Weidenröschen am Wegesrand, ein Blickfang in dem ganzen Graugrün der Dünenvegetation. Vor mir tauchen die ersten Hügel auf, und als ich mich der Melkhörndüne nähere, lasse ich erstaunt meinen Blick über die Dünenlandschaft gleiten, die sich deutlich von der am Darßer Ort unterscheidet. Hier wachsen kaum Bäume, die höchsten Pflanzen, die ich sehe, sind meterhohe Sanddorn- und Holundersträucher. Auch ein paar Ebereschen schauen aus dem verwilderten Buschwerk heraus. Geißblattgewächse mit ausgefallenen Blüten umranken die Sträucher und Büsche in den Dünensenken. Dazwischen wuchert eine bunte Mischung aus Schmalblättrigem Greiskraut, erkennbar an den gelben Blüten-

köpfchen, sowie zartrosa Hasen- und purpurnem Wiesen-
klee. Eine Gemeinsamkeit mit dem Darßer Ort fällt mir auf:
die verschiedenen Dünenzonen. Von der Aussichtsplattform auf der Melkhörndüne habe ich eine noch bessere
Übersicht. Richtung Nordstrand erkenne ich die Spitzen
der Weißdünen und davor die Grau- und Braundünenbe-
reiche. Auffällig trocken sind die Südseiten der Dünen.
Wenn ich an die sommerlichen Temperaturen denke, die
den Sand glutheiß werden lassen, wundert es mich nicht,
dass diese exponierten Flächen nicht vor Leben strotzen.
Die Nordseiten und Senken dagegen sind weniger der
Sonne ausgesetzt und entsprechend üppig bewachsen. Ich
bin stolz darauf, dass ich mittlerweile die Landschaften
besser »lesen« und einordnen kann. Es macht mir Spaß,
Pflanzen und Tiere wiederzuerkennen und den verschiedenen Lebensräumen zuzuordnen. Mit meinem neu erworbenen Wissen über geologische und klimatische Zusammenhänge fügen sich die deutschen Nationalparks mit
ihren einzigartigen Naturräumen zu einem neuen Deutschlandbild zusammen.

Hinter der letzten Dünenreihe wartet ein endlos weißer
Strand auf mich. In der Karibik könnte es nicht schöner
sein. Nur wenige Menschen sind am Strand unterwegs. Zeit
für eine Pause, denke ich und suche mir einen annähernd
windgeschützten Platz für ein Picknick. Von den Dünen
dringt das Rascheln des Strandhafers herüber. Vereinzelt
bilden sich kleine Sandhäufchen, dort, wo der Wind den
feinen Strandsand gegen die heranwachsenden Pflanzen
weht. Ich kann dabei zusehen, wie sich eine Minidüne bildet. Doch sobald der Wind etwas stärker wird, trägt er den
angehäuften Sand im Nu wieder weg. Bei Sturmfluten werden manchmal Strände komplett weggespült. Im Vergleich
zu den Regionen an der Ostsee, die ich besucht habe, ist

die Küstendynamik an der Nordsee stärker ausgeprägt. Würde man die Inseln sich selbst überlassen, würden sie mit den parallel zur Küste verlaufenden Strömungen Richtung Osten »wandern«. Der immerwährende Prozess von Erosion (Abtragung) im Westen der Inseln und Sedimentation (Ablagerung) im Osten verändert das Gesicht des Wattenmeers und der Inselketten ständig. Ich erinnere mich an das Gespräch mit Hanna am Vorabend. Ihre Mutter hat ihr vor Jahren einen Strand gezeigt, an dem sie als Kind früher geschwommen ist. Hanna konnte es nicht glauben, als ihre Mutter ihr den Strandverlauf von damals zeigte, der sich etwa zweihundert Meter weiter im Landesinnern befand. Der Platz, an dem sie saßen, war früher Meer. Was macht das mit den Menschen, wenn sie sich über Jahrzehnte von Strand- oder Küstenabschnitten verabschieden müssen, weil das Meer sie einfach mitnimmt? In Regionen, die von großflächigem Fichtenwaldsterben betroffen sind, hadern Menschen damit, dass ihre Kindheitserinnerungen mit dem Wald verschwinden. Geht es den Menschen an der Nordseeküste ähnlich? Oder können sie durch ihr Leben in dieser sich stetig verändernden Landschaft mit diesem Wandel besser umgehen? Das wüsste ich gerne.

✕

In kurzen Hosen, Barfußschuhen und mit einer Regenjacke ausgerüstet stehe ich morgens um sieben Uhr in Neßmersiel am Treffpunkt zur geführten Wattwanderung. Minütlich trudeln weitere Teilnehmer ein und versammeln sich um den Anmeldetisch. Unser Wanderführer Jörn, ein waschechter Ostfriese, wirft zu Beginn der gemeinsamen Wattwanderung eine Frage in die Runde: »Woher kommt eigentlich der Begriff ›Watt‹?« Wir schauen uns alle mit fragenden Blicken an. Niemand weiß die Antwort.

»Das kommt von dem altfriesischen Wort ›wad‹ und bedeutet so viel wie ›seicht‹. Ihr kennt das Wort ›waten‹ – und wo watet man? In seichten, flachen Gewässern wie hier«, löst er das Rätsel auf und führt uns über den Salzwiesenpfad am Spülsiel zum Startpunkt der Wanderung. Bevor die Führung beginnt, teilt er uns noch die Eckdaten der Tour mit.

»Vor uns liegen ungefähr sechseinhalb Kilometer. Wir werden etwa drei Stunden brauchen, inklusive meiner Erklärungen, bis wir am Hafen auf Baltrum ankommen.«

Drei Stunden für eine Strecke, die ich normalerweise in der Hälfte der Zeit hinter mich bringe. Jetzt bin ich doch etwas aufgeregt und habe auch ein mulmiges Gefühl, da ich nicht weiß, was mich im Watt erwarten wird. Wie anstrengend wird es sein? Wie fühlt es sich an, auf dem Meeresboden zu laufen? Und was ist, wenn wir an einen Priel kommen, der zu tief zum Durchwaten ist? Es ist ein sonderbares, neues Angstgefühl, das ich plötzlich empfinde: die Furcht vor der Weite des Watts und davor, darin verloren zu gehen. Jörns Stimme dringt wieder zu mir durch, und ich höre, wie er gerade die verschiedenen Böden erklärt: Schlickwatt, Mischwatt und Sandwatt.

»Für diejenigen, die zum ersten Mal ins Watt gehen, wird sich das Schlickwatt, das wir zuerst durchqueren, möglicherweise unangenehm anfühlen«, bereitet uns der hochgewachsene Ostfriese vor. Die ersten zehn Minuten werden wir einen schmierigen Untergrund haben, dann wird der Boden wieder fester werden, versichert er uns. Schlickwatt besteht aus sehr feinem Sand und winzigen organischen Substanzen. Es befindet sich hauptsächlich in ruhigen Küstenbereichen mit wenig Strömung, so wie hier am Spülsiel. Auch wenn es auf den ersten Blick nicht danach aussieht, ist es voll Leben. Unzählige kleine Schnecken, Muscheln und Würmer leben darin, schleimige Mikroalgen bedecken den Boden und halten dessen Bestandteile wie Kleister zusammen. Die kleinen Löcher im Schlick stammen von Wattschnecken, die sich bei Ebbe wenige Millimeter tief in den Boden graben. Viele kleine Naturwunder, die im Verborgenen wirken und eine wichtige Funktion im Ökosystem Watt erfüllen.

Wenn ich so auf die dunkelbraune, glitschige Masse vor uns schaue, ist mir das Sandwatt ungesehen jetzt schon am sympathischsten. Mit einer dreizackigen Forke über der Schulter marschiert Jörn als Erster los und gibt uns ein Zeichen, dass wir ihm folgen sollen. Herzklopfen. Der erste Schritt ins Watt, dann der zweite. Innerhalb von Sekunden versinke ich bis über beide Knöchel in der Matschepampe. Schmatzend lösen sich meine Füße bei jedem Schritt aus dem Schlick. Jörn hatte recht, es ist ein unangenehmes Gefühl. Neben mir gleitet eine Frau aus und plumpst lang gestreckt in den braunen Glibber. Mitfühlend schaue ich zu ihr hinüber. Sie ist von oben bis unten voll mit Schlickwatt, sogar in ihren Haaren hängen kleine Klümpchen. Ich konzentriere mich auf jede meiner Bewegungen, damit ich bloß nicht das Gleichgewicht verliere. Am Ufer steht noch eine Familie mit einem schreienden Kind, das partout nicht ins Watt möchte.

»Mamaaa, bitte nicht, ich will da nicht rein!«, schreit das Mädchen. Es tut mir richtig leid. Geschlagene fünf Minuten dauert es, bis die Eltern ihr Kind dazu bewegen können weiterzulaufen. Schnell habe ich die richtige Technik heraus, wie ich die Füße auf den glitschigen Grund setzen muss, um nicht auszurutschen: den flachen Fuß nicht von oben auf die Oberfläche setzen, sondern in den Schlick hineingleiten, so wie beim Schlittschuhfahren. Ganz schön anstrengend. Dann passiert es doch. Für einen kurzen Augenblick bin ich unachtsam, und prompt rutschen mir die

Füße weg. Wild mit den Armen rudernd, versuche ich mich wieder ins Gleichgewicht zu bringen. Keine Chance. Ich kippe vornüber, platsche mit den Händen voran in den Schlick und stecke bis über die Handgelenke drin. Meinen Oberkörper kann ich zum Glück so halten, dass ich wie ein Klappmesser dastehe. Leichte Panik steigt in mir auf, als ich merke, dass ich keinen sicheren Stand bekomme, um mich aus der gebückten Haltung zu befreien. Einmal tief durchatmen, Kraft in die Beine bringen und raus mit den Händen. Geschafft. Mit zittrigen Knien warte ich kurz, bis ich wieder sicher stehe. Ist das eine Art Urangst, die mir gerade kalt den Nacken hinaufkrabbelt? Die Angst davor, im Schlund der Erde zu versinken?

Mittlerweile hat mich die Gruppe überholt, ich bin jetzt die Letzte. In einer kleinen Pfütze spüle ich mir den dunkelgrauen Matsch von den Händen. Ach, ist doch egal, denke ich mir und wische sie an der Hose sauber. Wann habe ich mir zum letzten Mal die Kleider so schmutzig gemacht? Keine Ahnung, aber es ist schon sehr lange her. Von diesem Moment an achte ich nicht mehr auf mein Äußeres. Es ist mir schlicht und ergreifend egal. Was für ein befreiendes Gefühl! Dann, endlich, nach einer gefühlten Ewigkeit, spüre ich festeren Boden unter den Füßen. Wir sind im Mischwatt angekommen. Erleichtert stelle ich fest, dass ich hier weniger einsinke, und kann schnell zur Gruppe aufschließen, die einen Kreis gebildet hat.

»Hier im Mischwatt leben Wattwürmer. Ihre Spuren könnt ihr hier überall sehen«, beginnt Jörn zu erzählen. Interessiert höre ich zu und lerne, was es mit diesen Meeresbewohnern auf sich hat. Wattwürmer leben unterirdisch in einer u-förmigen Röhre, deren zwei Enden an der Wattoberfläche liegen. An dem einen Ende, das aussieht wie ein Trichter, fressen sie den einstrudelnden Sand und verdauen alles, was für sie wertvoll ist. Am anderen Ende scheiden sie den nicht verdauten Rest wieder aus und hinterlassen einen Kothaufen, der ein bisschen aussieht wie Spaghettieis. Bis zu fünfundzwanzig Kilo Sand frisst so ein Wurm im Laufe eines Jahres. Mit seiner Forke hebt Jörn einen Klumpen Wattboden aus, pult einen Wurm heraus und legt ihn sich auf die Handfläche. Alle starren wir auf den fingerdicken, rötlich braunen Wurm.

»Wer möchte ihn mal halten?«, fragt Jörn in die Runde. Ohne lange zu überlegen, strecke ich meine Hand aus und lasse ihn mir geben. Ich schätze seine Länge auf etwa zwanzig Zentimeter. Seitlich am Körper hat er Borsten, sie kitzeln meine Handfläche. Plötzlich fängt er an zu saugen, an meiner Hand, mit seinem Rüssel. Das finde ich irgendwie rührend und schließe ihn sofort ins Herz. Vorsichtig gebe ich ihn weiter und hoffe, dass er die Wanderschaft durch die Hände der anderen heil übersteht.

Jörn macht uns noch auf einen weiteren Bewohner des Mischwatts aufmerksam: den Bäumchenröhrenwurm. Seine röhrenförmige Behausung, die er sich aus Sandkörnern und klitzekleinen Muschelstückchen zusammengeklebt hat, ragt wenige Zentimeter aus dem Wattboden und sieht tatsächlich aus wie ein winziger Baum. Daher also der Name. Egal wohin ich schaue, überall ragen solche Minibauwerke aus dem Boden.

Auf dem Misch- und Sandwatt läuft es sich viel besser, die Struktur des Untergrunds ist grobkörniger und mehr von Steinen und Muscheln durchmischt. Der Himmel zieht sich langsam zu und lässt die Sonne immer schwächer werden. In den Rinnsalen spiegelt sich das Licht und verleiht dem Wattboden ein silbriges Schimmern und Glitzern. In weiter Ferne sehe ich eine weitere Gruppe Richtung Baltrum wandern – ein Anblick, so schön wie ein Gemälde. Unglaublich, ich stehe hier mitten im Watt zwischen Baltrum und dem Festland, und in wenigen Stunden wird sich hier wieder Meerwasser befinden. Möwen kreisen über den Sandbänken, landen auf ihnen und suchen nach Nahrung. Der Tagesrhythmus der Wattenmeervögel wird von Ebbe und Flut bestimmt. Bei Hochwasser rasten sie in großen Schwärmen auf den Sandbänken und Salzwiesen, bei Niedrigwasser – wie jetzt gerade – sind sie im Watt auf Futtersuche. Von Jörn habe ich erfahren, dass der Nahrungsreichtum im Watt massenhaft Vögel anlockt. Nicht umsonst ist das Wattenmeer das vogelreichste Gebiet Europas. Dies war für die UNESCO einer der Hauptgründe, das Wattenmeer als Weltnaturerbe auszuzeichnen.

Immer wieder bleibt unser Wattführer stehen, um uns auf Besonderheiten aufmerksam zu machen, mal sind es Klumpen mit Austernschalen, mal kleine Krebse. Sogar einen kleinen Seestern findet er. Mein Unbehagen hat sich in Luft aufgelöst, ich inhaliere die Luft und empfinde eine grenzenlose Freiheit. Die Weite, die mir zuerst Angst machte, wirkt sich befreiend auf meinen Geist aus. Meine Gedanken ruhen, ich beobachte und entdecke, bewerte nicht und hinterfrage nicht. Ich nehme einfach alles an. Auch den breiten Priel, der nun vor uns liegt und den wir durchqueren müssen. Das Wasser darin reicht mir bis über die Knie. Erstaunt registriere ich die Strömung, die gegen meine Beine drückt. Ich tauche meine Hände ins Prielwasser für einen Geschmackstest. Es schmeckt fürchterlich. Der Salzgehalt an der Nordseeküste beträgt im Schnitt etwa drei Prozent. In der Ostsee schwankt der Salzgehalt: Im Westen nahe der Nordsee sind es zwischen ein und zwei Prozent, im Nordosten Richtung Schweden und Finnland sind es nur noch null Komma fünf Prozent.

»Wie kommt eigentlich das Salz ins Meer?«, frage ich Jörn.

»In den Gesteinen der Erdkruste sind auch Salze eingebettet. Im Lauf der Erdgeschichte wurden Salzmoleküle herausgelöst und von den Flüssen in die Meere gespült«, lautet Jörns aufschlussreiche Antwort.

Etliche Priele durchziehen mäandernd das Watt. Wenn man sich nicht auskennt und einfach drauflosmarschiert, kann man schnell an eine Stelle kommen, an der es nicht mehr weitergeht. Bevor die alljährliche Urlaubssaison beginnt, gehen die Wattführer mehrmals auf Erkundungstour, denn die Struktur des Watts und damit auch die Verläufe der Priele verändern sich. Daher wandern wir auch nicht auf direktem Weg zur Insel, sondern orientieren uns an den Prielen. Manche Stellen sind zu tief oder haben eine zu starke Strömung, sodass sie nicht passierbar sind. Langsam wird mir bewusst, warum es so gefährlich ist, ohne jegliche Kenntnis des Gebiets aufs Geratewohl eine Wanderung zu unternehmen.

Fünfzehn Minuten Gehzeit trennen uns noch vom Baltrumer Hafen. Über uns hat sich inzwischen eine bedrohliche Wolkendecke gebildet. Hoffentlich fängt es nicht an zu regnen, die Nässe von unten genügt mir. Von Jörn bekommen wir noch ein paar Infos zu Baltrum mitgeteilt. Knapp fünfhundert Einwohner hat die kleinste Insel Ostfrieslands, die komplett autofrei ist. Bemerkenswert finde ich, dass sich das Leben der Baltrumer an den Gezeiten orientiert. Spontan eine Fahrt aufs Festland zu unternehmen ist nicht möglich, da man vom Fährbetrieb abhängig ist. Hinzu kommt der tägliche Fahrplanwechsel der Fähren, der einen regelmäßigen Pendelverkehr nicht zulässt. Manchmal gibt es nur einmal am Tag die Möglichkeit überzusetzen. Auf der ganzen Insel gibt es eine Arztpraxis und eine Apotheke, das Krankenhaus ist auf dem Festland. Logischerweise muss die Versorgung mit Lebensmitteln und sonstigem Bedarf gut geplant und organisiert sein. Sprachlos höre ich Jörn zu und finde es einerseits bewundernswert, so ein Leben zu führen, andererseits kann ich mir die eingeschränkte Bewegungsfreiheit nur schwer vorstellen. Was würde das mit mir machen, wenn die Gezeiten mir den Takt meines Lebens vorgeben würden? Wäre das für mich eine Option, ein Leben in der Abgeschiedenheit einer kleinen Insel zu führen? Darüber habe ich mir bis jetzt noch nie Gedanken gemacht.

Dicke Tropfen klatschen auf meinen Kopf. Innerhalb weniger Sekunden prasselt der Regen erbarmungslos auf uns nieder. Frierend und nass bis auf die Knochen erreichen wir schließlich das Ufer. Jetzt müssen wir noch durch eine Schlickwattzone waten, dann sind wir endlich da. Zum Glück ist dieser Abschnitt wesentlich einfacher zu bewältigen als der am Morgen. An einem öffentlichen Waschplatz können wir uns umkleiden und unsere Sachen vom Schlick befreien. Wie bestellt reißt der Himmel wieder auf, und die Sonne schickt ein paar wärmende Strahlen herunter. Bevor mich die Fähre wieder zurück ans Festland bringen wird, habe ich etwas Zeit für eine ausgedehnte Ruhepause am Strand.

Als die Fähre an der Insel Norderney vorbeifährt, kann ich schon von Weitem auf der vorgelagerten Sandbank große dunkle Flecken sehen. Sind das Findlinge? Mit der Kamera zoome ich näher ran. Hunderte Seehunde liegen nebeneinander und lassen sich die Sonne auf den Pelz scheinen. Mein Herz hüpft mir vor Freude fast aus der Brust, als wir uns der Sandbank nähern und ich die Tiere mit bloßem

Auge sehen kann. Wahrscheinlich erholen sie sich gerade von ihrem letzten Beutezug. Mehrere Tage sind sie weiter draußen in der Nordsee, um zu jagen. Dann kehren sie ins Watt zurück und ruhen sich auf einer Sandbank aus. Mit dem Teleobjektiv kann ich den Tieren in ihr hübsches Gesicht mit den großen Kulleraugen schauen. Ich bin so ergriffen, dass mir Tränen übers Gesicht rollen – nicht nur wegen des Glücksgefühls, das ich bei ihrem Anblick empfinde, sondern auch wegen allem, was die Menschen diesen Tieren in der Vergangenheit angetan haben. Wieder einmal wird mir die große Bedeutung der Nationalparks bewusst, die es sich zum Ziel gesetzt haben, die Natur und das Leben darin zu schützen und zu bewahren. In dem knappen Zeitfenster, das mir bleibt, bis wir wieder von der Insel abdrehen, beobachte ich das träge Treiben auf der Sandbank. Ein großer, schwarz glänzender Seehund bewegt sich gemächlich aufs Wasser zu, aus dem bereits ein paar Seehundköpfe herausschauen. Einige Tiere liegen auf dem Rücken, strecken eine Flosse in die Luft, andere recken ihren Kopf neugierig nach oben und schauen zu uns herüber. Viel zu schnell gehen die Minuten vorüber, immer größer wird die Entfernung zur Sandbank, bis sie schließlich ganz aus meinem Sichtfeld verschwunden ist. Was bleibt, ist das Glücksgefühl in mir und die Dankbarkeit für dieses unvergessliche Erlebnis.

Gegen Abend spaziere ich ein letztes Mal auf dem Deich am Watt entlang. Ich spüre der heiteren Atmosphäre auf den Wiesen nach, von wo aus wieder Drachen in den Himmel steigen, und stelle fest, dass mir der Abschied vom Watt richtig schwerfällt. Mein Deutschlandpuzzle ist um eine weitere außergewöhnliche Landschaft reicher geworden. Während ich der Sonne zusehe, wie sie ihren farbenfrohen Abgang in Szene setzt, fühle ich, dass auch dieser Teil Deutschlands ein Stückchen Heimat für mich geworden ist. Entgegen seiner urgewaltigen und manchmal auch Furcht einflößenden Kraft wirkt sich das Meer sehr besänftigend auf mich aus. Es scheint, als ob es mich von allen unbequemen Gedanken und Gefühlen befreit hätte. Gefüllt mit Meerenergie, mache ich mich wieder auf die Reise, weg von der kraftvollen Nordseeküste, hinein in die Stille der alten Wälder im Nationalpark Kellerwald-Edersee.

10

Knorrige Gesellen

o – – – – – – – +

Echter Urwald im Nationalpark Kellerwald-Edersee

Zurück in der Mitte Deutschlands, bin ich am Edersee angekommen, am zweitgrößten Stausee Deutschlands. In einem kleinen Dorf am Rande des Nationalparks Kellerwald-Edersee beziehe ich mein neues Domizil. Für eine Wanderung ist es leider schon zu spät, daher statte ich dem Informationszentrum einen Besuch ab. Schließlich bin ich das erste Mal in der Region und kenne mich noch nicht aus. Außerdem interessiert es mich, welche Besonderheiten ich außer dem UNESCO-Buchenwald noch entdecken kann.

Mein gewohnter Gang zur Informationstheke wird auch dieses Mal mit hilfreichen Infos, vielen Prospekten und Wandertipps belohnt. Im Gespräch mit den Mitarbeitern erfahre ich, dass, obwohl der Name des Nationalparks »Kellerwald-Edersee« lautet, der Edersee selbst gar nicht zum Schutzgebiet zählt. Die Edertalsperre wurde Anfang des 19. Jahrhunderts erbaut, um die Weser und den Mittellandkanal schiffbar zu halten. Je nach Bedarf wird der Edersee

im Laufe des Jahres stufenweise abgelassen. In Trockenzeiten, wie sie in den letzten Jahren häufiger vorkamen, ist
der See etwa ab der zweiten Jahreshälfte bis auf ein Rinn-
sal, durch das die Eder fließt, leer. Beim Bau des Stausees
mussten mehrere Dörfer in diesem Bereich aufgegeben
werden. Häuser, die man abtragen konnte, wurden an anderen Stellen wieder aufgebaut. Bei niedrigem Wasserstand
tauchen die verbliebenen Ruinen der alten Dörfer auf, die
in der Region als »Edersee-Atlantis« bekannt sind.

Ein Höhepunkt der Ausstellung ist das 4D-Sinnekino,
das mich Wildnis nicht nur sehen und hören, sondern auch
fühlen lässt: ein Windhauch, ein Ruckeln, ein paar Spritzer
Wasser – meine Sinne sind wachgerüttelt. Jetzt freue ich
mich auf die kommenden Tage, an denen ich in die Natur
des Nationalparks Kellerwald-Edersee eintauchen kann.

Im Jahr 2020 wurde der Nationalpark um die nördlichen
Felssteilhänge und Blockschutthalden am Edersee erweitert. Bemerkenswert sind die Geröllhänge am Lindenberg
und an der Kahlen Hardt, an denen der Knorreichensteig
entlangführt. Am Startpunkt dieses Wanderwegs treffe ich
mich am Morgen des zweiten Tags mit Inga vom Nationalparkamt, die mit mir eine Exkursion zu den alten Knorreichen unternimmt. Während wir zur Kahlen Hardt unterwegs sind, klärt mich Inga über die wichtigsten Details zu
diesen natürlichen Felsbiotopen und den darauf wachsenden skurrilen Bäumen auf. Wie im Hunsrück-Hochwald
haben auch im Kellerwald Frostsprengung und Erosion
während der letzten Eiszeit die Felsen bearbeitet und zu
Blockschutthalden gemacht. Hitze, Trockenheit und extreme Temperaturwechsel verlangen der Vegetation dort
einiges ab. Durch die starke Hangneigung kann sich ober-

flächlich kaum Humus anreichern. Regen läuft hier schnell ab und schwemmt alles weg. Auf den Geröllhalden liegt das Gestein größtenteils lose übereinander. Es ist fast nicht möglich, auf diesen steilen Hängen Halt zu finden, die Gefahr, auszurutschen und hinabzustürzen, ist groß. Inga berichtet, dass die Bergwacht regelmäßig Wanderer aus dem abschüssigen Gelände holen muss, weil sie die Steilheit und die Rutschgefahr unterschätzen.

Wir bleiben vor einem Berghang aus Tonschiefer und Grauwacke stehen, auf dem hauptsächlich Traubeneichen wachsen. Im Vergleich zu Buchen vertragen sie die Trockenheit weitaus besser. Man sieht richtiggehend, wie sich die Bäume mit ihren Wurzeln festkrallen. Das Gestein ist so brüchig, dass ich kleinere Stücke mit der Hand zerbröseln kann. Baumbestände, die sich an diesen Standorten entwickelt haben, zählen zu den ursprünglichsten im Nationalpark. Sie bieten Lebensraum für eine Vielzahl seltener und an Felsen gebundener Tier- und Pflanzenarten. Von herausragender Bedeutung ist die rosafarbene Pfingstnelke, eine Reliktart der nacheiszeitlichen Flora, die auf den Felshängen und Blockhalden während ihrer Blütezeit von Mai bis Juni zu finden ist. Schade, dass ich jetzt im Herbst hier bin und die hübschen Blüten nicht sehen kann.

Zu den bemerkenswerten Entdeckungen auf den Geröllhängen zählen ebenso mehrere Käferarten, die als Urwaldrelikte angesehen werden – darunter der stark gefährdete Veilchenblaue Wurzelhalsschnellkäfer. Wird so eine Zeigerart an einem Standort nachgewiesen, kann man davon ausgehen, dass der Baumbestand an dieser Stelle mehrere Hundert, wenn nicht sogar tausend Jahre alt ist. Dies lässt auch den Rückschluss zu, dass sich dieser Lebensraum seit der Eiszeit kaum verändert hat. Ich lausche mit großem Interesse Ingas Ausführungen und versuche mir vorzustellen, was für ein herausragendes Ereignis es sein muss, so eine seltene Art zu entdecken. Ich empfinde schon allein beim Anblick des Geröllhangs Ehrfurcht und bei dem Gedanken, dass es hier womöglich vor über zehntausend Jahren nicht viel anders ausgesehen hat.

Mittlerweile sind wir am Rastplatz Schöne Aussicht angekommen. Der Name kommt nicht von ungefähr, und ich bin hingerissen bei dem Ausblick auf den Edersee. Es herrscht Inversionswetterlage. Wie ein großer weißer Wattebausch liegt der Bodennebel über dem Gewässer. In Millionen von Jahren hat sich der Fluss Eder einen Weg durch das Kellerwaldgebirge gebahnt und der Landschaft ein interessantes Relief verpasst. In großen Schleifen windet er sich um die Berge, und an engen Stellen – so schildert es mir Inga – wähnt man sich an einem norwegischen Fjord. Buntes Herbstlaub knorriger Eichen bildet einen schmucken Rahmen um das Panorama. Rotbuchen, so weit das Auge reicht. In die Täler und über die geschwungenen Ederberge erstreckt sich ein sanft gewelltes Meer aus Buchenwald.

»Kaum zu glauben, dass der Edersee in manchen Monaten nahezu leer ist«, meint Inga, den Blick auf den See gerichtet. »Du hast sicher von unserem Atlantis gehört. In der Nähe von Asel gibt es eine Brücke, die bei gefülltem See etwa zehn Meter unter Wasser liegt. Bei Niedrigstand liegt sie frei, und man kann auf ihr herumlaufen«, berichtet Inga. »Wenn das Wasser weg ist, wächst auf den entstandenen Freiflächen recht schnell der Blutweiderich. Zuerst blüht er schön lila, dann, nach dem ersten Frost, färben sich seine Blätter blutrot, ein wahres Feuerwerk an Farben.«

»Und ich suche mir ausgerechnet die Zeit dazwischen aus«, antworte ich lachend. »Für die Pfingstnelke bin ich zu spät und für den Blutweiderich zu früh.«

Die Kahle Hardt ist ein Felsensporn oberhalb von Scheid am Edersee. Wie es zu dem Namen kam, ist schnell erklärt: Blickt man vom See aus zu ihr hinauf, sieht man auf eine mächtige kahle Felswand. Was man von unten aber nicht sehen kann: Auf der Kahlen Hardt wächst Deutschlands ältester Traubeneichenwald. So ein eigenwilliges Waldbild habe ich bisher noch nicht gesehen. Knorrige Baumgestalten mit zerfurchten Rinden krallen sich in den steinernen Hang. Bis auf den Herbstwind, der die halbtrockenen Blätter zum Rascheln bringt, herrscht eine angenehme Ruhe hier oben. Ein in Schräglage geratenes Baumgebilde, das an einen Kraken erinnert, hat sich mit seinen dürren Wurzeln um einen Felsbrocken gewunden. Der Erdboden ist teilweise ausgewaschen, sodass sich die Wurzelstränge wie Arme um die Steine spannen und sich daran festhalten. Mehrere Stämme wachsen aus einer riesigen Knolle heraus, wobei ich nicht sicher feststellen kann, was nun Wurzel ist und was Geäst, so fließend scheinen die Übergänge. Inga teilt meine Bewunderung, das höre ich aus ihren Erklärungen heraus. Man kann das Alter der Bäume an diesem Steilhang nur schwer bestimmen, da sie hier unter extremen Bedingungen leben. Die Eichen wachsen sehr langsam, haben wenig Nährstoffe. Daher kann man nicht von der Wuchshöhe oder der Stammdicke auf das Alter schließen.

Inga macht mich auf einen Bereich in der Felswand aufmerksam, der mir bisher nicht aufgefallen ist. In den Schichten des Gesteins ist eine deutliche Welle zu erkennen. »Wie kommt so etwas zustande?«, frage ich Inga.

»Der Kellerwald liegt zwar im Hessischen Bergland, zählt aber geologisch zum Rheinischen Schiefergebirge. Vor über dreihundertzwanzig Millionen Jahren haben großräumige tektonische Bewegungen die Gesteinsschichten in der Erdkruste zusammengeschoben, plastisch verformt und schließlich zu einem Gebirge aufgefaltet. Erosion durch Wind und Wetter hat letztendlich das Relief geschaffen, auf das wir gerade blicken«, erklärt mir Inga die Entstehung dieses Phänomens. Ich bin hellauf begeistert und kann mir nicht vorstellen, wie viel Druck und welche Temperaturen bei diesem Prozess gewirkt haben mussten, um das Gestein in so eine Kurvenform zu bringen.

Schritte nähern sich. Ein Kollege von Inga kommt uns mit einer Forscherin entgegen. Sie sind auf Urwald-Exkursion und berichten uns aufgeregt von sensationellen Funden, die nun untersucht werden müssen. Die Forscherin weist uns auf eine Eiche hin, die nur wenige Meter entfernt auf dem Steilhang wächst, und meint, dass dieser Baum mindestens siebenhundert, vermutlich sogar um die tausend Jahre alt ist. Ihr Enthusiasmus überträgt sich auf uns, und wir begutachten die wilden Auswüchse des Relikts. Noch kann ich nichts Besonderes entdecken, was die Eiche von den benachbarten Bäumen groß unterscheiden würde. Alle sind knorrig und wachsen in skurrilen Verrenkungen die Blockhalde hinauf oder hinab, so genau kann man gar nicht erkennen, in welche Richtung sie sich tatsächlich bewegen.

»Diese Eiche erstreckt sich über mehrere Meter Fläche, der obere Teil ist der Hauptstamm. Sehen Sie sich einmal die Ausläufer unterhalb an, fällt Ihnen etwas auf?«, fragt mich die Forscherin. Also schaue ich noch einmal genauer hin, und dann sehe ich es. Vom Hauptstamm haben sich Äste nach unten zum Boden hin gesenkt und Wurzeln ausgebildet, die sich in dem Geröll verankert haben. Aus dem Wurzelgeflecht haben sich zwei weitere Bäume gebildet, jeweils in zwei, drei Metern Abstand voneinander, sodass es aussieht, als handle es sich um drei eigenständige Bäume. Doch ist das ganze ineinandergeschlungene Geäst und Wurzelgewirr ein einzelner Baum, der sich in den Hang gekrallt hat und an ihm hinuntergewachsen ist. Sprachlos und von Ehrfurcht erfüllt, schaue ich mir das Wesen an, entsprungen aus einer anderen Zeit. Ein ähnliches Gefühl hatte ich im Nationalpark Hainich, als ich vor der tausendjährigen Betteleiche stand. Zwei Eichen in zwei verschiedenen Regionen, die eines gemein haben: Sie haben viele Jahrhunderte überlebt, unter den verschiedensten klimatischen Bedingungen.

Jetzt habe ich so viel über Urwaldrelikte und alte Eichen erfahren, dass ich mich noch einmal auf den Knorreichenstieg begebe, nachdem sich Inga von mir verabschiedet hat. Da wir nur ein Stück des Rundwegs miteinander gelaufen sind, nehme ich mir nun den anderen Teil der Strecke vor, der um den Lindenberg führt. Dort verläuft auch der Urwaldsteig, der in mehreren Etappen rund um den Edersee alle besonderen Gebiete des Nationalparks verbindet. Auf den ersten zwei Kilometern genieße ich den herbstlichen Laubmischwald, lasse meine Gedanken schweifen. Hinter einer Wegbiegung öffnet sich ein Postkartenblick auf eine Ederseeschleife, in der auf einer Landzunge das kleine Örtchen Asel-Süd liegt. Der Dunst über dem Wasser lichtet sich zunehmend und gibt allmählich das Spiegelbild des blauen Himmels frei. Die Sonne bringt das bunte Herbstlaub zum Leuchten. Von einer schönen Aussicht zur nächsten wandere ich oberhalb des Edersees entlang auf die Westflanke des Lindenbergs. Aus der Vogelperspektive betrachtet sieht der Lindenberg aus wie eine lang gezogene Waldzunge, um die sich eine enge Wasserschleife legt. Ein schmaler Pfad führt mich an einem steilen Geröllhang entlang. Knorrige Buchen, Eichen und Linden mit furchigen Rinden behaupten sich auf der steinigen Fläche. Ähnlich wie auf der Kahlen Hardt wachsen auch hier die Bäume in bizarren Formen. Wenn ich die beiden Standorte miteinander vergleiche, stelle ich allerdings Unterschiede fest. Hier, auf der Westseite des Lindenbergs, befindet sich mehr Bodensubstrat auf dem Gestein, es ist nicht ganz so trocken und der Sonne ausgesetzt. Entsprechend sind die Bäume hier höher und dicker. Ich finde es verblüffend, wie deutlich sich die Ausrichtung eines Hangs auf die Vegetation auswirkt. Überall auf den Steinen haben sich hier Moose und Flechten angesiedelt, sie bilden ein kleinhügeliges Meer aus weichem Grün. Wie kleine weiße Kissen heben sich Rentierflechten von dem vorherrschenden Moosgrün ab.

Nach einer spitzen Kurve führt mich der Steig hinauf auf den Bergsattel des Lindenbergs. Nun befinde ich mich oberhalb des Pfads, den ich hochgelaufen bin, und traue meinen Augen kaum. In was für einem Felsentraum bin ich denn hier gelandet? Rechts und links geht es steil bergab. Vor mir liegt ein abenteuerlicher Felsenpfad, der über Steine, Geröll und Felsen auf dem Bergkamm entlangführt, gesäumt von alten Krüppeleichen, die der Umgebung ein südländisches Flair verleihen. Ich kann es kaum glauben, dass ich mitten in Deutschland auf gerade mal dreihundert Metern Höhe stehe. Es wirkt viel höher. Ich bin richtiggehend berauscht von diesem erhebenden Wegabschnitt und möchte gar nicht, dass er endet. Was für eine großartige Landschaft ist hier über Jahrmillionen entstanden. Demut erfüllt mich und Dankbarkeit.

Kurz bevor ich wieder den schönen Aussichtspunkt auf der Kahlen Hardt erreiche, sehe ich einen älteren Herrn langsam und bedächtig vor mir gehen. Ich hole ihn ein, und wir kommen ins Gespräch. Sein Outfit, bestehend aus einer

Knickerbocker, einem Wams und einer historisch anmutenden Kappe, scheint aus einer anderen Zeit zu stammen. Es stellt sich heraus, dass er der ehemalige Förster der Region ist. Seine Kleidung ist seine Amtstracht, original aus der damaligen Zeit. Mich interessiert, wie die Knorreichen in seiner Zeit damals ausgesehen haben.

»Schon zu meiner Zeit, vor siebzig Jahren, als ich noch ein junger Förster war, sahen die Eichen so aus. Ich kann keinen Unterschied feststellen«, erinnert sich der alte Herr. Ich wundere mich über den Zeitraum, den er mir genannt hat. Vor siebzig Jahren? Dann muss er ja jetzt mindestens neunzig Jahre alt sein. Und dann noch wandernd unterwegs, alle Achtung.

»Man sieht den Bäumen überhaupt nicht an, dass sie schon so alt sind«, antworte ich gedankenverloren.

»Wie sollen sie auch anders aussehen? Schauen Sie sich mal diesen Untergrund an. Es ist ein Wunder, dass sie hier überhaupt wachsen und so lange Zeit überleben«, antwortet der alte Förster und schaut mich an. »Das hier ist von Kindesbeinen an mein Lieblingsplatz, schön, nicht wahr?«, fragt er mich mit einem Lächeln im Gesicht.

»Ja, das ist wirklich ein sehr schöner Platz«, stimme ich ihm zu und verabschiede mich. Im Stillen wünsche ich ihm noch viele Wanderungen zur »Schönen Aussicht« auf der Kahlen Hardt.

✕

Den nördlichen Teil des Nationalparks habe ich kennengelernt, jetzt möchte ich auch einmal im südlichen Teil wandern, in dem sich auch der UNESCO-Buchenwald befindet. Eine Mitarbeiterin des Informationszentrums hat mir für den zweiten Tag meines Aufenthalts im Kellerwald zwei Touren empfohlen, die ich miteinander zu einer größeren Wanderung kombinieren kann: die Hagenstein- und die Ringelsberg-Route. Meinen ersten Stopp mache ich auf dem Hagenstein, der auch »Loreley des Edertals« genannt wird. Ich finde es schön, auch einmal einen anderen Blick auf die Eder zu haben, die sich hier als schmaler Fluss durch die Landschaft schlängelt. Mit gemütlichem Schritt folge ich dem Weg, der mich an Felsen und Blockhalden entlangführt und mir ein buntes Waldbild aus Buchen, Bergahorn und Eichen präsentiert. Ab und zu finde ich auch ein paar Birken, Lärchen und Fichten dazwischen.

In einer Talsohle erkenne ich am feuchten, leicht sumpfigen Boden eine Sickerquelle. An dieser Stelle drückt sich Grundwasser durch das Erdreich nach oben. Rings um den Quellbereich wachsen Erlen und Eschen. Im gesamten Schutzgebiet entspringen über tausend solcher Quellen höchster Reinheit. Was man dieser Sumpffläche oberflächlich nicht ansieht, ist ihr Artenreichtum im Kleinen. Im gesamten Nationalpark wurden in Quellgebieten etwa tausend Tierarten nachgewiesen. Dazu gehören der seltene Alpenstrudelwurm und die Dunkers Quellschnecke, beide gelten als Eiszeitrelikte. All die kleinen Rinnsale, die sich von den Berghängen einen Weg ins Tal bahnen, vereinen sich irgendwo zu Waldbächen.

Auf der Hochfläche Himmelsbreite wechsle ich auf die Ringelsberg-Route, die mich ins Weltnaturerbe führt. Junger Buchenwald mit Hallencharakter empfängt mich. Anhand der einheitlichen Altersklasse kann ich den ehemals forstlichen Ursprung dieses Abschnitts erkennen. Es wird noch ein paar Jahrzehnte dauern, bis die natürliche Dynamik hier mehrere Baumgenerationen hervorgebracht hat. In engen Kurven windet sich der Weg um Bachschluchten herum, aus denen die mächtigen Stämme der Altbäume emporragen. Kerzengerade stehen sie da, würdevoll und erhaben. Ich setze mich auf eine Bank, möchte in der Nähe dieser Baumwesen sein. Da ist es wieder, dieses Gefühl von Verbundenheit mit der Natur. Ein schöner Augenblick.

Wenige Minuten später finde ich mich in einem jugendlichen Buchenwäldchen wieder. Wie Spargel stehen die Bäume zusammen, streben zum lebensnotwendigen Licht. Neben den alten, dicken Rotbuchen sehen sie richtig zerbrechlich aus. Während ich meine Gedanken um die Bäume kreisen lasse, wird mir bewusst, dass ich in keiner anderen Region die Buche in so verschiedenen Ausprägungen gesehen habe wie hier im Nationalpark Kellerwald-Edersee: als Hallenwald auf den Hochflächen, in den tiefen Schluchten als jung aufstrebende Bäume, die sich neues Terrain erobern, und als erhabene Relikte einer längst vergangenen Zeit, als Krüppelwald auf den felsigen Steilhängen und Blockhalden und schließlich auch als Totholz in neu entstehender Wildnis.

Am Kreuzungspunkt der Wanderwege, an dem ich vorhin zur Hochfläche Himmelsbreite abgebogen bin, nehme ich nun die Abzweigung auf den Brückengrundsteig, einen Wildnispfad, der durch eine große Windwurffläche führt. Schon nach den ersten Metern bin ich gefangen von der Ungezähmtheit, die mich umgibt. Alle möglichen Entwicklungsstadien sind zu sehen, ein Kunterbunt an Pflanzenarten, das sich dynamisch, ganz nach seinen eigenen Gesetzen entfaltet. An manchen Stellen habe ich den Eindruck, in einem Dschungel gelandet zu sein. Lichtoffene Freiflächen wechseln sich mit düsteren Nadelwaldpassagen ab. Der Pfad – mal schmal, mal etwas breiter – windet sich in steilen Schleifen abenteuerlich bergab. Meine Trittsicherheit hat sich in den letzten Wochen deutlich verbessert, und so macht es mir riesigen Spaß, auf dem unwegsamen Gelände kleinere Hindernisse zu bewältigen. Zum Ende hin geht der Pfad in einen breiteren Waldweg über. Inzwischen hat das Sonnenlicht eine goldene Färbung. Der Eichenwald, durch den ich nunmehr laufe, zeigt sein herbstliches Laubkostüm in allen möglichen Variationen von Grün über Gelb zu Feuerrot. Ich bin richtiggehend berauscht von diesem Farbcocktail. Beglückt und beseelt wandere ich mit der Abendsonne im Gesicht aus dem Wald hinaus, durch eine romantische Wiesengegend zurück zum Ausgangspunkt meiner Wanderung.

✕

Ganz im Süden des Nationalparks befindet sich das neu eingerichtete Besucherzentrum »Kellerwald-Uhr«. Dort bin ich mit Ranger Tom an meinem letzten Tag im Kellerwald zu einer Führung verabredet. Hauptthema dieser Informations- und Bildungsstätte ist das Feuer, denn es machte den Menschen die Köhlerei möglich, mit der sie die Struktur des Waldes entscheidend verändert haben. Was in den großflächigen Schaubildern deutlich sichtbar wird, sind die Auswirkungen des menschlichen Eingriffs auf die Entwicklungsgeschichte des Kellerwalds. Wie in anderen Regionen, die ich kennengelernt habe, hat die Köhlerei für die Eisenindustrie auch im Kellerwald zu großflächigen Abholzungen der ursprünglichen Buchen-Laubmischwälder geführt. Tom zeigt mir eine Karte, auf der über tausenddreihundert ehemalige Kohlenmeiler eingezeichnet sind, die sich allein im Nationalparkgebiet befunden haben.

Doch nicht nur die Industrie hat Spuren hinterlassen. Mit zunehmender Besiedelung und Erwerbstätigkeit wurden auch immer mehr Flächen für Ackerbau und Viehzucht benötigt, für die ebenfalls großflächige Waldrodungen vorgenommen wurden. Mit von der Partie waren Zisterziensermönche, die um das 11. Jahrhundert herum in den Hochwäldern versucht haben, durch Rodungen Ackerland zu gewinnen. Doch die Böden und das Klima führten nicht zu den gewünschten Ernteerfolgen, weshalb die Areale Jahrhunderte später wieder aufgegeben wurden. Viehbesitzer in den Tälern haben diese Gebiete anschließend als Weideflächen (auch Huteflächen genannt) genutzt, was den Böden mit der Zeit Nährstoffe raubte und sie mager werden ließ. Bis heute sind ehemalige Weiden – die »Triescher« – als Magerrasen erhalten geblieben. Das bekannteste Weidegebiet ist der »Fahrentriesch«, ein Biotop, das durch Schafbeweidung offen gehalten wird. Seltene Kräuter wie Arnika, Besenheide oder Katzenpfötchen wachsen dort und bereichern damit das Artenspektrum im Nationalpark.

Entlang einer Zeitachse kann man sich in der Ausstellung über die verschiedenen Epochen der Waldentstehung und -nutzung informieren, bis man in der entstehenden Wildnis im Nationalpark angelangt ist. Die Zeitreise beginnt vor etwa dreitausend Jahren in der Bronzezeit mit der ersten Phase der nacheiszeitlichen Wiederbewaldung der Tundren mit Pionierpflanzen und endet mit der Rotbuche, die sich schließlich über Jahrhunderte als dominante Baumart behaupten konnte. Durch diese langen Zeiträume war es der Natur möglich, in natürlichen Prozessen Überlebensstrategien zu entwickeln, als Reaktion auf veränderte Lebensbedingungen. In den letzten dreihundert Jahren war der industrielle Fortschritt und der damit einhergehende fossile Raubbau an der Natur so rasant vonstattengegangen, dass Pflanzen und Tiere mit den plötzlichen Veränderungen nicht mehr zurechtkamen. Die Zeit, die sie eigentlich für eine genetische Anpassung an neu entstandene Lebensräume brauchen, war nicht gegeben.

Bei all den Fehlern, die der Mensch in der Vergangenheit gemacht hat, gab es auch positive Entwicklungen, wenngleich sie auch unbeabsichtigt waren. Dass sich die

Wälder im heutigen Nationalpark über zwei Jahrhunderte nahezu ungestört entwickeln konnten, ist der Jagdleidenschaft der Grafen und späteren Fürsten von Waldeck geschuldet. Damit ihr Wild keinen Schaden nahm und um die andauernden Konflikte mit den Bauern wegen Wildschweinschäden auf deren Ländern zu beenden, ließen sie ihr Hofjagdrevier mit einem Gatter einzäunen. Dieser Abriegelung ist es zu verdanken, dass weder Verkehrswege noch Siedlungen das Gebiet zerschneiden konnten. Heute ist es Kernzone und eines der größten geschlossenen Buchenwaldgebiete Europas. Dadurch hat der noch recht junge Nationalpark bereits bei seiner Gründung 2004 eine wichtige Zielvorgabe erfüllt: Der Anteil an nutzungsfreien Zonen, in denen sich Ökosysteme natürlich und ungestört entwickeln können, beträgt über fünfundneunzig Prozent. Gefordert werden mindestens drei Viertel der Schutzgebietsfläche, die eigentlich erst innerhalb von dreißig Jahren nach Gründung erreicht werden sollen.

Nach diesem Ausflug in die Kellerwaldgeschichte bleibt Tom und mir noch Zeit für eine Wanderung auf dem barrierefreien Quernstweg, der von der Kellerwald-Uhr zur Quernst-Kapelle führt. Unterwegs wandern wir durch alte Windwurfflächen. Hier offenbart sich die ganze Kraft der Natur, die aus einem regelrechten Chaos eine ganz eigene Wildnisästhetik bastelt. Auf dem abzweigenden Quernstpfad kann man aus nächster Nähe sehen und erleben, wie sich die Natur auf diesem Areal neu organisiert. Wir passieren eine Freifläche, auf der ich eine außergewöhnliche Entdeckung mache. Am Boden liegt ein toter Baumstamm, der leicht nach oben gebogen ist. Sieben Fichten haben sich nebeneinander auf ihm angesiedelt. Durch die Krümmung des Stamms berühren sich die Baumspitzen in etwa fünf

Metern Höhe. Das Ganze sieht aus wie ein Segelschiff. Tom erklärt mir, dass die Samen dort keimen, wo für sie die besten Bedingungen herrschen. Nicht selten finden sie auf dem Totholz ihrer Vorfahren den geeigneten Lebensraum. Das macht Sinn, ich habe schon öfter auf totem und morschem Holz Sprösslinge der vorkommenden Baumsorten gesehen. Aber noch keine in Form eines Segelschiffs.

Über einen Triescher erreichen wir die Quernsthöhe und die oben gelegene Kapelle. Ihre Form erinnert an den guten Hirten, der seinen schützenden Mantel ausbreitet. Ein kleines Kunstwerk, das mit natürlichen Baustoffen aus dem Kellerwald errichtet wurde. Im Mittelalter stand an diesem Ort die Quernstkirche. Angeblich soll sich hier auch ein heiliger Wald der alten Germanen befunden haben. Auf Anhieb gefällt mir diese Begegnungsstätte. Ihre Ausstrahlung liegt in ihrer Schlichtheit, und ich kann verstehen, dass es Menschen hierherzieht. Ich finde sowieso, dass Naturerfahrung und Spiritualität nicht voneinander trennbar sind. Das Sonnenlicht im Buchenwald von Jasmund kommt mir wieder in den Sinn und die sakrale Stimmung, die ich dort empfand. In der Kapelle fällt warmes Licht durch die bunten Glasfenster. Einem Impuls folgend setze ich mich auf eine der Holzbänke und nehme die Atmosphäre wahr. Sie besänftigt und streichelt die Seele. Ein wirklich schöner Ort, der aufgrund seiner Wildnisnähe zum Nachdenken über die Natur und die Rolle des Menschen darin anregt.

Bevor wir wieder den Rückweg antreten, machen Tom und ich noch einen Abstecher zum nahe gelegenen ehemaligen Naturschutzgebiet Ruhlauber. Bereits vor der Gründung des Nationalparks durfte sich hier der Wald frei entfalten. Rotbuchen jeglichen Alters bestimmen das Waldbild, durch das wir wandern, auch sehr alte Bäume stehen dazwischen. Mit ihren mächtigen und weitaus dickeren Stämmen heben sie sich deutlich von den jüngeren ringsherum ab. Wir befinden uns an der Grenze zum Welterbewald.

»Was ist das Besondere an den Buchenwäldern, die ein Teil des UNESCO-Weltnaturerbes geworden sind?«, möchte ich von Tom wissen.

»Diese Baumart bestimmt das Erscheinungsbild des Waldes, sein komplettes Ökosystem, wie du hier sehr gut sehen kannst«, antwortet Tom. Ich gebe ihm recht, die Buche ist äußerst dominant, ich kann in diesem Abschnitt kaum andere Baumarten erkennen. Die Besonderheit der Welterbestätte »Alte Buchenwälder« liegt in ihrer Hauptakteurin: der Rotbuche (Fagus sylvatica). Schon allein, weil es sie nur in Europa gibt, ist sie ein Phänomen. Als einzige Pflanze hat sie nach der Eiszeit einen kompletten Kontinent beherrscht. Wer sich Rotbuchenwälder anschauen möchte, muss nach Europa kommen. Einzigartig ist die Tatsache, dass sich die Ausbreitung der Buchenwälder weiterhin fortsetzt. Wesentliche Merkmale sind auch Ursprünglichkeit und Naturnähe. Je älter die Wälder werden und je länger sie aus der Nutzung herausgenommen sind, umso wertvoller und artenreicher werden sie sein. Jeder Nationalpark verfolgt ein eigenes Schutzziel. Im Kellerwald-Edersee sind es Schutz und Erhalt des bodensauren Hainsimsen-Buchenwalds auf Tonschiefer und Grauwacke. Bestimmte Pflanzen und Tiere sind diesem Lebensraum als Zeigerarten zugeordnet. Der Veilchenblaue Wurzelhalsschnellkäfer ist beispielsweise ein typisches Tier der Hainsimsen-Buchenwälder, ein Urwaldrelikt-Zeiger, der hier im Kellerwald gefunden wurde. Um sich fortpflanzen zu können, benötigen Reliktkäfer Mulmhöhlen in uraltem, morschem Holz, denn nur darin können sich ihre Larven entwickeln und heranwachsen. Da die erwachsenen Käfer nicht richtig fliegen können, ist ihr Bewegungsradius eingeschränkt. Ein Lebensraum, in dem diese Arten existieren können, muss also eine über Jahrhunderte ungestörte Naturnähe aufweisen.

Naturnähe ist auch für die Wildkatze ausschlaggebend, deren Erforschung im Nationalparkgebiet schon seit vielen Jahren betrieben wird. Beim regelmäßigen Monitoring konnten mehrere Katzen bestätigt werden, die schon seit zehn, elf Jahren durch das Schutzgebiet streifen. Für die Forschenden war es eine Überraschung, dass Wildkatzen in freier Wildbahn so alt werden können. Das macht deutlich, dass diese Tiere im Nationalpark einen für sie passenden Lebensraum vorgefunden haben.

Damit natürliche Prozesse ablaufen können, sollte ein Nationalpark um die zehntausend Hektar Fläche besitzen. Das Schutzgebiet im Kellerwald liegt mit etwas über siebentausend Hektar zwar an der unteren Grenze, doch etwa vierzig Prozent der Nationalparkfläche bestehen aus mindestens hundertdreißig Jahre altem Buchenwald. In dieser Kompaktheit und Ausprägung ist das in Mitteleuropa eine Besonderheit. Ungefähr sieben bis acht Prozent der europäischen Wälder sind nahezu ursprünglich. Im Jahr 2011 wurden die Buchenurwälder der Slowakei und der Ukraine sowie die alten Buchenwälder Deutschlands mit den Wäldern in Grumsin, Hainich, Jasmund, Serrahn und Kellerwald zu einem grenzüberschreitenden Weltnaturerbe zusammengefasst. Weitere wertvolle Waldgebiete in ganz Europa, die von der Größe her nicht Nationalpark sein können, wurden aufgrund ihrer Vielfalt und der unterschiedlichen Ausprägungen als »Alte Buchenwälder Europas« mit aufgenommen. All diese Faktoren machen Europas Wildnisgebiete zu einem weltweit einzigartigen

Naturerbe, das von seiner Bedeutung her auf einer Stufe mit der Serengeti in Tansania oder dem Great Barrier Reef in Australien steht.

Zu Beginn meiner Reise habe ich mir die Frage gestellt, ob ich einen Unterschied zwischen den Welterbewäldern wahrnehmen würde. Nun, nachdem ich außer Grumsin alle UNESCO-Buchenwälder hautnah erlebt habe, kann ich die Frage mit einem Ja beantworten. Jeder Wald hat ein eigenes Erscheinungsbild, eine eigene Ästhetik und Aura, wie ich finde. Und wenn ich an meine besonders schönen Waldmomente denke, sehe ich die Vielfalt, die ich erlebt habe. Ich sehe die gertenschlanken Jungbäume ebenso wie die mächtigen Stämme der Baumgreise, sehe die silbrig und glatt schimmernden neben den vielschichtigen grauen Rinden, sehe die eleganten, hohen Hallenwälder in den Ebenen und die knorrigen, kleinwüchsigen Buchen an trockenheißen Steilhängen. Lauter bunte Waldwesen, die sich in mein Herz geschmuggelt haben.

Wieder habe ich eine Urlandschaft Deutschlands kennengelernt und ein neues Puzzleteilchen dazugewonnen. Ein weiterer Ortswechsel steht bevor, meine Reise führt mich nun in den Schwarzwald. In mir entsteht eine Art Landkarte, auf der ich mich in Gedanken bewege und die gespickt ist mit Entdeckungen. Es fühlt sich mittlerweile so an, als ob all die Landschaften ein Teil von mir werden – oder werde ich ein Teil von ihnen?

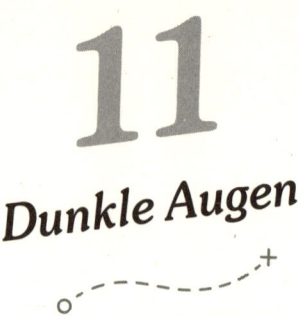

11

Dunkle Augen

Die Wildnis des Bannwalds im Nationalpark Schwarzwald

Im Schwarzwald war ich in der Vergangenheit schon des Öfteren wandern. Er liegt nicht weit von meiner Heimat entfernt, und so haben sich immer wieder Möglichkeiten für Wanderausflüge aufgetan. Der Nationalpark jedoch lag dabei nie im Fokus. Das hole ich jetzt nach. Als ich in Seebach ankomme, wo ich die nächsten Tage am Rand des südlichen Nationalparks übernachten werde, ist noch Zeit bis zum Abend, und so mache ich meinen obligatorischen Abstecher ins Besucherzentrum am Ruhestein.

Von der Ausstellung bin ich sofort begeistert. Lebensgroße Modelle von heimischen Tieren und Pflanzen, auf waldähnlichen Flächen in schummrigem Licht drapiert, wecken die Vorfreude auf die Wirklichkeit, die draußen in der Natur auf mich wartet. Sensationell finde ich den Spiegelsaal, in dem meterhohe und ineinander verschlungene Leuchtröhren ein Pilzgeflecht simulieren. Eine schöne Einstimmung auf die Pilzführung, an der ich am morgigen Tag teilnehmen werde. Neugierig wandle ich durch die großen

Räume und lasse meine Sinne auf Entdeckungstour gehen. In übergroßen digitalen Büchern blättere ich mich schließlich durch die Jahrhunderte und erfahre die geschichtlichen Hintergründe, die zur heutigen Struktur der Waldflächen geführt haben.

Das Waldbild im Schwarzwald war vor etwa tausend Jahren in den tieferen Lagen von Buchen und Eichen geprägt. Oberhalb der Waldgrenze dominierten Tannen mit Buchen. Lediglich in den kühleren Hochlagen wuchsen Fichten. Als sich im Mittelalter die Menschen entlang der Handelswege ansiedelten, wurden Platz, Rohstoffe und Ackerland benötigt. Vieh weidete fortan in den Hangwäldern und auf den moorigen Bergkuppen, wodurch die »Grinden« – die höchsten waldfreien Hochflächen – entstanden. Mit der wachsenden Bevölkerungszahl und Industrie stieg auch die Nachfrage nach Holz, was einen Kahlschlag der Wälder um 1500 zur Folge hatte. Dreihundert Jahre später war fast nichts mehr von der einstigen Pracht des Schwarzwälder Urwalds übrig. Pilz- und Insektenarten verschwanden, da es keine Altbaumbestände mehr gab und damit auch kein Totholz. Die Lebensgrundlage für standortgebundene Arten war zerstört, gefürchtete Beutejäger wie Bären oder Wölfe wurden ausgerottet. Aus der Not heraus wurde – wie in vielen anderen Regionen auch – mit der schnell wachsenden Fichte aufgeforstet, die heute noch zum großen Teil das Waldbild prägt. Dann kam die Kehrtwende. Um das Jahr 1800 erfolgte ein Umdenken zu nachhaltiger Forstwirtschaft. Es durfte nur noch so viel Holz verbraucht werden wie nachwachsen konnte. Dennoch, der alte strukturreiche Wald war weg und mit ihm die Artenvielfalt. Als das Gebiet um den Wilden See 1911 zum Totalreservat und somit zum Bannwald erklärt wurde, bekam die Natur wieder eine Chance zur Entfaltung. Heute ist der ehemalige Bannwald Kernzonengebiet und darf sich, wie viele andere Flächen, ungestört zur Wildnis entwickeln.

Der Wilde See ist einer von drei sogenannten Karseen im Nationalpark Schwarzwald, ein Überbleibsel der letzten Eiszeit. Kleine Gletscher haben trichterförmige Mulden (Kare) unterhalb von Berggipfeln und Bergkämmen zu großen Schüsseln ausgeschürft. Als sich das Eis nach der Kaltzeit wieder zurückzog, blieb das Geschiebe der Gletschermoränen liegen und bildete eine Art Wall, der das Schmelzwasser zu einem See staute. Die Karseen im Schwarzwald werden auch »Dunkle Augen« genannt, denn an trüben Tagen erscheinen die Seen endlos tief und unergründlich schwarz, wie finstere Augen, die einen ansehen. Auf den Bannwald und den Wilden See bin ich jetzt richtig neugierig geworden und plane, nach der morgigen Pilzführung eine Wanderung zu diesem mystischen Ort zu unternehmen.

Auf meiner neu erworbenen Wanderkarte sehe ich, dass die Allerheiligen-Wasserfälle nicht weit von meiner Unterkunft entfernt liegen. Spontan entschließe ich mich, einen Abstecher dorthin zu machen. An der Klosterruine Allerheiligen angekommen, wandere ich am Lierbach entlang, bis ich über Steintreppen in die Schlucht hinabgeleitet werde. Sogleich fühlt sich die Luft kühler an. Mächtig und erhaben ragen die Felswände zu beiden Seiten in die Höhe. In sieben kleinen und großen Wasserfällen rauscht der Bach in Kaskaden den Berg hinunter. Ich mag die Kraft und Energie des Wassers, das laute Tosen, wenn es in eines der ausgespülten Granitbecken – sogenannte Gumpen – fällt. Jahrmillionen vergehen, bis sich ein Gewässer einen solchen Weg durch das Gestein gegraben hat. An den Felswänden wuchern Moose und Farne in einem wirren Durcheinander. Greiskraut wächst verhalten am Wegesrand, bringt etwas Farbe in die schummrige Schluchtatmosphäre. Alles ist wild in dieser Schlucht, wild und ungestüm.

An einem Aussichtspunkt mache ich halt und höre dem donnernden Wasserfall zu. Was ist das nur für eine Urgewalt, die da schäumend und sprudelnd vor meinen Augen hundert Meter in die Tiefe fällt. Mir kommt etwas in den Sinn, was ich in einem der Nationalparkzentren gelesen habe. Alle Seen und Fließgewässer der Erde bilden gerade mal ein Prozent der Gesamtwassermenge. Wasser befindet sich in einem ewigen Kreislauf und ist immer in der gleichen Menge vorhanden, es nimmt in der Summe nicht ab, kann aber auch nicht vermehrt werden. Ich erinnere mich an das Gespräch über den sinkenden Grundwasserspiegel in Kratzeburg im Flatterhus, als ich im Nationalpark Müritz war. An einer Stelle gibt es zu wenig Wasser, an einer anderen zu viel. Es ist so vieles durch Menschenhand aus dem Gleichgewicht geraten. Werden wir es schaffen, wieder eine Balance herzustellen, oder wird es die Natur regeln müssen, weil wir es nicht hinbekommen?

Aus dem Augenwinkel sehe ich etwas Gelbes auf den flachen Steinplatten im Bachbett herumhüpfen. Ich wage kaum, mich zu bewegen. Vorsichtig nehme ich die Kamera und schaue es mir in der Vergrößerung an. Es ist eine hübsche kleine Gebirgsstelze auf Futtersuche. Aufgeregt wippt ihr Schwanz auf und ab, während sie an der Wasseroberfläche nach Insekten schnappt. Ihr Bauch ist sonnengelb und leuchtet richtiggehend aus dem tiefen Schluchtgrün heraus. Gebirgsstelzen leben hauptsächlich an natürlichen, schnell fließenden Bächen und Flüssen. Da hat sie hier wohl einen geeigneten Platz gefunden. Wie schön, dass ich sie bemerkt habe. Eine ganze Weile beobachte ich sie, mit dem beruhigenden Geräusch des Wassers im Hintergrund, bevor ich weiter hinuntersteige. Hin und wieder tun sich schöne Aussichten nach unten in die Gumpen auf, die an manchen Stellen wie Sprudelbäder aussehen. Nicht weniger spannend sind die Blicke zurück und hoch zu den schroffen Felsen, bei denen sich der Schluchtcharakter eindrucksvoll präsentiert. Wie mit Signalfarbe aufgesprüht leuchten vereinzelt gelbe Schwefelflechten, die flächig an den Steilhängen wachsen. Am Fuß des letzten Wasserfalls angekommen, fühle ich mich geerdet, vollgepumpt mit frischer Energie, und ich bin zuversichtlich, dass sich alles irgendwie einrenken wird: mein Leben und das Gleichgewicht in der Welt. Es macht mir nichts aus, denselben Weg wieder zurückzugehen, auch wenn er, dieses Mal aufwärtsgeht. Gut gelaunt erklimme ich den Berg über die Stufen nach oben und wandere durch das Lierbachtal wieder zurück zum Kloster.

✕

Zu meiner Freude darf ich am zweiten Tag im Schwarzwald den Mykologen und Nationalparkführer Flavius auf einer Pilzexkursion in den ehemaligen Bannwald Wilder See begleiten. Nun werde ich endlich mehr über diese geheimnisvollen Lebewesen erfahren, die weder dem Pflanzen- noch dem Tierreich zuzuordnen sind. Alles, was ich bisher über Pilze weiß, sind Erinnerungsfetzen aus der Schulzeit und das, was ich in den Nationalparks bisher gelernt habe: Pilze sind auf Symbiosen mit anderen Lebewesen angewiesen, weil sie selbst keine Fotosynthese betreiben und somit keine Energie aus Sonnenlicht gewinnen können. Ihre Vermehrung und Verbreitung finden über Sporen statt. Anders als wir oder die Tiere und Pflanzen haben Pilze kein Gewebe, sondern ein Myzel, ein feines Geflecht aus Zellfäden, die man Hyphen nennt. Manche bilden Fruchtkörper, die wir an der Erdoberfläche sehen können, manche bleiben im Verborgenen. Ein paar seltene Exemplare habe ich in den letzten Wochen entdeckt und konnte sie sogar benennen. Doch ich muss mir eingestehen, dass ich mir über die Bedeutung dieser Spezies noch nie wirklich Gedanken gemacht habe. Welche Rolle spielen Pilze eigentlich?

»Pilze sind überall. Ohne sie würde nichts laufen«, beginnt Flavius unsere Wanderung. »Es sind kryptische Wesen. Außer im Herbst, wenn ihre Pilzkörper an die Erdoberfläche treten, sieht man sie kaum – entweder weil sie so klein sind oder weil sie keine Fruchtkörper bilden. Aber sie sind da und machen ihren Job.« Gebannt höre ich zu und lasse mich in die Welt der Mykologie entführen.

Nach den Tieren sind Pilze die zweitgrößte Organismengruppe und praktisch überall vorhanden, im Boden, auf Pflanzen und Tieren, in der Luft, im Wasser, sogar in unserem Körper. Ohne Pilze würden grundlegende Funktionen wie der Abbau von Totholz oder Symbiosen jeglicher Art nicht ablaufen können. Eine Tatsache erstaunt mich: Im Stammbaum des Lebens sind Tiere die nächsten Verwandten der Pilze. Wenn man die Entwicklungslinien zurückverfolgt, findet man eine gemeinsame Linie, an der sich die Tiere und die Pilze aufspalten. Damit liegt auch der Mensch in seiner Abstammung nah bei den Pilzen. Weltweit sind zwischen hundertzwanzig- und hundertfünfzigtausend Pilzarten bekannt, in Deutschland sind es etwa ein Zehntel davon. Die Fachwelt geht aber davon aus, dass es auf unserem Planeten vermutlich bis zu fünf Millionen verschiedene Arten gibt. Das bedeutet, dass wir noch nicht einmal zweieinhalb Prozent der potenziell vorhandenen Diversität kennen.

Im Bannwald treten gehäuft seltene Arten auf, weil es dort genügend Totholz in verschiedenen Altersklassen und

Zersetzungsstadien gibt. Über siebenhundertzwanzig verschiedene Arten sind alleine in der Kernzone Wilder See bisher bestätigt worden. Etwa um 1911 wurde der Bannwald aus der Nutzung genommen und ist damit der zweitälteste nutzungsfreie Wald Deutschlands. Beeindruckend für Flavius sind die sehr alten und dicken Weißtannen. Ihr Totholz bietet Lebensraum für viele Pilzarten, die als Altwald- und Naturnähezeiger gelten. Manche davon kommen ausschließlich im Nationalpark Schwarzwald vor. Überhaupt wirkt sich der hohe Anteil an Tannen auf die biologische Artenverteilung im Nationalpark aus, woraus sich ein spannendes Forschungsfeld quer durch die Biologie ergibt.

»Mit unserer Forstwirtschaft und unserer Weise, die Landschaft zu prägen oder zu verändern, haben wir vielen Arten die Lebensgrundlage entzogen«, stellt Flavius rückblickend fest. Manche Arten, darunter auch Reliktarten und Altwaldzeiger, verbreiten sich in den Nationalparks, weil sie nur dort eine Existenzgrundlage vorfinden. Manche sind sogar so auf ihren Lebensraum begrenzt, dass sie in Deutschland ausschließlich in den beiden Nationalparks Bayerischer Wald und Schwarzwald vorkommen, dort also, wo die Wildnis am ältesten ist. Ein Beispiel hierfür ist die seltene Zitronengelbe Tramete, die 2014 zum ersten Mal im Kernzonengebiet Wilder See und überhaupt in Baden-Württemberg nachgewiesen wurde. Sie stellt sehr spezielle Ansprüche an ihren Lebensraum und benötigt eine große Menge an Totholz in ihrer Umgebung. Außerdem wächst sie nur in Verbindung mit dem Rotrandigen Baumschwamm. Die Zitronengelbe Tramete ist ein Urwaldzeiger und einer der Stars des Nationalparks.

Plötzlich bleibt Flavius stehen, schaut zu Boden und bückt sich.

»Schau mal, ein Orangebecherling, hier auf den Steinen.« Auf den ersten Blick sehe ich nur den Schotter auf dem Weg vor uns. Dann erkenne ich etwas kleines Orangenfarbenes zwischen zwei Steinchen. Es ist nicht größer als mein Daumennagel. Verblüfft blicke ich auf den Winzling, der von oben betrachtet aussieht wie ein herbstlich gefärbtes Laubblättchen. Nie im Leben hätte ich den entdeckt. Flavius meint, er sei zwar oft auf Schotterwegen zu finden, sei aber nicht gebietstypisch. Entlang solcher Wege wachsen aufgrund des Fremdmaterials, das einen anderen pH-Wert aufweist als der ursprüngliche Boden, oft andere Pilze und Pflanzen. Wäre der Schotter nicht, wäre dieser Pilz nicht hier. Flavius klärt mich darüber auf, dass es kein Substrat gibt, das nicht mit irgendeinem Pilz besiedelt werden kann. Es gibt Arten, die kommen nur auf Kalkböden vor, andere nur in saurem Milieu, wieder andere haben eine Bindung an eine bestimmte Pflanzen- oder Baumart oder leben als Parasiten an bestimmten Insekten – es gibt nichts, was es nicht gibt. Ich bin beeindruckt von diesen Alleskönnern. Je mehr ich über diese Organismen erfahren desto geheimnisvoller finde ich sie.

Mittlerweile befinden wir uns im Bannwaldgebiet, was sich in der wilderen Natur um uns herum bemerkbar macht. Flavius beugt sich über einen kleinen Moosteppich, bricht ein kleines Stück von einem weißen Pilz ab und streckt es mir hin.

»Riech mal an diesem Exemplar. Das ist der Dufttrichterling, er riecht lecker nach Anis.« Ein angenehm süßlicher Duft strömt von dem Pilzstückchen in meine Nase, und ich identifiziere den charakteristischen Anisgeruch sofort.

»Jetzt stellt sich die Frage: Warum riecht dieser Pilz nach Anis? Wir wissen, dass in der Natur nichts existiert, was keinen Sinn ergibt. Also muss dieser Geruch eine Bedeutung haben«, sagt der Mykologe und schaut fasziniert auf das Stückchen in seiner Hand. »Welche, wissen wir aber nicht. Das ist noch immer ein Rätsel.« Auch ich bin fasziniert und schnuppere noch einmal daran, um mir den Geruch einzuprägen.

Ein toter Baumstamm weckt Flavius' Interesse. Mit prüfendem Blick inspiziert der Experte das morsche Holz und identifiziert einen Schichtpilz: den Blutenden Nadelholzschichtpilz.

»Wie kommt denn ein Pilz zu solch einem Namen?«, frage ich verwundert.

»Das ist schnell erklärt«, lacht der Pilzexperte. »Nadelholz ist sein Habitat, und wenn er eine Verletzung erleidet, tritt an der Stelle eine rote Substanz aus, die aussieht wie Blut.« Verblüfft betrachte ich das blätterartige Gebilde, das von grünen, eichenblattförmigen Flechten umgeben ist. Ich erzähle Flavius von meiner neu entdeckten Faszination für Flechten. Jetzt, wo ich einen Fachmann an der Hand habe, lasse ich mir das Konstrukt »Flechte« noch einmal von ihm erklären. Demnach besteht sie aus mindestens einem Pilz plus einer Grünalgenart und einem Cyanobakterium. Nur in dieser spezifischen Dreierkombination bilden sie eine Lebensform. Flechten werden zwar als Art bezeichnet, sie sind aber eigentlich eine Gemeinschaft aus mindestens drei Arten. Alleine für sich wären diese nicht lebensfähig. Nur zusammen schaffen sie es, eine Struktur zu bilden, die wir dann als »eine Art« wahrnehmen.

»Das ist doch unglaublich, oder nicht? Eine Wohngemeinschaft, die nur dann funktioniert, wenn alle drei Partner da sind!« Flavius' Begeisterung ist mitreißend. Er klärt mich auch darüber auf, dass viele der baumbewohnenden Flechten empfindlich gegenüber Luftschadstoffen sind. Deswegen sind sie geeignet für die Bestimmung von Luftqualität oder für den Grad der Luftbelastung. Ich kann mich daran erinnern, dass ich im Hainich Bäume gesehen habe, deren Rinden rot gefärbt waren. Auch das waren Flechten, die eine hervorragende Luftqualität anzeigen.

Im weiteren Gespräch erfahre ich mehr über die symbiotischen Lebensgemeinschaften, die Pilze eingehen. Dabei umhüllen sie mit ihrem Myzel die feinsten, äußersten Wurzeln ihres Wirts. Beide Partner profitieren davon: Der Pilz organisiert Wasser und Nährstoffe für die Pflanze und erhält im Gegenzug Zucker aus ihrer Fotosynthese. Pilze, die auf diese Weise interagieren, werden Mykorrhizapilze genannt – ein Name, den ich noch nie gehört habe. Flavius berichtet von Studien, die belegt haben, dass ein Pilzmyzel verschiedene Bäume miteinander verbinden kann. Mit radioaktiv markiertem Kohlenstoff konnte nachvollzogen werden, wo dieser in Form von Zucker hinwandert. Er geht von einem Baum über die Pilze zu einem anderen Baum. Ich erinnere mich an den Hyphen-Raum im Nationalparkzentrum, der mich so beeindruckte. In Gedanken sehe ich im Boden unter uns ein weitverzweigtes Geflecht aus Pilzfäden, über das ein ständiger Austausch von Nährstoffen stattfindet – eine unterirdische Tauschbörse sozusagen. Das muss ein gigantisches Netzwerk sein, das sich durch die Böden der Erde zieht. So ist also alles miteinander verbunden. Für mich ist das Reich der Pilze weiterhin eine geheimnisvolle Parallelwelt, in der Organismen in allen möglichen Farben, Formen und Größen Regie führen.

»Welche Auswirkung hätte es, wenn eine Pilzart aussterben würde?«, möchte ich von dem Mykologen wissen.

»Ganz gleich, welche Organismengruppe man betrachtet, Pilze bilden die Grundlage für deren Ernährung und Existenz«, antwortet Flavius, hebt zur Demonstration eine Tannennadel vom Boden auf und hält sie mir hin.

»Egal, welches Substrat du dir anschaust oder welchen

Teil einer Pflanze, du findest darauf ganz spezielle Pilz-arten«, meint er und ergänzt: »Manche Pilze sind flexibel und können mehrere Dinge, andere wiederum sind auf eine einzige Sache spezialisiert, die sonst kein anderer Organis-mus erledigen kann.« Er deutet auf die winzigen schwarzen Punkte auf der Tannennadel. Es sind kleine Fruchtkörper, wie ich erfahre, von einem Pilz, der nur darauf spezialisiert ist, diese Pflanzenteile abzubauen. Jetzt wird mir erst rich-tig bewusst, was für eine bedeutende Rolle Pilze für das Leben auf der Erde spielen.

»Jedes Lebewesen, jede Art auf diesem Planeten hat eine bestimmte Funktion und einen bestimmten Nutzen für das Ökosystem – im Großen wie im Kleinen –, ansons-ten würde es diese Art nicht geben. Es gibt in der Natur nichts, was unnötig ist. Alles, was nicht gebraucht wird, bleibt im Zuge der Evolution auf der Strecke und wird aus-selektiert«, beendet Flavius seine Erklärung. Die Bedeutung seiner Worte klingt in mir nach. Mein Blick auf die Natur hat sich mit dieser Exkursion erweitert.

Nachdem ich mich von Flavius verabschiedet habe, begebe ich mich auf die Wanderung zum Wilden See. Zuerst geht es ein Stück durch die herrliche Grinden-Landschaft am Seekopf. Zwischen Pfeifengras und Heidekraut wachsen Beerensträucher, Latschenkiefern und Eschen. Abgestor-bene Fichtenskelette stehen, wie Mahnmale eines mensch-lich überprägten Landstrichs, inmitten der jungen, heran-wachsenden Baumgeneration. Jetzt, da ich mehr Kenntnisse über die kulturhistorischen Entwicklungen besitze, fällt es mir leichter, Rückschlüsse von den geschichtlichen Hinter-gründen auf die Umgebung zu ziehen. Es gibt Augenblicke, da komme ich mir vor wie eine Pfadfinderin beim Spuren-lesen. Dann packt mich ein kindliches Glücksgefühl, ge-

paart mit Sorglosigkeit, und ich wünsche mir, die Wander-
reise würde nie zu Ende gehen. Tagträumereien, die mich
beschwingt machen.

Dem breiten barrierefreien Spazierweg schließt sich ein
schmaler Pfad durch einen lichtoffenen Bergwald an, mit
reizvollen Ausblicken ins Schönmünztal. Vom Rastplatz am
Eutinggrab, auf tausend Metern Höhe, habe ich zum ersten
Mal die Gelegenheit, einen Blick auf den Wilden See zu
werfen, der tatsächlich aussieht wie ein dunkles Auge. Ab
hier befinde ich mich in der Kernzone, im zweitältesten
Naturwald Deutschlands. Ein Hinweisschild kündigt einen
schwierigen Weg an, der Trittsicherheit erfordert. Aben-
teuerlustig wage ich den Abstieg an der Karwand aus Bunt-
sandstein entlang, hinein in den urwüchsigen wilden
Bannwald. Felsbrocken und Wurzeln durchziehen den
schmalen Pfad, der durch hohen Fichten-Tannen-Wald steil
bergab führt. Ein Kuriosum am Wegesrand weckt meine
Aufmerksamkeit. Es ist die etwa zweihundert Jahre alte
Großvatertanne, eine knorrige Weißtanne mit außerge-
wöhnlichem Wuchs. Bis hinauf in die Baumkrone sitzen
abgebrochene Aststümpfe wie Stacheln an dem knochigen
Stamm. Ein dicker Seitentrieb ragt in Kopfhöhe über den
Weg. Breitbeinig stehen ihre Wurzeln rechts und links auf
dem Boden, scheinen die Tanne zu stützen. Egal von welcher Seite ich sie betrachte, sie sieht lebendig aus, wie ein
skurriles Wesen, das gemütlich am Wegesrand sitzt und
neugierig die Vorbeilaufenden beäugt. Umgestürzte Fichten
und herumliegende Wurzelballen machen die folgende
Passage zur Kletterpartie.

Unten am See angekommen, überrascht mich die Stille.
Glasklar ist der Ufersaum, doch schon nach wenigen Metern schimmert der dunkelbraune Boden durch. Wie ein
dunkles Loch sieht die spiegelglatte Wasseroberfläche aus.

Am Seeufer setze ich mich auf einen Baumstamm und entspanne eine Weile. Wie schön Deutschland ist und wie vielseitig. All die Erlebnisse auf meiner Reise beginnen meine innere Leere aufzufüllen. Ich habe das Gefühl, einen Schatz in mir zu tragen, der täglich an Wert gewinnt.

✕

Am Wanderparkplatz Heuhütte, in der Nähe von Baiersbronn, breche ich am letzten Tag meines Schwarzwald-Aufenthalts mit Ranger Urs zu einer Exkursion in die Kernzone des südlichen Nationalparkteils auf. Wir wandern ein Stück an der Rotmurg entlang, dann bleibt Urs vor einem Baumstumpf am Wegesrand stehen. Aus Sicherheitsgründen musste der Baum gefällt werden, erfahre ich, obwohl er sich in der Kernzone befand, in die eigentlich nicht eingegriffen wird. Sobald Besucher gezielt einen Weg entlanggeleitet werden, muss für deren Sicherheit gesorgt sein. Das gilt nicht nur in den Nationalparks, sondern in allen unseren Wäldern, wie ich weiß. Urs berichtet, dass die Leute in der Nationalparkregion nicht immer mit allen Maßnahmen einverstanden sind, die im Schutzgebiet durchgeführt werden. Laien reagieren oft mit Unverständnis auf Baumfällungen, besonders wenn es alte Bäume aus für sie nicht nachvollziehbaren Gründen trifft. Dass ein Baum instabil war, etwa wegen Pilzbefall, das erkennt ein Laie nicht.

Zudem sind die Menschen verunsichert und haben Angst, dass Eingriffe in die Natur möglicherweise für Überschwemmungen sorgen könnten.

»Dabei können die Maßnahmen im Nationalpark sogar dazu beitragen, eventuelle Flutwellen zu verhindern«, erzählt mir Urs. Er führt mich zu einer Stelle unten am Bach, die ihm besonders gut gefällt und ein gutes Beispiel für natürlichen Hochwasserschutz liefert. Ein paar Baumstämme sind infolge eines Erdrutschs vom Berghang in den Bach gestürzt. An dieser Stelle staut sich das Wasser etwas und sucht sich einen Weg um das Hindernis herum. Mitten im Bach ist dadurch eine kleine Insel entstanden, die den Wasserfluss verlangsamt und bremst. Das Bachwasser läuft rechts und links an der Insel vorbei, verteilt sich. Wenn man also generell in den Oberläufen kleinere Hindernisse belässt und den Bächen mehr Raum zugesteht, verlangsamt sich bei Hochwasser die Fließgeschwindigkeit, und mögliche Bugwellen werden abgefangen. Je mehr solcher kleinen Stauungen sich im Bachoberlauf befinden, umso langsamer wird das Wasser und umso unwahrscheinlicher wird eine Flutwelle.

»Dass hier der Hang nach unten rutscht, ist völlig in Ordnung«, meint Urs. »Möglicherweise entsteht hier sogar ein Erdwall, der das Wasser zukünftig mit verlangsamt und umleitet.« Diese Zusammenhänge sind mir neu, aufmerksam höre ich Urs' Erklärungen zu und finde es erstaunlich, welche Dynamik an so einer kleinen Staustelle im Bach entstehen kann.

Urs teilt mir seine Gedanken zu der Vermittlerrolle mit, die er als Ranger hat, und wird dabei philosophisch. Er steht praktisch zwischen den Interessen und Bedürfnissen der Besucher und den Schutzzielen, die im Nationalpark verfolgt werden. In der Kommunikation mit den Besuchern nimmt er bisher zwei Sichtweisen wahr, die sich gegenüberstehen: die anthropozentrische der Besucher und die holistische der Ranger. Was genau bedeutet das? Urs ist der Ansicht, dass ein Großteil der Gäste im Nationalpark eine unbewusst anthropozentrische Haltung gegenüber der Natur hat, in der sie den Menschen als Mittelpunkt des Ökosystems verstehen. Demnach steht die Befriedigung ihres Bedürfnisses nach Naturerleben – in welcher Form auch immer – an erster Stelle. Urs selbst hat eine ganzheitliche Sicht auf seine Umwelt, in der alles miteinander verbunden ist und zusammenwirkt, in der ein funktionierendes System in seiner Ganzheit betrachtet wird und in der der Mensch eine eher untergeordnete Rolle spielt. Die Prozessschutzgebiete, also die Kern- oder Dynamikzonen, sind ökozentrisch und basieren auf allen Funktionen eines Ökosystems. Man kann sie aber auch aus holistischer Sicht betrachten, als gesamtheitliche Systeme, die alles einschließen, was lebt, zuzüglich des Wassers und der Gesteine. Urs nimmt das Thema Hochwasserschutz als Beispiel, damit ich diese philosophische Herangehensweise besser einordnen kann. Das anthropozentrische, auf den Menschen fokussierte Argument könnte lauten: »Ich möchte nicht, dass sich in diesem Tal die Baumzusammensetzung ändert, weil ich Angst vor Hochwasser habe.« Das Gegenargument aus holistischer Sicht könnte sein: »Die Natur hier am Bach muss sich ungestört entwickeln können, da sie dem Prozessschutz unterliegt. Dabei spielen persönliche Meinungen keine Rolle.« Urs und ich sind uns darüber einig, dass der holistische Ansatz Vertrauen in die Natur voraussetzt, die Bereitschaft dazu, die Kontrolle aus der Hand zu geben und die Natur einfach machen zu lassen. Deshalb besteht auch die Aufgabe der Nationalparks darin, eine Basis zu schaffen, dass die Menschen Vertrauen in die Natur aufbauen, indem sie der entstehenden Wildnis zusehen können.

»Man spricht da häufig auf unterschiedlichen Ebenen miteinander, denn das Anthropozentrische steht im Gegensatz zum Holistischen«, schließt Urs seinen philosophischen Diskurs ab, und mir wird jetzt erst richtig bewusst, welchen Spagat die Mitarbeiter der Nationalparks manchmal in der Kommunikation mit den Gästen machen müssen. Ich selbst erkenne mich auf beiden Seiten wieder, obwohl ich vom Gefühl her lieber nur der holistischen angehören möchte. Aber mit meinem Anspruch, die wildesten Gebiete zu erkunden, verfolge ich meine ganz persönlichen Interessen und habe deswegen auch schon das Wegegebot gebrochen oder war kurz davor. Ich erinnere mich, wie ich mich im Hainich verirrt habe oder dass ich im Nationalpark Müritz versucht habe, ganz nah ans Schilf heranzukommen. Es erfüllt mich mit Scham, dass auch ich nicht ganz frei davon bin, die Natur für meine Zwecke zu benutzen.

Unsere Wanderung geht weiter an der Rotmurg entlang. Immer wieder bleibt Urs stehen, um mir Dinge zu erklären. Es geht auch um das Thema Borkenkäfer, mit dem nahezu alle deutschen Wälder zu kämpfen haben, wie ich mittlerweile weiß. An einem Waldabschnitt erläutert mir der Ranger, weshalb ein durchmischter Wald besser gegen Störeinflüsse gewappnet ist als ein reiner Wirtschaftswald. Wir blicken auf ein Gemisch aus Laubbäumen, Tannen, Lärchen und von Borkenkäfern heimgesuchten Fichten, wobei diese bereits abgestorben und für den Borkenkäfer nicht mehr relevant sind. Die Bereiche, die forstwirtschaftlich genutzt wurden, sind gut daran zu erkennen, dass nur eine Altersklasse vorherrschend ist und es keine Durchmischung mit Jungbäumen gibt, wie es auf der Fläche vor uns der Fall ist. Im Durchschnitt waren die toten Fichten etwa hundert Jahre alt, also ein Leckerbissen für den Borkenkäfer, der Fichten ab sechzig Jahren bevorzugt. Dadurch, dass der Bestand hier gleich alt war, konnte sich der Käfer das gesamte Areal einverleiben. Wenn ein Wald dagegen aus verschiedenen Baumarten und Altersklassen besteht, wird er für den Borkenkäfer uninteressanter. Selbst wenn ein paar Fichten dazwischenstehen, die vom Käfer befallen werden, ist nicht das gesamte Gebiet in Gefahr.

Wir sehen beide, dass der Mensch diesen Zustand mit den großflächig absterbenden Fichten verursacht hat. Aber wer trägt die Schuld? In Führungen sieht sich Urs oft mit der Einstellung von Gästen konfrontiert, speziell wenn es um Waldgeschichte geht, die den Förstern die Schuld an allem geben, da sie nur Fichten angepflanzt hätten. Es steht außer Frage, dass in der Vergangenheit eher etwas hätte geändert werden müssen. Aber früher, etwa um das Jahr 1800, war hier kein Wald mehr. Es gab nur noch Restbestände. Das Holz wurde an allen Ecken gebraucht. Schnell wachsende und anspruchslose Bäume wie die Fichte zu pflanzen war also damals die richtige Entscheidung. Das ist unser Erbe, mit dem wir heute umgehen müssen. Im Nationalpark kann es in Zukunft auch wieder geschehen, dass Fichten ab einem gewissen Alter von Borkenkäfern befallen werden. Aber der zukünftige natürliche Wald im Nationalpark wird insgesamt stabiler sein, weil er erheblich mehr Vielfalt beinhalten wird. Urs ist tief davon überzeugt, dass Wälder mit Naturverjüngung ein stabileres Netzwerk bilden, weil der Mensch nicht mehr eingreift und die jungen Bäume wachsen lässt. Letztendlich findet die Auslese auf natürliche Weise statt: Schwache Bäume fallen im Sturm, stärkere bleiben stehen. Solch ein Wald wird auch die Klimakrise bewältigen.

»Ich finde die hier stattfindende Entwicklung spannend und schön zugleich«, meint Urs mit einem Funkeln in den Augen. »In den kommenden zehn bis zwanzig Jahren und darüber hinaus werden hier viele neue Baumarten in einer gesunden, bunten Mischung heranwachsen.« Ein schöner

Ausblick in die Zukunft, finde ich. Vielleicht sollte ich diese Reise wirklich in zehn Jahren wiederholen, um zu sehen, was die Natur aus all den Fichtenflächen, die ich gesehen habe, bis dahin Neues geschaffen hat.

Am Ende unserer Tour angekommen, habe ich an Urs noch eine letzte Frage, bevor ich wieder weiterreise.

»Was ist für dich das Besondere hier im Nationalpark Schwarzwald?«

»Auf den Naturraum bezogen sind es unsere Tannen. Wir sind sozusagen der Nationalpark der Tannen«, lacht er und erläutert einen weiteren Punkt, der ihm wichtig ist. Demnach unterscheidet sich der Nationalpark, der erst 2014 gegründet wurde, auch von seiner Philosophie her von den älteren Parks: Er hat keine Zielvereinbarung. In älteren Schutzgebieten war es bisher wohl üblich, die dreißig Jahre Entwicklungszeit zu nutzen, um einen angenommenen früheren Waldstatus wiederherzustellen oder zumindest die Initialzündung dafür zu geben.

»Würden wir in dieser Tradition agieren, würden wir die ersten dreißig Jahre nutzen, um die Fichten zu fällen, sie rauszunehmen und Buchen und Tannen zu pflanzen, wie es beispielsweise in der Eifel gemacht wird«, erklärt Urs und lässt mich weiter an seinen Gedanken teilhaben. Durch Pollen- und Samenanalysen ist bekannt, dass vor allem die Buche und die Tanne im heutigen Schutzgebiet heimisch waren, gemischt mit Bergahorn und zwischen zehn bis dreißig Prozent Fichte – je nach Berghöhe. Dass die Fichte unter Hitze, Trockenheit und Stürmen leidet und Schaden davonträgt, ist offenkundig. Also kann man auch abwarten, bis sie von alleine verschwindet. Anstatt die Entwicklungsphase zum Umbau der Waldstruktur zu nutzen, lässt man der Natur einfach jetzt schon freien Lauf. Zwar gibt es auch einzelne Maßnahmen in den Entwicklungszonen, bei denen Fichten gezielt entnommen werden, dies geschieht allerdings nur, um Lebensräume für das Auerhuhn zu schaffen. Ein großflächiger Umbau findet aber nicht statt. Der einzige Haken an der Geschichte ist die Zeit. Denn der natürliche Prozess dauert keine dreißig Jahre, sondern dreihundert Jahre. Das ist für Menschen, die gerne eine schnelle Entwicklung sehen möchten, nicht so einfach zu akzeptieren.

»Wir haben nun mal das kulturelle Erbe im Schwarzwald, wie im Harz oder anderen Regionen auch, aber wir bauen das alles nicht innerhalb von dreißig Jahren so zurück, dass es so ist, wie es früher einmal war.« Während ich Urs so zuhöre, denke ich mir, dass beide Herangehensweisen – die traditionelle wie die moderne – ihre Berechtigung haben.

»Die spannende Frage ist doch: Was macht die Natur jetzt mit dem Erbe, das wir ihr hinterlassen haben? Nicht wir sind fortan die Gestalter, sondern wir lassen die Natur ihre natürliche Dynamik entfalten und vertrauen darauf, dass sie etwas Sinnvolles daraus macht.«

Naturräume in ihrer Komplexität verstehen zu können war mein großer Wunsch am Anfang meiner Deutschlandreise. Inzwischen sind mir viele Entwicklungen klarer geworden und haben sich zu einem logischen Ganzen gefügt. Ich habe »Natur lesen« gelernt. Und es macht mir richtig Spaß. Mein nächstes Reiseziel ist der Bayerische Wald mit dem ältesten Nationalpark Deutschlands. Ich bin sehr gespannt darauf, was es dort alles zu lesen gibt.

12

Sonnenherz

Schachten und Filze im Nationalpark Bayerischer Wald

Als ich bei meiner Unterkunft in Neuschönau im Bayerischen Wald eintreffe, pfeift mir ein kühler Wind um die Ohren. Etwas wehmütig nehme ich zur Kenntnis, dass der Herbst zu Ende geht und der Winter sich ankündigt. An der Rezeption empfängt mich ein aufgeweckter junger Mann, der mir nach Erledigung der Formalitäten ein paar Wandertipps gibt.

»Auf jeden Fall müssen Sie auf den Lusen hoch«, meint er begeistert und fügt hinzu: »Der Lusen ist der schönste Gipfel im Bayerischen Wald.« Und schon steht meine erste Wandertour für den kommenden Tag fest. Der Rezeptionist stellt mir noch ein Bündel Broschüren und Karten zusammen, mit denen ich bestens ausgerüstet sein werde. Der Lusengipfel liegt auf tausenddreihundert Metern Höhe, entnehme ich der Toureninfo. Bislang habe ich die Tausend-Meter-Marke nicht überschritten. Vor der Höhe habe ich großen Respekt, immerhin sind das vierhundert Höhenmeter mehr, als ich bislang bezwungen habe. Jetzt wird sich zeigen, wie fit ich über die Wochen geworden bin.

Im nahe gelegenen Nationalparkzentrum beschäftige ich mich mit der Geologie des Bayerischen Walds. Noch lange bevor die Hebung der Alpen begann, ist dieses Gebirge – wie auch die anderen deutschen Mittelgebirge – als Folge der Variszischen Faltung durch den Zusammenstoß der Kontinentalplatten vor etwa dreihundertfünfzig Millionen Jahren entstanden. Es wird angenommen, dass die Erhebungen des Bayerischen Walds damals bis zu fünftausend Meter hoch waren, also einen alpinen Charakter hatten. In den folgenden Jahrmillionen wurde das ehemals schroffe und spitze Gebirge durch Erosion abgetragen. Sein heutiges Relief mit den abgerundeten Bergkuppen in den höheren Lagen, bekam der Bayerische Wald durch die Gletscherbewegungen während der letzten Eiszeit.

Hauptgestein des kristallinen Grundgebirges ist Gneis. Mit fortschreitender Erosion und weiteren Hebungen gelangte auch Granit an die Oberfläche. Beide bildeten die Grundlage für den Boden der Wälder. Zu diesem Thema gibt es ein paar Informationstafeln, die mein Interesse wecken. Tagtäglich laufe ich über Waldboden, ohne wirklich darüber nachzudenken, wo dieser überhaupt herkommt – einmal abgesehen vom Humus, der obersten Bodenschicht, die sich aus abgestorbenem organischem Material zusammensetzt. Klimatische Einflüsse wie Wärme, Frost und Feuchtigkeit lösen Mineralien aus dem Stein. In den entstandenen Klüften und Rissen kann wiederum die Erosion ansetzen und die Gesteine weiter zerkleinern. Darauf können sich irgendwann Algen, Flechten und Moose ansiedeln, die erste Biomasse für den späteren Boden. In einem langwährenden Prozess verwitterten auf

diese Weise die Gesteine zu nährstoffarmen Braunerde-
böden.

Waldboden hat viele Funktionen, die mir so nicht be-
wusst waren. Als Puffer federt er die Kraft des auftreffen-
den Regens ab und verhindert so die Abtragung des Bodens.
Bevor das Niederschlagswasser dann in die Bäche und ins
Grundwasser gelangt, wird es im Boden wie in einem Filter
gereinigt. Dadurch, dass Regenwasser in der Erde zwi-
schengespeichert wird, entsteht ein wirksamer Schutz vor
Hochwasser. Auch zur Stabilisierung des Klimas trägt der
Waldboden bei, denn er speichert Kohlenstoff und setzt im
Gegenzug Sauerstoff frei. Zwischen den ganzen Informationen stoße ich auf einen bedeutenden Satz, der mich
nachdenklich macht. Er stammt aus der Europäischen Bo-
dencharta des Europarats von 1972: »Der Boden ist eines
der kostbarsten Güter der Menschheit.« Und weiter lese
ich, dass ohne ihn kein Leben auf der Erdoberfläche möglich wäre. Erneut wird mir bewusst, dass nichts selbstverständlich ist, weder das Wasser noch die Luft und auch
nicht der Boden unter meinen Füßen.

✕

Meine Wanderung zum Lusen beginne ich an der Freden-
brücke, über die ich die Kleine Ohe überquere – ein typi-
scher Bergbach des Bayerischen Walds und Quellfluss der
Ilz. Bis zur Martinsklause wandere ich am quirlig plät-
schernden Bach entlang durch eine fortgeschrittene Waldwildnis, die mich vom ersten Augenblick an fesselt. Ich
befinde mich in der Kernzone des ältesten Nationalparks
Deutschlands, in dem die Natur seit über fünfzig Jahren
sich selbst überlassen ist. Und das sieht man diesem Wald
auch an. Mich umgibt eine wildromantische Atmosphäre.
Der ganze Boden, einschließlich des herumliegenden Ge-

ästs, ist mit Moos bedeckt. Das bunte Herbstlaub bringt Helligkeit und Licht ins dunkle Waldgrün – ein kunstvolles Durcheinander an Farben. Totholz und umgestürzte Baumstämme sind die Regel, liegen selbstverständlich herum. Ich sehe hier, was sich in den jüngeren Nationalparks erst noch entwickeln wird. Es ist schlichtweg beeindruckend, welche Dynamik sich hier bereits entfaltet hat. Ein Wildnistraum ohnegleichen. Über Gesteinsbrocken und grobes Wurzelgeflecht arbeite ich mich den schmalen Pfad bergauf und lasse mich von der Wildheit der Natur umarmen. Ein energetischer Sog geht von diesem Waldstück aus, mit seiner herrlichen Unordnung und dem beständigen Rauschen des Bergbachs.

Nach etwa einer halben Stunde gelange ich über einen abenteuerlichen Steinweg zum Teufelsloch, einem Granitblockmeer. Die Kleine Ohe ist verschwunden, sie verläuft hier unterirdisch weiter. Bisher habe ich die Steigung ganz gut bewältigen können und bin guter Dinge, wenn ich an den Aufstieg zum Lusengipfel denke. Durch einen abwechslungsreichen Bergmischwald gelange ich auf einen Bohlenweg, der durch ein Windwurfgebiet führt. Auf einer Schautafel wird aufgezeigt, wie sich die Fläche über die Jahrzehnte entwickelt hat. Von der einstigen Kahlheit sind lediglich ein paar nackte Fichtenstämme übrig, die zwischen den hochgewachsenen Tannen und Buchen herauslugen. In der Schutzhütte an der Glasarche – einer großen Kunstskulptur – lege ich eine Pause ein, um für den Aufstieg Kraft zu sammeln. Dann laufe ich auf dem Sommerweg schnurgerade dem Lusengipfel entgegen, dessen gelbgrüne Bergkuppe schon aus der Ferne zu sehen ist.

Nichts als Steine sehe ich auf dem Gipfel, während ich mich dem Berg nähere, einem riesigen Blockmeer. Jetzt sind es nur noch etwa hundert Meter, die mich vom Gip-

felkreuz trennen, doch dazwischen liegt die Himmelsleiter, ein nicht enden wollender steiler Aufstieg über Steintreppen. Also einmal tief durchatmen, und los geht's. Die
Stufen sind schwierig zu laufen, da sie unterschiedlich
hoch und unregelmäßig sind. Bis ich wieder zu Atem gekommen bin, gehe ich in gemütlichem Tempo weiter. Die
Himmelsleiter scheint wirklich in die Wolken zu führen,
sie nimmt kein Ende. Immer wieder bleibe ich stehen, ent-
laste meine Beine und ruhe für einen Moment aus. Dann
endlich sehe ich das Gipfelkreuz. Es sind höchstens noch
zehn, fünfzehn Meter. Doch wo sind die Stufen hin? Nach
oben blicke ich auf ein riesiges Meer aus gelbgrün leuch-
tendem Geröll. Jetzt kann ich auch erkennen, woher die
Farbe kommt: Die meisten Felsblöcke sind flächig mit
Landkartenflechten überzogen. Ich schaue hinter mich,
hinunter in die Tiefe, wo sich die Himmelsleiter wie eine
schmale Linie abzeichnet. Wie komme ich jetzt hoch zum
Gipfel? Einfach so über die Steine kraxeln? Es sind noch
andere Wanderer unterwegs. Ich beobachte, wie sie die
Besteigung angehen, und folge ihnen auf demselben Weg.
Mit vor Anstrengung zitternden Beinen kämpfe ich mich
über das Geröll nach oben und bin unglaublich erleichtert,
als ich am Fuß des Gipfelkreuzes ankomme. Geschafft,
hurra! Ein böiger Wind pfeift mir um die Ohren, teilweise
ist er so stark, dass ich mich ihm richtig entgegenstem-
men muss. Alle Achtung, hier oben herrscht ein raues
Wetter. Aber der Aufstieg hat sich wahrhaftig gelohnt, das
Panorama ist ein Traum. Nach Osten blicke ich in den
tschechischen Nationalpark Šumava, der direkt an den
bayerischen angrenzt. Richtung Süden kann ich am Horizont die weißen Bergspitzen der Alpen erkennen. Wie ein
bunter Flickenteppich sieht die Landschaft unter mir aus.
Noch sind die Borkenkäfergebiete erkennbar, aber es ist

deutlich zu sehen, dass in wenigen Jahren die Jungbäume die Fläche wieder schließen werden.

Ich erinnere mich an meinen Besuch im Hunsrück-Hochwald, als ich zum ersten Mal die Blockhalden gesehen habe. Damals war ich voll Ehrfurcht wegen des alten Gesteins. In diesem Augenblick habe ich die gleiche Empfindung wie damals, als ich meinen Blick über das Lusen-Blockmeer gleiten lasse. Das Granitgestein wurde vor etwa dreihundertzwanzig Millionen Jahren in der Zeit des Karbons gebildet, und die großflächigen Landkartenflechten darauf müssen mehrere Tausend Jahre alt sein. Bevor ich mich mit dem Thema Flechten beschäftigt habe, waren sie für mich nichts Besonderes. Heute sehe ich diese Lebensgemeinschaft aus mehreren Arten mit neuen Augen. Ich habe viel mehr Respekt vor ihrer sensiblen Struktur. Auf sie zu treten würde mir wehtun. Völlig durchgefroren verlasse ich den Gipfel und wandere hinunter zum bewirtschafteten Lusenschutzhaus. Ein warmes Essen ist jetzt genau das Richtige, bevor ich über den Waldhäuserriegel den Rückweg antrete.

✕

Meinen zweiten Tag im Nationalpark werde ich am Rachel verbringen, dem zweithöchsten Berg im Bayerischen Wald. Mit dabei ist Nationalparkführerin Kristin, die mich durch die wildesten Bergmischwälder des Schutzgebiets begleiten wird. An diesem Morgen spüre ich einen dumpfen Schmerz im Knie, und ich äußere meine Besorgnis darüber, ob ich mit der Rangerin überhaupt mithalten kann.

»Hast du keine Wanderstöcke dabei?«, fragt mich Kristin besorgt.

»Aber natürlich! Dass ich daran nicht schon früher gedacht habe!« Seit acht Wochen fahre ich meine Stöcke im Kofferraum durch ganz Deutschland spazieren, und es ist mir noch nicht einmal nicht in den Sinn gekommen, sie zu benutzen. Schon nach den ersten hundert Metern fühle ich mich mit den Stöcken merklich sicherer. Während wir langsam den Aufstieg in Angriff nehmen, gibt mir Kristin einen Überblick über die drei Hauptwaldgesellschaften, die man im Nationalpark vorfindet, angefangen bei den Aufichtenwäldern in den Tallagen, wo sich die Kälte staut und ein nasskaltes Klima herrscht. Dort fühlen sich nicht nur Fichten wohl, auch Moorbirken und Ebereschen kommen mit den Bedingungen klar. Auf der nächsthöheren Vegetationsstufe wachsen ab siebenhundert Metern die artenreichen Bergmischwälder mit den Hauptbaumarten Fichte, Rotbuche, Weißtanne und auf den felsigeren Böden Bergahorn. Vor etwa dreitausend Jahren lag der Anteil der Buchen noch bei fünfzig Prozent. Die Fichte hatte zu dieser Zeit noch den kleinsten Anteil. In den letzten hundertfünfzig bis zweihundert Jahren gab es die gravierendsten Veränderungen. Mit seinem Hunger nach Rohstoffen hat der Mensch dafür gesorgt, dass die aufgeforstete Fichte zur dominanten Baumart wurde. Mit verheerenden Folgen, was die letzten Jahre und Jahrzehnte gezeigt haben. Über der Waldgrenze schließlich, ab etwa tausendeinhundert Metern Höhe, wachsen die Fichtenhochlagenwälder. Sie haben nichts mit den künstlich angepflanzten Fichtenforsten in den unteren Regionen gemein. In den höheren und klimatisch rauen Lagen der Mittelgebirge und im Alpenraum wachsen sie auf natürliche Weise und erinnern an die Taigawälder der nördlichen Vegetationszonen. Dort oben kann bis in den Frühsommer Schnee liegen. Neben der Fichte können vereinzelt auch Eberesche und Bergahorn das Dickicht aus Heidelbeere, Gebirgsfrauenfarn und Wolligem Reitgras durchdringen.

Der erste Aufstieg ist geschafft. Beruhigt stelle ich fest,

dass sich mein Knie gut anfühlt. Kein Schmerz spürbar. Mein neuer Vorsatz lautet: Ab jetzt laufe ich nur noch mit Stöcken. Wir gelangen in einen Abschnitt, in dem etliche Fichtenstümpfe zwischen jungen Tannen und Buchen herauslugen und ich versuche mich im Waldlesen:

»Ich vermute, dass hier zuvor reiner Fichtenwald stand, der aufgrund von Stürmen und Borkenkäferschäden abgestorben ist«, gebe ich stolz meine Analyse preis. Kristin lacht und gibt mir recht und fügt noch ein paar weitere Infos hinzu. Etwa um 1870 gab es einen gewaltigen Sturm, der zwischen den beiden Bergen Rachel und Lusen mehrere Tausend Festmeter Wald gefällt hat. Die entstandenen Freiflächen wurden dann mit Fichten aufgeforstet. Wirtschaftlich gesehen war das damals die beste Lösung. Ursprünglich ist dieser Standort aber ein Buchenstandort, was man an der nachwachsenden Baumgeneration gut sehen kann.

Nachdem der Nationalpark 1970 gegründet wurde, gab es in den Achtzigerjahren erneut schwere Sturmereignisse. Viele Bäume waren danach geschädigt und wurden zusätzlich durch die Sonneneinstrahlung gestresst. Den Rest erledigte auch hier wieder der Borkenkäfer.

»Man hat damals entschieden, alles so zu belassen, wie es war«, berichtet Kristin. »Man wollte sehen, was passiert, wenn man nicht eingreift. Das Ergebnis siehst du nun vor dir.« Ich sehe den Wandlungsprozess von einer ehemaligen Fichtenmonokultur zu einem Mehrgenerationenwald, der in Zukunft robuster gegenüber klimatischen Bedingungen sein wird. Im Durchschnitt sind die Bäume auf diesem Areal dreißig bis vierzig Jahre alt, erfahre ich von Kristin. Der Bereich um den Falkenstein, den dritthöchsten Berg im Nationalpark, wurde erst später Teil des Schutzgebiets und ist in puncto Wildnis noch nicht so weit wie die älteren Teile des Parks. All die Entwicklungsschritte, die man am

Rachel beobachten konnte, werden auch am Falkenstein noch stattfinden.

Von unserem Standort aus können wir den Rachel sehen. Im Nationalpark ist er die höchste Erhebung. Rings um den Gipfel sind große kahle Flächen zu sehen. Wie kleine Zahnstocher stehen die toten Fichtenstämme in der Landschaft. Ich sehe Parallelen zum Harz, dessen Bergkuppen ähnlich aussehen.

»Im Harz hat der Wandel des Walds vor wenigen Jahren begonnen«, erzählt Kristin, den Blick auf den Rachel gerichtet. »Hier bei uns wurde er bereits 2007 durch den Sturm Kyrill ausgelöst.« Die Sukzession der frei gewordenen Flächen, die sie mir schildert, gleicht der, die ich in den anderen Parks gesehen habe. Pionierpflanzen wie Birke, Vogelbeere, Brombeere und Himbeere waren die ersten, die sich ansiedelten. Der Samen der Himbeere kann hundert Jahre im Boden überdauern, erfahre ich von Kristin, und sobald die äußeren Bedingungen passen, beginnen die Samen zu keimen. Je nachdem, welche Bäume auf diesem Grund vorher wuchsen liegen eventuell noch deren Samen in der Erde. Vielleicht werden in den folgenden Phasen der Wiederbewaldung erneut Buchen oder Fichten nachwachsen. Dieser Prozess kann einige Zeit beanspruchen. Wenn auf dieser Fläche Harvester oder andere schwere Maschinen im Einsatz waren, wird das Wachstum der Pflanzen durch die Verdichtung des Bodens sogar noch verzögert.

»In Privatwaldanteilen ist es schwierig, den Borkenkäfer rauszuhalten«, weiß Kristin aus Erfahrung und umreißt kurz die Problematik. Manche Eigentümer leben woanders oder kennen sich mit Wald nicht aus. Ist da einmal der Borkenkäfer drin, hat ihn zwangsläufig auch der Nachbarwald. Neu für mich ist die Info, dass Privatwald vererbt wird. Früher haben die Leute in der Nationalparkregion

vom und im Wald gelebt. Man hatte damals zwei Möglichkeiten, Geld zu verdienen: in der Glas- oder in der Holzin-
dustrie. Für beide Industriearten brauchte man Holz. Ein
paar Bauern hat es zwar auch gegeben, aber für Ackerland
war der Boden nicht fruchtbar genug. Der Besitz von Wald
bedeutete damals also großen Reichtum. Ich finde es sehr
interessant und spannend zu sehen, worin sich die Regionen in Bezug auf ihre kulturhistorischen Wurzeln unterscheiden und wo sie Gemeinsamkeiten haben. In allen Mit-
telgebirgsregionen, die ich bis jetzt besucht habe, wurden
die gravierendsten Eingriffe in die Struktur der Wälder vor
etwa zweihundert Jahren vorgenommen. Den Preis des Be-
völkerungswachstums musste die Natur überall teuer be-
zahlen.

Ein steiler alpiner Felsenpfad führt uns zur hölzernen Ra-
chelkapelle. Kristin ist der Überzeugung, dass die Kapelle
mit der wunderschönen Aussicht auf den Rachelsee der
meistfotografierte Ort im Bayerischen Wald ist. Das glaube
ich gern, denn es ist wirklich ein traumhaftes Plätzchen.
Von der Kapelle aus wandern wir über den Kapellensteig
durch ein Waldgebiet, das sich in seiner Struktur und Ausstrahlung deutlich vom vorherigen unterscheidet. Verschiedene Baumarten in allen möglichen Altersklassen bilden
eine bunte, aber auch undurchdringliche Gemeinschaft.
Uralte Fichten thronen hangaufwärts, über den Boden verteilt liegen bemooste Gesteinsbrocken, dazwischen überall
Gehölz und Totholz. Hangabwärts mischen sich noch Laubbäume darunter, ihr buntes Laub leuchtet zwischen dunklen Fichten hindurch. Jungbäume recken sich in die Höhe,
bahnen sich ihren Weg durch das Bodengestrüpp. Mächtige
Fichtenstämme, übersät mit tellergroßen Baumpilzen, stehen wie Wahrzeichen am Wegesrand. Hier beginnt der Ra-

chel-Urwald, der seit 1914 weitgehend unberührt geblieben ist und in dem die Natur die Regie übernommen hat. Ich bin überwältigt von der entfesselten Lebendigkeit, die dieser Naturraum zur Schau trägt.

Zwischen den Stämmen der Bäume sehe ich den Rachelsee in der Sonne glitzern. Wenige Minuten später sind wir auch schon am Ufer. Durch die Spiegelung auf der Wasseroberfläche präsentiert sich uns die Schönheit der Bergkulisse mit dem herbstlich gefärbten Wald gleich doppelt. Auf einer großen Holztafel lese ich etwas zur Entstehung des Rachelsees. Wie der Wilde See im Schwarzwald ist auch er ein Karsee und der einzige natürliche See im Nationalpark. Auf den Sitzgelegenheiten am Ufer haben sich ein paar Wandertouristen niedergelassen. Ein Holzzaun schränkt den Uferbereich ein, um die Leute davon abzuhalten, die sensiblen Bereiche zu betreten. Kristin macht mich auf ein Problem aufmerksam, mit dem sich auch andere Nationalparks konfrontiert sehen. Mitunter kommt es vor, dass ein Weg umgeleitet oder nicht mehr ausgeschildert wird. Oft hat das damit zu tun, dass er nicht mehr sicher zu begehen ist. Manchmal dient so eine Maßnahme aber auch dem Naturschutz, wenn sich beispielsweise eine seltene Tier- oder Pflanzenart angesiedelt hat, deren Lebensraum abgeschirmt werden muss. Die Überlegung, ob man einen Weg an einer Uferzone entlangführt, wie es an diesem See der Fall ist, hängt von der Vegetation und dem Tiervorkommen ab. Auch die Höhe der Besucherlast spielt eine Rolle. Manchmal kommen die Leute auf die Idee, direkt ans Seeufer zu laufen oder gar im See baden zu wollen.

»Hier befindet sich ein Schwingrasen, der kaum Verbindung mit dem Erdreich hat.« Kristin deutet auf eine Grasfläche im gesperrten Uferbereich. »Der seltene Sonnentau wächst dort. Läuft man aber wiederholt über diesen sensiblen Bereich, wird der Schwingrasen verschwinden«, schildert Kristin das Dilemma. Sie berichtet mir von der Schellente, einer sehr seltenen Entenart, die hier zum ersten Mal in alten Spechthöhlen gebrütet hat. Um ihr die nötige Ruhe zu verschaffen, wird daher nur ein Teil des Ufers freigegeben, und der andere Teil bleibt der Natur vorbehalten.

Mir sind die vielen Piktogramme aufgefallen, die darauf hinweisen, was nicht gewünscht ist. Dennoch halten sich manche Gäste nicht daran und setzen sich einfach irgendwo ans Ufer, um in der schönen wilden Natur ein Picknick zu machen oder die Füße ins Wasser zu hängen. Ich verstehe, dass es nicht immer einfach ist, sowohl den Gästen als auch der Natur gerecht zu werden, und erinnere mich an das Gespräch mit Urs im Schwarzwald. Hier treffen wieder die holistische Sichtweise der Rangerin und die anthropozentrische der Besucher aufeinander. Ich fände es schön, wenn sich aufseiten der Wanderer Einsicht einstellen würde.

Einen riesigen vor uns aufragenden Wurzelteller nimmt Kristin zum Anlass, um auf das Auerhuhn zu sprechen zu kommen. In Deutschland ist das scheue und äußerst störungsempfindliche Tier vom Aussterben bedroht. Im Winter bilden die schwer verdaulichen Fichten- und Kiefernnadeln die Hauptnahrung des Hühnervogels. Um sie besser verdauen zu können, pickt das Auerhuhn kleine Steine aus dem Wurzelballen, sogenannte Magensteine. Wie Mahlsteine zerkleinern sie die aufgenommene Nahrung. Die Wurzelteller ragen im Winter aus der Schneedecke, sodass die Auerhühner auch dann an geeignete Steine gelangen. Wie wundersam die Evolution doch ist, denke ich beim Betrachten des mannshohen Wurzelgebildes. Irgendwann vor langer Zeit waren Auerhühner dazu gezwungen, sich von Fichten- und Kiefernnadeln zu ernähren, obwohl sie ihnen schwer im Magen lagen. Wer weiß, vielleicht mussten sie ihren Lebensraum verlassen, oder die klimatischen Bedingungen änderten sich. Dann hat zufällig ein Huhn ein paar Steinchen gefressen und hatte dadurch eine höhere Überlebenschance, weil diese die Verdauung unterstützen. Das Prinzip des Lebens ist, dass sich die Eigenschaften oder Verhaltensweisen, welche das Überleben sichern, durchsetzen und an die nachfolgenden Generationen weitergegeben werden.

»Unter diesen Wurzelgebilden befinden sich manchmal auch Sandkuhlen mit losem Erdreich«, ergänzt Kristin ihre Ausführungen und holt mich aus meinen Gedanken. »Vögel nehmen gerne Sandbäder darin und reinigen ihr Gefieder. So ein Wurzelteller ist also ein richtiges Wellnesshotel«, stellt die Rangerin lachend fest.

Unser Weg führt inzwischen am Seebach entlang, der von chaotischer Wildnis umgeben ist. Plötzlich stutzt Kristin und bleibt stehen. Sie deutet auf einen langen Ast, der über dem Bach liegt.

»Sieh mal, hier ist ein Biber am Werk«, stellt sie fest und zeigt mir die Fraßspuren, die überall um uns herum zu sehen sind. Perplex betrachte ich die Äste und dünneren Baumstämme, die wie Pfähle angespitzt aus dem Gestrüpp herausragen. So wie es aussieht, hat er an dieser Stelle erst vor Kurzem mit dem Bau eines neuen Damms begonnen.

»Ein Biberdamm kann sich auf die Wegführung auswirken«, sagt Kristin nachdenklich und runzelt die Stirn. »Der entstehende Damm ist nicht weit vom Wanderweg entfernt. Es kann gut sein, dass der Weg nach dem Bau überflutet ist.« Die Rangerin schildert mir die Maßnahmen, die in diesem Fall vonseiten des Nationalparks durchgeführt werden können: Entweder führt man den Weg weitläufig um die Wasserfläche herum, oder man baut einen Steg, wenn nicht sogar eine Brücke darüber. Kristin ist sich sicher, dass ein paar der durchgenagten Stämme erst seit zwei oder drei Monaten hier liegen. Ein ausgewachsenes Tier kann in einer Nacht einen ganzen Baum fällen. Sie deutet auf die hellen, frisch aussehenden Nagespuren. Jetzt, wo ich weiß, wie Biberfraß aussieht, entdecke ich noch weitere angespitzte Pfähle und mache die Rangerin darauf aufmerksam. Sogleich macht sie Meldung bei der verantwortlichen Stelle im Team, damit man den Fortschritt des Damms regelmäßig kontrolliert, um dann entsprechend darauf reagieren zu können. Kristin erklärt mir, dass der Eingang zur sogenannten Biberburg immer unter Wasser liegen muss. Dadurch ist der Biber in seiner Behausung absolut geschützt. Versucht ein Tier von oben an ihn heranzukommen, kann er nach unten durchs Wasser flüchten.

»Welche Folgen hat so ein Damm auf das Ökosystem?«, möchte ich von Kristin wissen. »Biber sind richtige Landschaftsarchitekten«, beginnt Kristin zu erläutern und versorgt mich mit weiteren Fakten. Der Biber gestaltet sich die Landschaft nach seinen Bedürfnissen. Durch die Aufstauung von Bächen wird deren Fließgeschwindigkeit reduziert, was sich positiv auf den Hochwasserschutz auswirkt. Nicht selten entstehen dadurch artenreiche Flachwasserbereiche und Teiche, die in Trockenzeiten das Wasser in der Landschaft zurückhalten. Schwierig wird es, wenn so ein Biberteich in der Nähe von Kulturlandschaften entsteht. Da müssen dann Lösungen gefunden werden, die weder den Bibern noch den ansässigen Landwirten schaden. Ich kann mir nicht helfen, aber mir ist der kleine Kerl richtig sympathisch.

Unsere Wanderung ist fast zu Ende, als wir an einem Baum mit einer Spechthöhle vorbeikommen. Wie ich erfahre, ist der Specht einer der wichtigsten Waldbewohner im Nationalpark. Um den Baum verteilt liegen große, dicke Holzspäne. Möglicherweise handelt es sich um den seltenen Weißrückenspecht, der naturnahe Wälder braucht. Drei Paare leben bisher im Schutzgebiet. Kristin erzählt, dass es im Nationalpark insgesamt sieben verschiedene Spechtarten gibt, wovon einer der Schwarzspecht ist. Er baut große Höhlen, die von bis zu siebzig Nachmietern bewohnt werden. Die Biodiversität, die er in den Wald bringt, ist riesig.

Am Endpunkt unserer Tour angekommen, fühle ich mich großartig. Mein Knie hat dank der Stöcke keinen Mucks gemacht, und die Wanderung mit Kristin war sehr erlebnisreich. Ich habe viel Neues gelernt und gesehen und bin neugierig darauf, welche Entdeckungen der kommende und leider letzte Tag im Bayerischen Wald für mich bereithält.

✕

An meinem letzten Tag im Nationalpark Bayerischer Wald werde ich Kristins Empfehlung folgen und eine Wanderung zu den Schachten und Filzen unternehmen. Als Schachten werden die ehemaligen, kulturhistorisch und ökologisch bedeutsamen Waldweiden bezeichnet, als Filze die offenen Hochmoore. Es wird eine zwanzig Kilometer lange und schwere Tagestour werden. Voller Vorfreude starte ich am Wanderparkplatz in Buchenau.

Durch herbstlichen Mischwald wandere ich die ersten drei Kilometer steil bergauf und erreiche nach etwa einer Stunde die erste Waldweide, den Lindberger Schachten. Seit 1924 ist dieses Gebiet aus der Nutzung genommen, lese ich auf einer Informationstafel. Wie schnell sich die Natur sol-

che Kulturflächen zurückerobert, kann man an den Grö-
ßenverhältnissen erkennen: Vor hundert Jahren war die
Fläche noch zweimal größer als heute. Heidelbeersträucher
überwuchern das Erdreich. Aufgrund ihres Artenreichtums
zählen die Schachten zu den wertvollen Lebensräumen im
Nationalpark, die teilweise erhalten bleiben sollen. Würde
man solche Gebiete nicht frei halten, würde die natürliche
Wiederbewaldung sie irgendwann verschwinden lassen. Ab
hier wandere ich ein Stück auf dem Goldsteig, einem Fern-
wanderweg, der in mehreren Etappen durch den Nationalpark führt.

Stürme haben das Waldgebiet ziemlich durcheinander-
gebracht. Manches Hindernis muss ich übersteigen, um
dem Pfad weiter folgen zu können. Nach dieser Passage
verändert sich die Umgebung, sie wird offener. Kurze Zeit
später stehe ich vor einem Gewässer, das sich als ehemaliger Stausee herausstellt. Es ist das Kulturdenkmal Hirsch-
bachschwelle, eine historische Anlage, die früher der Holztrift diente. Während der Schneeschmelze im Frühjahr,
wenn die Bäche Hochwasser führten, wurden von hier aus
die Holzscheite ins Tal geschwemmt beziehungsweise »ge-
triftet«. Über einen Holzsteg werde ich durch das Zwiesel-
ter Filz geführt, einen bedeutenden Hochmoorkomplex, der
sich ausschließlich aus Regenwasser speist.

Eine bizarre Moorlandschaft mit charakteristischer Vegetation umgibt mich: Haarsimse, Scheiden-Wollgras,
Rauschbeeren und mittendrin kleine Fichtenbäume. Die
umliegenden Berge sind stellenweise kahl, sie erinnern
mich an die Bergkuppen im Harz, die genauso nackt aussehen. Der Wald ist im Wandel, auch hier. Immer wieder
tauchen kleinere Mooraugen auf. Sie sind die zentralen
nassen Bereiche eines Moors und sehen aus wie kleine
Tümpel. Die Fülle an Totholz hat ein Paradies für Baumpilze

und Flechten entstehen lassen. Ich komme kaum voran, weil ich ständig etwas Neues entdecke. Eingebettet in Moospolstern, finde ich auch den Sonnentau wieder und bin stolz darauf, dass ich die typischen Moorbewohner mittlerweile ohne Hilfe bestimmen kann. An einem Totholzstamm bleibe ich stehen, um ihn genauer zu inspizieren. Eine richtige Miniaturlandschaft aus verschiedenartigen Flechten und Moosen bedeckt ihn. Ich erkenne die Scharlachflechte, die Becher- und Trompetenflechte, dazwischen eine Art, die mir neu ist. Wie ein langer grünbrauner Schlauch wächst sie in die Höhe, sieht aus wie ein Wesen von einem anderen Planeten. Es dauert nicht lange, bis ich herausgefunden habe, dass es eine Säulenflechte ist. Meine Fotosammlung hat somit einen Neuzugang bekommen.

Vom Moor gelange ich auf die nächste historische Weidefläche, die Kohlschachten genannt wird. Mir stockt der Atem. Vor mir breitet sich eine wunderschöne Landschaft aus, die ich so noch nie gesehen habe. Beerensträucher wachsen wie Inseln über die ganze Fläche verteilt, bilden kreisrunde grüne Tupfen in dem hellbraunen Grasrasen. Jahrhundertealte knorrige Hutebäume stehen in einem Meer aus Borstgrasrasen und Wiesengräsern, das sich mit sanften Wellenbewegungen rauschend im Wind wiegt. Zur Weidezeit dienten die alten Bäume als Unterstand. Manche von ihnen sind um die vierhundert Jahre alt. Im Vorbeilaufen streichen meine Hände über die feinen Gräser am Wegesrand. Sie kitzeln mich. Wenn ich Natur umarmen könnte, würde ich es jetzt tun.

Der schmale Wanderpfad geht erneut in einen Holzsteg über, der mich ins Moorgebiet Latschenfilz leitet – mit elfhundertsiebzig Metern der höchste Punkt der Wanderung. Ich staune über den ständigen Vegetationswechsel. Ein

Stichweg führt zum Latschensee, dem größten Moorauge im Nationalpark. Er ist umgeben von niedrig wachsenden Moor- und Bergkiefern, den »Latschen«. Sie sind gerade mal so hoch wie ich. Ihr lebendiges Grün lacht mich richtig an. Ich kann mich gar nicht entscheiden, welcher Naturraum mir besser gefällt. Aber das muss ich ja auch gar nicht. Jedes Gebiet hat seine eigene Anmutung, jedes ist für sich einzigartig. Auch das, in welches ich als Nächstes gelange: der Hochschachten. Hier habe ich eine fantastische Aussicht zum Großen Arber. An einem Rastplatz lege ich eine Pause ein, genieße die Ruhe und lasse für einen Augenblick die Zeit stillstehen.

Auf dem Weg hinunter Richtung Tal durchquere ich noch weitere beeindruckende Schachten und herrliche Mischwälder. Ich fühle mich leicht und beglückt, als ich in der Abendsonne zur Trinkwassertalsperre Frauenau komme. Gemütlich laufe ich an ihr entlang und lasse mich von den Herbstfarben betören. In mir klingen die ganzen Erlebnisse des Tages nach, es fühlt sich an, als scheine in meinem Herzen die Sonne. Und auf meiner inneren Landkarte befindet sich ein neues Puzzleteilchen, das noch eine ganze Weile vor sich hin glitzern wird.

13

Gipfelglück

Vertikale Wildnis im Nationalpark Berchtesgadener Alpen

Neben dem Wattenmeer gibt es eine weitere Naturland-schaft, vor der ich großen Respekt habe: die Alpen. Wann immer ich mich diesen gewaltigen Bergen nähere, bin ich voll Ehrfurcht. Diese hohen Riesen machen mich etwas unsicher, da ich mich – ähnlich wie beim Wattenmeer – nicht mit ihnen auskenne und ihre Gefahren sowie ihre mir fremden Naturgesetze nicht wirklich einschätzen kann. Ich bin zwar ausgebildete Wanderführerin, doch die Alpen sind nun mal kein Mittelgebirge. So faszinierend die schroffen Gebirgsspitzen sind, so Furcht einflößend wirken sie auf mich.

Es kommt aber noch ein weiterer Aspekt hinzu, der bis-her auf meiner Deutschlandreise kaum eine Rolle gespielt hat: die Höhe. Auf ebener Strecke laufe ich in einer Stunde im Schnitt viereinhalb bis fünf Kilometer. In den Alpen kann ich mich daran aber nicht orientieren. Drei Kilometer bergauf wandern kann mitunter mehrere Stunden in An-spruch nehmen. Streckenweise geht es nämlich steil hinauf, sodass man viel langsamer unterwegs ist. Mittlerweile habe ich zwar eine recht gute Fitness, doch hier in den Alpen werde ich mit großer Wahrscheinlichkeit an meine konditionellen Grenzen kommen. Hinzu kommt, dass es jetzt, Ende des Herbstes, viel früher dunkel wird und ich das mit einplanen muss, wenn ich eine Tour auswähle.

Nach meiner Ankunft am Nachmittag habe ich mir im Nationalparkzentrum »Haus der Berge« einen Überblick über die Region verschafft. Eine nette Mitarbeiterin an der Infotheke hat mir für jedes der drei Haupttäler der Berchtesgadener Alpen eine Wanderung empfohlen, die einerseits konditionell für mich zu meistern sind und andererseits das beinhalten, was den Nationalpark ausmacht. Allesamt als blaue und somit leichte Wandertouren gekennzeichnet.

Nun stehe ich am ersten Abend im Nationalpark Berchtesgadener Alpen am Malerwinkel, einem Aussichtspunkt am Nordufer des Königssees, und bewundere die steil aufragenden Felswände der Massive des Watzmanns und des Hagengebirges, zwischen denen das mystische Gewässer eingebettet ist. Der See liegt in einer tektonischen Bruchzone, die während der Eiszeit von einem mächtigen Gletscher zu einem u-förmigen Tal ausgeschürft wurde. Nach Abschmelzen des Gletschers füllte sich der Graben mit Wasser, und es entstand der Königssee mit seinem einzigartigen fjordähnlichen Charakter. Ich beobachte das Schauspiel der Natur, das sich gerade vor meinen Augen vollzieht. Noch verteilt die Abendsonne ihren goldenen Schimmer auf die mit Herbstlaub geschmückten Bäume und die nahezu bewegungslose Wasseroberfläche, doch in wenigen Minuten wird sie, eingehüllt in einen Schleier aus Rottönen, hinter der Bergsilhouette verschwinden. Mein Blick reicht bis zur Wallfahrtskirche St. Bartholomä auf der Halbinsel Hirschau. Im Hintergrund zeichnet sich das Steinerne Meer ab, mit der Schönfeldspitze, die über dem Gebirgsstock hervorspitzelt. Angestrahlt von der Sonne, scheint die Bergspitze regelrecht zu glühen. In Sachen Lichtinszenierung ist die Natur einfach unschlagbar.

✕

Mit der Jennerbahn fahre ich hoch bis zur Mittelstation, von der aus ich meine erste Wanderung im Nationalpark antreten werde. Ich möchte auf den Jennergipfel, der noch unter der Zweitausend-Meter-Marke liegt, aber trotzdem einen schönen Panoramablick auf den Watzmann und den Königssee im Tal bietet. Dicke Daunenjacke, Schal um den Hals, feste Bergschuhe an den Füßen und die Wanderstöcke in den Händen – ausgestattet wie für eine Expedition, stehe ich am Ausgangspunkt der Wanderung und blicke mit leichtem Unbehagen auf den steil ansteigenden Felsenpfad vor mir. Vier Kilometer steiles Bergauf und sechshundertfünfzig Höhenmeter liegen vor mir. Seitdem ich auf der Reise bin, habe ich die ein oder andere körperliche Grenzerfahrung gemacht und kann seither meine Kräfte ganz gut einschätzen. Nun bin ich gespannt, wie ich mit der neuen Herausforderung zurechtkommen werde. Der Nationalpark trägt nämlich aufgrund seiner beträchtlichen Höhendifferenz von zweitausend Metern den Zweitnamen »Vertikale Wildnis«. Langsam und achtsam beginne ich den steilen Geröllpfad hinaufzusteigen.

Einheimische kommen mir in kurzen Hosen und offenen Trekkingschuhen entgegen, leichtfüßig tänzeln sie die Serpentinen hinab. Ich bin etwas irritiert. Es scheint zwar die Sonne, doch es ist immerhin Ende Oktober und die Temperaturen sind – zumindest für mich – nicht eben Kurzhosenwetter. Nach den ersten fünfhundert Metern bin ich schon völlig außer Atem. Wenn die Höhenanzeige meiner Navigations-App stimmt, dann bewältige ich gerade eine durchschnittliche Steigung von fünfundzwanzig Prozent. Alle paar Meter bleibe ich stehen, verschnaufe kurz und blicke zurück auf die traumhafte Bergkulisse. Ich kann mir ein ironisches Lachen nicht verkneifen, als ich an die Bezeichnung »leichte Wanderung« denke. Wenn das hier ein einfacher Weg ist, möchte ich die roten und schwarzen Routen lieber nicht kennenlernen. Zuweilen tut die Anstrengung aber auch richtig gut, sie lässt mich aus meiner inneren Kraft schöpfen, zwingt mich dazu, achtsam zu sein und meine Grenzen anzunehmen. So arbeite ich mich mit positiven Gedanken im Kopf die Steigung hinauf und lasse Schritt für Schritt die Welt unter mir.

Ich befinde mich in einer Höhe von etwa zwölfhundert Metern, in der Zone, in der normalerweise Bergmischwald wächst. Der Holzbedarf für die Salinen und die Salzgewinnung hat in früherer Zeit dazu geführt, dass die als Brennstoff besser geeigneten Nadelbaumarten gefördert wurden, speziell in den leicht zu erreichenden Waldgebieten. Dort findet man noch vermehrt nadelbaumreiche Bestände mit Fichte und Lärche vor. In solch einem Gebiet bin ich unterwegs. In den Mittelgebirgen konnte ich noch Ähnlichkeiten in den verschiedenen Vegetationszonen feststellen, aber hier in den Alpen finde ich eine ganz andere Pflanzenwelt vor. Der Anblick der herbstgelben Lärchen ist neu für mich und lockert das vorherrschende dunkle Fichtengrün etwas auf. Am Boden ist der Bewuchs recht spärlich, Alpenampfer säumt den Weg, und in kleinen Gruppen wächst der violette Ungarische Enzian. Wie bunt mag es hier im Frühling sein, wenn die Alpenflora erwacht?

Bis zur Mitterkaseralm sind es zwei Kilometer und etwa dreihundertfünfzig Höhenmeter. Eine Stunde benötige ich für die Strecke. Die Hälfte zum Jenner ist geschafft. Auf dem kalkigen Gestein am Berghang fallen mir zwischen dem grünen Laubmoos orangefarbene filzige Puschel auf, die zu kleinen Teppichen zusammenwachsen. Im ersten Moment meine ich, eine neue Flechte entdeckt zu haben. Doch die Internetrecherche ergibt etwas anderes: Es ist eine Orangerote Luftalge, die bevorzugt in luftfeuchten Lagen vorkommt. Wie das Moos wächst auch sie entlang der Furchen und Spalten des Gesteins, dort also, wo sich vermehrt Feuchtigkeit und Bodensubstrat sammelt. Mit etwas Abstand sieht das Ganze aus wie ein Netz, das sich über den Felsen gelegt hat.

Als ich mich endlich der Gipfelzone nähere, finde ich mich in einer neuen Vegetationsstufe mit zwergwüchsigen Bergkiefern, den Latschen, wieder. Der Aufstieg zum Gipfel ist steil, steinig und sehr anstrengend. Doch mit jedem Höhenmeter, den ich erklimme, weitet sich meine Sicht auf die umliegende Bergwelt. Vor einer Kehre bleibe ich kurz stehen, um das Panorama hinter mir zu würdigen, bevor mich der Weg um den Felsen herumleitet. Dann breitet sich vor mir ein Meer aus Bergspitzen aus. Fluffige weiße Wölkchen hängen wie schäumende Wellen zwischen den Gipfeln. Auch der Watzmann, das Wahrzeichen der Region, trägt einen Wolkenschal. Diesen Moment habe ich für mich allein. Niemand ist hier gerade unterwegs. Ich erinnere mich daran, dass ich auf der Insel Langeoog über die Dünen lief und von der Weite des Meeres überwältigt war. Ähnlich wie damals empfinde ich auch jetzt, mit dem einzigen Unterschied, dass ich dem Himmel hier ein Stück näher bin.

Unterhalb des Gipfels überholt mich ein Wanderer mit

nacktem Oberkörper und kurzen Hosen. Er bemerkt meinen erstaunten Gesichtsausdruck und lacht.

»Man friert nur, wenn man sich nicht bewegt«, ruft er mir zu und verschwindet um die nächste Biegung. Habe ich mit meiner Bekleidung etwas übertrieben? Bergauf wurde es mir zwischendurch schon etwas warm, aber hier oben ist es merklich kühler. Nein, ich lasse mich von so einem abgehärteten Naturburschen nicht verunsichern. Aber wenn ich ehrlich zu mir bin, beneide ich ihn ein kleines bisschen um seine Freizügigkeit. Es ist bestimmt ein angenehmes Körpergefühl, so ganz ohne »Ballast« auf einen Berg zu wandern und den Wind auf der Haut zu spüren.

An der Bergstation angekommen, sehe ich eine Gruppe Touristen Richtung Gipfel kraxeln. Also warte ich noch und gehe zuerst zur Aussichtsplattform, von der aus ich einen sagenhaften Blick auf den Königssee und den Watzmann habe. Alpendohlen, die mich von ihrem Äußeren her an heimische Amseln erinnern, flattern umher, setzen sich auf das Geländer und spähen zu den Besuchern, die ihre Brotzeit ausgepackt haben. Als ein Schwung Leute wieder vom Gipfel herunterkommt, nehme ich den Aufstieg über die Stufen in Angriff. Angekommen am Gipfelkreuz, suche mir eine Stelle, an der ich etwas für mich sein kann, um die Aussicht auf mich wirken zu lassen und meinen Gedanken nachzuhängen. Was empfinde ich hier oben? Ein Hauch von Ewigkeit – das ist die erste Assoziation, die mir in den Sinn kommt, während ich auf die Bergkette blicke, die schon seit über fünfzig Millionen Jahren existiert und noch eine unbestimmt lange Zeit bestehen wird. Ich fühle mich losgelöst von der Erde, über den Dingen stehend. Gleichzeitig gibt mir der Fels unter meinen Füßen verlässlichen Halt. Genau das ist es, was ich auch in meinem Leben brauche: freies kreatives Arbeiten, aber dennoch

Bodenhaftung und Stabilität. Es ist nicht das erste Mal, dass ich diese Wahrnehmung in der Natur habe und dass ich in ihr einen Spiegel meiner Seele erkenne. Spontan drängt sich eine Erinnerung an die Waldgebiete auf, deren ungebändigte Wildheit mir imponierte und guttat, in gleicher Weise wie die fast geordnete Ästhetik der Buchenwälder.

Mein Blick wandert zum Massiv des Watzmanns. Welche Eindrücke hat man von dort oben? Was macht das mit einem, so einen Berg zu erklimmen und dabei Höhen und Tiefen zu erleben? Ist das vergleichbar mit dem, was ich bislang auf meinen Wandertouren empfunden habe, oder ist es extremer? Bestimmt ist es eine tief greifende Erfahrung, sich auf so einen Berg einzulassen, sich seinen Kräften auszusetzen, innere Kämpfe auszutragen und dabei über sich selbst hinauszuwachsen, um schließlich auf dem Gipfel über allem zu stehen. In mir regt sich Neugier und die Lust, es einmal zu wagen. Ist das der Ruf der Berge, den ich da gerade höre? Ich stehe noch eine Weile auf dem Jennergipfel, genieße die Distanz zur Welt unter mir und frage mich, wer ich sein werde, wenn meine Reise zu Ende ist.

✕

In der Wimbachklamm bei Ramsau starte ich meinen zweiten Wandertag in den Berchtesgadener Alpen. Den Steig durch die Klamm haben einst Holzknechte für die Holztrift gebaut. Heute führen Steinstufen und Holzstege an den steilen Felswänden entlang durch die enge Gebirgsschlucht. Seit mehr als zehntausend Jahren, nach Abschmelzen eines Talgletschers, fräst sich der Wimbach durch das Gestein. Nirgendwo sonst spüre ich die Energie und Kraft von Wasser so unmittelbar und intensiv wie in einer Klamm. Ohrenbetäubend donnert der Bach durch sein steiniges Bett, höhlt jahrtausendelang die Felsen aus, bildet wilde Strudel und stürzt in Wasserfällen Richtung Tal. Feine Gischt stiebt auf, benetzt mein Gesicht mit kühler, reinigender Frische. Spannend finde ich die verschiedenen Gesteinsformationen und -schichtungen. An manchen Stellen liegen riesige Felsplatten schräg übereinander, bilden eine Art Rampe, an der Wasser in Rinnsalen zwischen Moosen und Farnen hinuntertröpfelt und schließlich an der untersten Felskante in kleinen Wasserfällen ins Bachgetöse plätschert. Auskolkungen an den Bachwindungen offenbaren, welch urgewaltige Kräfte hier wirken.

Die Auffaltung der Alpen nahm ihren Anfang vor über hundertdreißig Millionen Jahren, wobei sich das heutige Relief erst später herausbildete, vor ungefähr dreißig Millionen Jahren. Weitaus älter sind die Gesteine im Nationalparkgebiet. Eine Wanderung durch die Klamm und das Wimbachtal ist eine erdgeschichtliche Zeitreise. Am Taleingang, wo die Klamm beginnt, liegt das jüngste Gestein aus dem Jura. Zum Ende der Klamm hin befinden sich die ältesten Gesteinsschichten aus der Trias, die vor über zweihundert Millionen Jahren entstanden sind. Hier erfolgt der Übergang zum Dachsteinkalk, der in den Berchtesgadener Alpen am weitesten verbreitet ist. Er wurde etwa zwanzig Millionen Jahre lang am Boden des Tethys-Meers abgelagert und bildet heute die markanten Felssteilwände, die Gipfelregionen und Hochplateaus.

Nach der Klamm gelange ich auf den Wanderweg, der mich in stetigem Anstieg an der rechten Talseite bachaufwärts führt. Das Wimbachtal liegt zwischen den Bergmassiven Watzmann und Hochkalter. Nur spärlich dringt Sonnenlicht ins Tal. Entlang des Bachs ist die Flora mit Raureif überzogen. Mein Atem bildet kleine Wölkchen in der Luft. Von der Atmosphäre her könnte dies auch ein Wintermorgen sein. Kristallklar ist das Bachwasser, das sich kurvenförmig durch ein Geröllbett schlängelt. Der unterspülte Ufersaum und etliche Abbruchstellen an den Berghängen mit herabgestürzten Bäumen offenbaren, dass in Hochwasserzeiten aus dem friedlichen Bach ein reißender Fluss entsteht. An einer Bruchstelle befühle ich die hellgraue lehmige Kalkmasse, die mich von ihrer schmierigen Konsistenz her an die Kreide an der Jasmunder Küste erinnert.

Etwa auf siebenhundert Metern Höhe wird es deutlich wärmer, und ich laufe endlich in der Sonne – umgeben von Bergmischwald in einer lebendigen Mischung aus Rotbuchen, Weißtannen, Fichten und Bergahorn. Inmitten des Bachbetts hat sich eine kleine, mit Weiden bewachsene Aue gebildet. Diese Flur aus Geröll ist ein schwieriger Lebensraum für Pflanzen, da sie häufig überflutet wird und dadurch in Bewegung gerät. Das setzt zum einen ein gutes Wurzelwerk voraus, zum anderen muss die Pflanze die Fähigkeit haben, sich schnell von Verletzungen erholen zu können, die sie etwa bei Hochwasser davontragen kann. Eine Zeit lang folge ich dem Wasserlauf auf dem Wanderweg und stelle überrascht fest, dass der Wimbach unter dem Schotter verschwindet. Über einen kurzen Pfad gelange ich auf das Geröllfeld und sehe mich verblüfft um. Ich stehe auf dem Wimbachgries, einem gigantischen Schuttstrom, der einzigartig in Europa ist. Er ist einer ständigen Veränderung unterworfen und bewegt sich über neun Kilometer durch das Wimbachtal. Teilweise hat diese Masse eine Tiefe bis zu dreihundert Metern. Das Material für den heute noch aktiven Schuttstrom liefert das Dolomitgestein des oberen Wimbachtals und des Talschlusses, das auch Ramsaudolomit genannt wird. Es ist das älteste Gestein in diesem Gebiet.

Eine Infotafel gibt Aufschluss über die stattfindende

Dynamik im Wimbachgries. Der spröde Dolomit verwittert leicht, wird grusig und zerbricht und landet schließlich als Schotter im Wimbachgries. Wasser kann bei starken Niederschlägen auf dieser Fläche nicht mehr versickern und fließt oberirdisch ab. Dadurch gerät der Schuttstrom in Bewegung und verändert laufend die Struktur des Grieses. Pflanzen auf diesem Gelände brauchen eine gute Überlebensstrategie. Dem Gemeinen Brillenschöttchen, einer alpinen Pflanzenart, gelingt das ganz gut. Es hat ein gut entwickeltes Wurzelsystem, mit dem es sich im Schutt verankern kann. Selbst wenn es einmal verschüttet wird, ist es stark genug, sich wieder an die Oberfläche zu kämpfen. Ganz schlau macht es die Silberwurz, die als Pionierpflanze eine Symbiose mit einem Pilz eingeht, um besser Wasser aufnehmen zu können. Diese Pflanze kann bis zu hundert Jahre alt werden. Das ist einfach unglaublich!

An der Berggaststätte Wimbachschloss lege ich eine ausgedehnte Pause ein. Von hier habe ich einen guten Blick auf die Westflanke des Watzmanns und die Struktur des Gesteins, die auf einer weiteren Infotafel erklärt wird. Zu sehen sind der Dachsteinkalk und der Dolomit. Kalkgestein ist recht weich und reagiert auf mechanischen Druck mit einer Faltenbildung. An dem Berghang, auf den ich blicke, ist diese Faltung deutlich sichtbar: Die übereinanderliegenden Kalkschichten haben sich zum Halbbogen verformt. Das Ganze sieht aus wie eine große Gesteinswelle. Eine markante Bruchlinie an der Welle zeigt den Übergang zum festeren Dolomitgestein. Auch an anderen Bergwänden kann ich diese Verformungen erkennen. Zu verstehen, wie dieses Gebirge mit seinen Formen und Reliefs entstanden ist, bringt es mir ein Stück näher.

Von der Gaststätte aus wandere ich noch ein Stück

weiter am Gries entlang und suche mir einen Platz inmitten des Geröllfelds. An einem knochigen Baumskelett setze ich mich hin und blicke über die breite Gesteinsschuttfläche. Auf der Erde finde ich ein paar hübsche Steinchen für mein Regal zu Hause. Es herrscht eine angenehme Stille. Zum ersten Mal in den über acht Reisewochen denke ich über das Alleinwandern nach und dass es mir überhaupt nichts ausmacht, die meiste Zeit mit mir selbst zu verbringen. Mir tut das unglaublich gut, den Fokus ganz auf meine Bedürfnisse und Wahrnehmungen legen zu können, ohne Kompromisse eingehen zu müssen. Es ist praktisch ein Kontrastprogramm zum beruflichen Alltag und der Pflegesituation mit meinem Vater, wo ich einfach nur funktioniere und mich in den Hintergrund stelle. Und wenn ich daran denke, in zwei Wochen wieder zur Arbeit gehen zu müssen, spüre ich einen riesengroßen Widerstand in mir. Wird sich diese Empfindung am Ende meiner Deutschlandreise wieder in Luft auflösen, wenn der Alltag über mich hereinbricht? Und was, wenn nicht?

Etwa eine Stunde sitze ich im Gries in der Sonne und genieße das Nichtstun. Wobei ich doch etwas tue: Ich lausche, träume, fühle die Wärme und spüre den leichten Windhauch, werfe kleine Steinchen und beobachte Insekten, die an mir vorbeifliegen. Die Stunde fühlt sich an wie ein halber Tag. Langsam breche ich wieder auf und trete den Rückweg an. In der Nähe der Gaststätte betrachte ich noch einmal ehrfürchtig den schroffen, steilen Berghang gegenüber vom Watzmann. Da taucht plötzlich eine Frau in der Steilwand auf. In spitzen Kehren kommt sie heruntergelaufen. Ist dort etwa ein Weg? Ich sehe mich um und entdecke einen Wegweiser. Tatsächlich, hier führt eine schwarze Tour nach oben auf den Hochkalter, die zweithöchste Erhebung im Nationalpark. Ich spüre ein beklemmendes Gefühl bei dem Gedanken, dort hinaufzumüssen. In diesem Moment wird mir klar: Wenn ich einmal so eine Tour unternehmen sollte, dann nur mit Führung. Alleine werde ich das nicht machen, da habe ich einfach zu viel Bammel, dass ich mich verirre und irgendwo einsam am Berg festhänge. Ein Furcht einflößender Gedanke. Bei diesem scharf geschnittenen Geländerelief und den enormen Höhenunterschieden, die im Nationalparkgebirge vorliegen, können auf kleinem Raum die klimatischen Bedingungen stark wechseln. Das einzuschätzen traue ich mir wirklich nicht zu. Ich bin stolz auf meine Vernunft und mein Einsehen, dass dieses Gebiet für Waghalsigkeit – die ich zugegebenermaßen in Mittelgebirgen schon einmal an den Tag lege – nicht geeignet ist. Angst einzugestehen empfinde ich nicht als Schwäche. Ganz im Gegenteil. Ich bin der Meinung, es erfordert Mut, sich einzugestehen, dass man sich vor etwas fürchtet, und dies, wenn nötig, auch anderen gegenüber äußern kann. Und nun mache ich mich auf den Rückweg, zurück zum Taleingang, wo meine Wandertour begann, und lasse unterwegs die vielen neu gewonnenen Eindrücke in mir nachklingen.

✕

An der Infostelle Klausbachhaus am Hintersee breche ich zu meiner dritten und letzten Tour im Nationalpark auf: zur Adlerwanderung. Sie ist etwa sieben Kilometer lang und genau das Richtige für den Abreisetag. Zum Warmwerden führt die Wanderung zunächst durch das Klausbachtal, bevor der Anstieg über den Böslsteig beginnt. Das Tal wurde im 19. Jahrhundert für die Holztrift genutzt, was Spuren hinterlassen hat. Wie vielerorts wurde hier ebenso für die Aufforstung auf die schnell wachsende Fichte gesetzt. Doch die Dynamik der Natur gestaltet das Klausbachtal neu. Lawinenabgänge, Stürme und Felsstürze verändern die Landschaftsstruktur. Die ehemaligen Fichtenforste weichen gemäß dem Nationalparkgedanken auf natürliche Weise naturnahen Bergwäldern, in denen mittlerweile vierzehn verschiedene Baumarten wachsen.

Zur Halsalm, dem höchsten Punkt der Tour, sind es etwa dreieinhalb Kilometer und sechshundert Höhenmeter. Die anstrengendste Passage, bei der es sehr steil aufwärts geht, ist die über den Böslsteig. Was mir nicht so gut gefällt, ist der Weg selbst, denn er ist in diesem Abschnitt recht breit und ähnelt mehr einer Piste als einem Wanderweg. Schon nach einem Kilometer bin ich genervt und würde am liebsten umkehren. Tapfer kämpfe ich mich die Steigung hinauf, lege immer wieder eine Verschnaufpause ein und schaffe so noch zwei weitere Kilometer. Dann, nach einer Kurve, stehe ich plötzlich vor einem Informationsstand. Ein breites Transparent, das zwischen zwei Bäumen befestigt ist, macht auf die hier lebenden Bartgeier aufmerksam. Eine junge Frau beugt sich gerade über ein großes fernrohrähnliches Gerät, das auf einem Stativ festgemacht ist. Neugierig geworden, spreche ich sie an. Wie ich erfahre, ist Melanie Praktikantin im Nationalpark und an diesem Tag für das Bartgeier-Monitoring zuständig. Sie berichtet mir, dass Bartgeier lange Zeit im deutschen Alpenraum heimisch waren, bevor sie der Mensch vor über hundert Jahren ausrottete. Seit etwa fünfunddreißig Jahren werden die Könige der Lüfte wieder ausgewildert, die zwei Bartgeierweibchen Bavaria und Wally sind die ersten in Deutschland. Ziel ist eine Vernetzung der Populationen von Spanien über Frankreich nach Deutschland und weiter in den Osten, damit sich die Tiere durchmischen und ver-

mehren können. In den Ostalpen gibt es eine Populations-
lücke, deswegen wurden die beiden hier ausgewildert.

»Dort oben in der Auswilderungsnische am Knittel-
horn wurden die zwei andalusischen Bartgeierweibchen
ausgesetzt«, sagt Melanie und zeigt zu einer Felsnische,
die ich mit bloßem Auge gerade so erkennen kann. »Mittlerweile sind sie sieben Monate alt und sollten langsam
ihren Streifzug starten. Geierdame Bavaria ist bereits irgendwo in den Österreicher Alpen unterwegs, Wally dagegen ist noch hier.« Im folgenden Gespräch mit Melanie
erfahre ich, was es mit dem sogenannten Streifzug auf
sich hat. In den ersten Lebensjahren leben Bartgeier ein
Vagabundenleben, sie streifen durch den Alpenraum und
legen dabei mitunter lange Strecken zurück. In dieser Zeit
werden die Vögel geschlechtsreif. Auf ihren großräumigen
Erkundungsflügen – den Streifzügen – suchen sie sich
einen Partner und ein Revier. Es besteht sogar die Möglichkeit, dass sie wieder hierher zurückkehren. Sesshaft
werden Bartgeier mit vier bis fünf Jahren. Hat sich ein Paar
gefunden, bleibt es für den Rest seines Lebens zusammen.

»Möchtest du mal durch das Spektiv sehen?«, fragt
mich Melanie. Spektiv heißt das Gerät also. Es ist ein Be-
obachtungsfernrohr, wie man es für Naturbeobachtungen
typischerweise verwendet. Momentan ist leider kein Geier
zu sehen, aber Melanie hat eine Gämse entdeckt. Ich schaue
durch das Okular und sehe das Tier hoch oben in der Felswand sitzen und ein Päuschen abhalten. Am Infostand
bringe ich weitere interessante Details über die imposanten
Bartgeier in Erfahrung. Ihre Hauptnahrungsquelle sind
Knochen, die sie unterwegs finden. Sie können einen Knochen von Unterarmlänge am Stück hinunterschlucken. Das
finde ich einfach unglaublich. Im ganzen Tierreich haben
Bartgeier die stärkste Magensäure und können so inner-

halb eines Tages einen ganzen Knochen zersetzen. Damit sie nicht ersticken, wenn so ein großes Skelettteil in ihrem Rachen steckt, haben diese Greifvögel eine Luftröhre, die fast bis zur Schnabelspitze reicht. Und wenn sie doch einmal zu große Knochenteile finden, fliegen sie in ihrem Revier zu den sogenannten Knochenschmieden. Das sind Felsformationen, über denen sie die Knochen fallen lassen, damit sie zu fressbaren kleineren Teilen zerschellen können. Ganz schön ausgebufft, denke ich und erinnere mich an die Auerhühner, die eine ebenso kluge Strategie für die Nahrungszerkleinerung entwickelt haben. Wie schon so oft während meiner Reise wird mir auch in diesem Moment bewusst, wie viele Wunder es in der Natur gibt und wie logisch alles aufgebaut und miteinander verknüpft ist.

Plötzlich höre ich Melanies aufgeregte Stimme: »Die Wally ist da!« Mein Herz macht einen Freudensprung. Melanie stellt das Spektiv ein und lässt mich durchschauen. Es dauert einen Augenblick, bis ich etwas erkennen kann. Dann sehe ich die Geierdame Wally, die unterhalb der Auswilderungsnische auf dem Felsbrocken sitzt und ihr Gefieder ordnet. Ich kann es nicht fassen, dass ich hier stehe und in freier Natur einen Geier beobachte. Was für ein großartiger Moment! Ein Ehepaar biegt um die Kurve, und ich mache Platz, damit auch sie in den Genuss dieses Anblicks kommen können. Für mich ist es an der Zeit, wieder weiterzugehen.

Zur Halsalm ist es nicht mehr weit. Schon nach wenigen Minuten erreiche ich die Almfläche. Am Brotzeitplatz am Almkreuz mache ich Rast und lasse das Bergpanorama noch einmal auf mich wirken. Unten im Tal sehe ich bereits den Hintersee. Vom südlichsten Teil Deutschlands richte ich meinen Blick nach Norden. Mehr als zwei Monate bin ich durch das Land gereist, in dem ich geboren und aufgewachsen bin – von West nach Ost und von Nord nach Süd. Ich habe nahezu jedes Bundesland bereist, bin in den wildesten Gebieten gewandert und habe mir ein eigenes Bild von Deutschland geschaffen. Jede Region, jede Landschaft hat einen Platz auf meiner inneren Landkarte bekommen, so auch die Berchtesgadener Alpen.

Auf einem abenteuerlichen Bergsteig wandere ich durch einen traumhaften Herbstwald, der alle möglichen Rot- und Gelbtöne zur Schau trägt, hinunter an den mystischen Hintersee. Hier enden meine Tour und mein Aufenthalt in den Alpen. Nun steht die letzte Reise an, in eine Region und Landschaft, die schon einmal mein Leben verändert hat. Wird auch dieses Mal die Kraft und die Magie der Eifel eine Wirkung auf mich haben?

14

Ankommen bei mir

Auf dem Wildnis-Trail durch den Nationalpark Eifel

Ich kann kaum glauben, dass ich schon über zwei Monate unterwegs bin. Ich habe jegliches Zeitgefühl verloren, schwimme im täglichen Fluss der selbst gewählten Gewohnheiten, gebe mich meinen Sinnen hin und lasse mich von ihnen verführen. Mein Bauchgefühl hat die Oberhand gewonnen, leitet mich. In diesem federleichten Strom könnte ich noch eine ganze Weile dahinschwimmen und mich immerzu von einer Region in die nächste treiben lassen.

Und nun bin ich an der letzten Station meiner Deutschlandreise angekommen: der Eifel. Mit ihr verbinde ich viele schöne Erinnerungen. Hier habe ich meine Ausbildung zur Wanderführerin absolviert, bin auf dem Eifelsteig von der Nordeifel in die Südeifel gewandert und habe dabei die Schönheit dieses Mittelgebirges kennengelernt. Feuer, Wasser, Erde, Luft – in kaum einer anderen Region spüre ich die Kraft und Energie der vier Elemente intensiver als hier. Für mich ist die Eifel pures Gefühl. Meine emotionale Verbundenheit mit dieser Landschaft und ihren Menschen ist der Grund dafür, dass ich die Eifel als Abschluss meiner Reise durch die deutschen Nationalparks gewählt habe. Bisher hatte ich immer ein festes Domizil, von dem aus ich zu meinen täglichen Touren gestartet bin. Für meinen letzten Reiseabschnitt habe ich eine Viertagestour auf dem Wildnis-Trail gebucht, mit jeweils einer Übernachtung an jedem Etappenziel. Auf ihm werde ich in vier Etappen den Nationalpark Eifel der Länge nach, von Höfen im Süden bis nach Nideggen im Norden, durchqueren. Insgesamt werde ich fünfundachtzig Kilometer zurücklegen und knapp zweitausend Höhenmeter bewältigen.

✕

Mein großer Trekkingrucksack ist mit dem Notwendigsten gepackt. Im Informationszentrum in Höfen erhalte ich zu meinen Reiseunterlagen einen Wanderführer mit vielen Informationen zu Besonderheiten auf der Strecke und eine Wanderkarte. Noch ein kurzer Plausch mit der Mitarbeiterin vor Ort, ein Blick in die Ausstellung und ein Tässchen Kaffee, dann geht es los, mein viertägiges Wanderabenteuer auf dem Wildnis-Trail.

Bis ich die Grenze zum Nationalpark erreiche, führt mich die Wegmarkierung – das stilisierte Gesicht einer Wildkatze – am Uferrand der Perlenbachtalsperre entlang. Dort, wo der Perlenbach in die Talsperre läuft, ist die Fließgeschwindigkeit des Wassers geringer. Als Folge lagerte sich Sediment ab, was zur Verlandung und Inselbildung in diesem Bereich führte. Auf diese Weise entstand eine reizende Wasserlandschaft mit Röhrichten. Entlang des Gewässers wandere ich ins Naturschutzgebiet Perlenbach- und Fuhrtsbachtal, ein ökologisches Kleinod mit dem größten Vorkommen der Gelben Narzisse in Deutschland. Diese Pflanze kommt wild wachsend nur noch vereinzelt im Hunsrück vor und in solchen Bachtälern der Nordeifel. Im Frühjahr verwandeln sich die Wiesen in einen gelben Blütentraum. Einmal im Jahr werden sie zur Heunutzung gemäht. Dadurch bleiben die Wiesen und Magerrasen als artenreiche Offenlandbiotope erhalten. Jetzt, Ende Oktober, gebe ich mich mit dem Herbstlaub zufrieden, das auch ein paar Gelbtöne zu bieten hat. Das gemütliche Plätschern des Bachwassers wirkt beruhigend auf mich, und ich spüre, wie ich in dieser Natur ankomme. Nicht zu glauben, dass ich am Tag zuvor noch in den Alpen unterwegs war. Wie vielseitig doch die Naturräume Deutschlands sind.

Ein wildromantischer Auwald taucht rechts des Weges auf. In den Bachtälern herrscht ein höherer Grundwasserstand. Gelegentlich werden sie auch überflutet, was spezielle Anforderungen an die Pflanzenwelt in diesen Gebieten stellt. Moorbirken und Schwarzerlen sind Spezialisten für solche Naturräume, sie können problemlos eine Zeit lang im Wasser stehen. Im Kontrast zu dem Feuchtgebiet befindet sich auf der anderen Seite des Wegs ein dichter, strukturarmer Fichtenwald. Aus dem Augenwinkel nehme ich eine Bewegung wahr. Etwas huscht einen Baumstamm hoch. Es ist ein putziger brauner Vogel mit einem fast weißen Bauch: ein Waldbaumläufer, wie ich herausfinde. Was für ein treffender Name. Bis zu drei Kilometer legt der Vogel täglich auf Bäumen zurück, auf der Suche nach Insekten. Beeindruckend, wie flink er den Stamm hochflitzt und sich wie ein Specht an der Rinde festkrallt.

Entlang des Weges stehen riesige Fichten. Ihren dicken Stämmen nach zu urteilen, müssen sie über hundertfünfzig Jahre alt sein. Es wundert und freut mich zugleich, dass sie so alt werden durften. Ihre Äste reichen bis zum Boden, wachsen ausladend zur Sonnenseite hin. Solch ein skurriles Wachstum habe ich bei Fichten noch nie gesehen. Teilweise stehen mehrere Bäume dicht beieinander, bilden eine enge Gemeinschaft. Dieser Abschnitt gefällt mir ausgesprochen gut. Ein paar Eichen dazwischen lassen immer wieder Blicke auf die dahinterliegenden Wiesen zu. Nun befinde ich mich auf Nationalparkgebiet. Informationstafeln am Wegesrand klären über Maßnahmen auf, die in den jeweiligen Gebietsabschnitten vorgenommen wurden und noch aktiv durchgeführt werden. Auch in meinem Wanderführer lese ich ein paar Ausführungen dazu, dass noch an vielen Stellen eingegriffen werden muss, um einen Zustand zu schaffen, in dem sich die Natur zukünftig zur Wildnis wandeln kann. Das betrifft vor allem die folgenden Kilometer, die größtenteils an ehemaligen Fichtenforsten entlangführen. Während der letzten Wochen habe ich genügend solcher Flächen gesehen, dass mich ihr Anblick nicht sonderlich abschrecken wird. Ganz im Gegenteil, ich finde es interessant zu sehen, wie hier in der Pflegezone des Nationalparks die Natur mit Initialpflanzungen und gezielt herbeigeführten Lichtungen umgestaltet wird. Früher war die Eifel geprägt von Rotbuchenwäldern, heute ist in vielen Landschaften im Nationalpark die Fichte die dominante Baumart. Sie wurde im 19. Jahrhundert durch die preußische Forstverwaltung angepflanzt, weshalb man sie in der Eifel auch »Prüsseboom«, Preußenbaum, nennt.

Während ich die Strecke auf einem breiten schnurgeraden Wirtschaftsweg zurücklege, achte ich auf mögliche Hinweise zu Pflege- und Entwicklungsmaßnahmen. Lange muss ich nicht suchen, denn die Lichtungen im sonst dichten Fichtenwald sind schon von Weitem zu sehen. Es erstaunt mich immer wieder, was auf dem Waldboden geschieht, sobald mehr Licht auf ihn fällt. Überall sprießt und grünt es. Etwas tiefer im Wald kann ich untergepflanzte Buchen erkennen, die zum Schutz vor Wildverbiss einge-zäunt sind. Ab einer gewissen Wuchshöhe kommt das Rot-wild nicht mehr an die leckeren Knospen heran, dann kann der Zaun wieder weg. An jungen Buchen, die nicht einge-zäunt sind, kann ich deutlich erkennen, dass sie abgeknab-bert wurden. Sie sehen aus wie Bonsaibäume. Dadurch, dass sie nicht in die Höhe wachsen können, sind sie ande-ren Bäumen gegenüber nicht konkurrenzfähig und werden eingehen, sobald ringsum die Bäume größer werden und weniger Licht durchlassen. Aus diesem Grund unterstützt man mit sogenannten Initialgattern die Entwicklung von Laubwäldern. Bis 2034 müssen Maßnahmen wie diese ab-geschlossen sein, denn dann gilt der uneingeschränkte Prozessschutz, und ein Großteil der Nationalparkfläche wird in die Kernzone überführt und sich selbst überlassen werden.

Am Ende des Wirtschaftswegs erreiche ich eine ehe-malige Windwurffläche, die damals durch den Orkan Kyrill entstanden war. Ich blicke auf kahle Bergkuppen, die stel-lenweise noch mit Fichten bewachsen sind. Dennoch ist es auch schön zu sehen, welche Dynamik sich hier bereits entwickelt hat. Büsche und Sträucher breiten sich aus, dar-unter auch Ginster – das »Eifelgold«. Wäre es jetzt Frühling, würde überall das strahlende Goldgelb der Ginsterblüten zu sehen sein. Noch einen Moment verharre ich und lau-sche dem sanften Herbstwind, der durch das Laub der Bäume raschelt. Dann folge ich dem schmalen Pfad hinab in die Schlucht des Wüstebachs. Am Bachufer angekom-men, finde ich mich in einer Traumlandschaft wieder. Herr-licher Mischwald aus Bergahorn, Buchen, Eschen und Ulmen umgibt mich. Das natürliche Bachbett ist mit Stei-nen durchsetzt, an denen sich kleine Wasserstrudel bilden.

Kühl und feucht ist das Klima hier unten. Ich überquere den Wüstebach über eine Holzbrücke und entdecke unter dem Blätterdach einer Buche eine Sitzbank. Solche Plätze an Wasserläufen mag ich besonders. Ich höre das Plätschern des Bachs, den Wind im trockenen Herbstlaub, ab und zu einen Vogellaut und ganz viel Stille – außen und innen. Alles, was ich fühle, ist der Augenblick, der kühle Hauch in meinem Gesicht, das Blatt, das mich im Herunterfallen streift, die Wärme des Holzes, auf dem ich sitze, der weiche Waldboden unter meinen Füßen. Eifel – ich bin wieder da.

Aus der Schlucht führt ein Pfad aufwärts zur Dreiborner Hochfläche. Offenes Grasland mit Ginsterbüschen, so weit das Auge reicht. Wie ich im Nationalpark Hainich erfahren habe, bilden solche Gebüschbrachen die Vorstufe zur Waldentwicklung. Früher befanden sich hier oben Acker- und Weideflächen umliegender Dörfer. Nach dem Zweiten Weltkrieg wurde auf dem gesamten Gebiet der Truppenübungsplatz Vogelsang eingerichtet. Seit er im Jahr 2005 aufgegeben wurde, kann sich die Natur das Gebiet wieder zurückerobern. Mein Weg führt am Rande dieses Areals entlang und trifft auf den Schöpfungspfad, der ein Stück weit auf dem Wildnis-Trail verläuft.

Während ich dem Pfad folge, wird die Umgebung zunehmend felsiger. Wie Blätterteig liegt das für die Eifel typische Schiefergestein in Schichten übereinander und bildet Felsformationen, um die ich nun geführt werde. Vor ungefähr vierhundert Millionen Jahren befand sich hier ein Meer, in dem Ton als Sediment abgelagert wurde. Während der Variszischen Gebirgsbildung wurden diese Sedimentschichten aufgefaltet und nach oben geschoben. Auf diese Weise entstanden unsere Mittelgebirge, so auch das Rheinische Schiefergebirge, zu dem die Eifel zählt. Bei diesem

Prozess entstand ein gewaltiger Druck, der den Tonstein zu Tonschiefer umwandelte. Das Ergebnis dieses Vorgangs, der vor über dreihundert Millionen Jahren stattfand, sehe ich nun vor mir schräg aus dem Berg ragen. Mit beiden Händen berühre ich den Fels, fühle seine Kühle und taste mich an den porösen Schichten entlang. Weiche Mooskissen sitzen auf schmalen Felsvorsprüngen. Etwas unterhalb am Felsen entdecke ich eine Höhle. Früher befanden sich hier Schiefergruben, in denen der sogenannte Dachschiefer für Hausdächer abgebaut wurde. Die ehemaligen Stollen dienen heute Fledermäusen als Lebensraum.

In Erkensruhr angekommen, entscheide ich mich gegen die bequeme Abkürzung an der Straße entlang und wähle dafür die Strecke über den Berg. Es ist das steilste Stück dieser Etappe, knapp einen Kilometer lang geht es knackig bergauf. Pah, denke ich, das ist doch nichts gegen die Steigungen, die ich in den Alpen bewältigt habe! Doch ich irre mich. Dieser Berg verlangt mir alles ab. Keuchend und fluchend ziehe ich mich mit den Wanderstöcken den Weg hinauf, Meter für Meter. Dann muss ich anhalten, ich kann nicht mehr, bin völlig fertig. Ich habe das Gefühl, überhaupt nicht vorwärtszukommen. Insgesamt sind es noch etwa vier Kilometer bis zum Etappenziel, und es ist bereits siebzehn Uhr, in einer Stunde geht die Sonne unter. Ich fühle mich erschöpft. Und schwach. Mir steigen Tränen in die Augen. Hätte ich doch nur die Abkürzung genommen, denke ich in einem Anflug von Selbstmitleid. Auf die Stöcke gestützt, warte ich, bis sich mein Puls wieder etwas beruhigt hat. Wo ist mein inneres Gleichgewicht geblieben, das mich durch die letzten Tage und Wochen getragen hat? Warum kämpfe ich gegen diesen Berg an, statt ihn anzunehmen? Ich habe mich verschätzt, womöglich auch überschätzt, na und? Schwäche eingestehen ist doch die eigentliche Stärke. Langsam setze ich meine Wanderung fort, konzentriere mich auf meine Schritte und achte darauf, nicht wieder außer Atem zu geraten. So finde ich den richtigen Rhythmus, der mich über den Berg bringt. Gegen achtzehn Uhr erreiche ich schließlich einen Felsvorsprung oberhalb von Einruhr und genieße die Aussicht auf den Obersee und die Rur, die sich durch das Tal schlängelt. Dort unten endet gleich meine erste Wanderung auf dem Wildnis-Trail. Am Himmel haben sich bereits ein paar Wolken in zartes Rosé gehüllt. Begleitet von der untergehenden Sonne, erreiche ich nach vierundzwanzig Kilometern das Etappenziel und meine erste Unterkunft.

Bevor ich am nächsten Morgen zur zweiten Etappe aufbreche, komme ich mit meinem Gastgeber ins Gespräch. Er beschreibt, was er und andere Branchenkollegen aus den umliegenden Regionen vor wenigen Monaten erlebt haben, als die Flutkatastrophe über die Eifel und das Ahrtal hereinbrach. Sichtlich gerührt erzählt er mir von Menschen, die alles verloren haben, und wie viel Glück er selbst hatte, dass er von der Flut verschont blieb. Seine Emotionen treffen mich völlig unerwartet und mit voller Wucht. In all den Wochen und Monaten meiner Rundreise habe ich der Wirklichkeit den Rücken gekehrt, habe sie mit all ihren Problemen und Schicksalen hinter mir gelassen und einfach ausgeblendet. Eine Flucht in die wilde Natur, die mir unglaublich guttat. Nun merke ich, wie die reale Welt wieder näher rückt und wie schwer es mir fällt, dem Ende meines wundervollen Abenteuers entgegenzublicken. Denn … noch weiß ich nicht, wie es danach weitergehen wird.

Es dauert nicht lange, und ich habe Einruhr hinter mir gelassen. In Serpentinen wandere ich oberhalb des Obersees in herrlichen Eichenwald hinein. Mehrmals tun sich mir erhabene Ausblicke auf den Stausee auf, umrahmt von einem Feuerwerk aus Herbstfarben. An einem Baum entdecke ich die Wegmarkierung des Eifelsteigs, mir wird warm ums Herz. Diese Strecke bin ich vor sechs Jahren gewandert, und ich finde sie immer noch genauso schön. Wie damals bleibe ich an dem Aussichtspunkt stehen, von dem man einen traumhaften Blick auf die Rur und den Obersee hat. Für mich ist es eine der schönsten Aussichten, die ich bislang in der Eifel hatte. Ich kann mich noch sehr gut an das Glücksgefühl erinnern, das ich bei diesem Anblick empfand. Seither ist viel geschehen, die Welt hat sich verändert, ich habe mich verändert. Nur der Ausblick ist beständig geblieben und noch genauso schön wie damals. Das beruhigt mein aufgewühltes Gemüt.

Auf dem Trail folge ich dem Lauf der Urft. Durch das Laub der Bäume, die den Weg säumen, sehe ich die Wasseroberfläche des Flusses in der Morgensonne glitzern. Der Nationalpark liegt im Naturraum Rureifel, der vom Relief her gesehen eher flach ist. Fließgewässer haben die hügeligen Berge hervorgebracht. Sie haben sich über Jahrtausende in die Hochflächen geschnitten und steile, tiefe Täler geschaffen. Schon des Öfteren habe ich die Steilheit der Eifelberge unterschätzt. An den bevorstehenden langen und anstrengenden Aufstieg von der Urfttalsperre auf die Dreiborner Hochfläche kann ich mich noch gut erinnern und lasse mir dafür entsprechend Zeit.

Was mich an der offenen Hochebene fasziniert, ist die erhabene Weite, die ich hier empfinde. Ich komme mir vor, als ob ich auf dem Dach der Welt laufen würde, dabei befinde ich mich gerade mal auf etwa fünfhundert

Metern Höhe. In der Ferne kann ich bereits die Gebäude und den markanten Turm der ehemaligen nationalsozialistischen »Ordensburg« Vogelsang erkennen, ein Mahnmal aus der deutschen Vergangenheit. Wenn ich so über die Hochebene blicke, kann ich mir nur schwer vorstellen, dass dieses Gebiet im Zweiten Weltkrieg hart umkämpft war. Sechzig Jahre lang war der ehemalige Truppenübungsplatz auf der Dreiborner Hochfläche mit der Anlage Vogelsang Sperrgebiet. Durch die militärische Nutzung und die landwirtschaftliche Vorgeschichte, die bis ins Mittelalter zurückgeht, ist diese Landschaft stark durch menschliche Einflüsse geprägt und verändert worden. Urwaldähnliche oder naturnahe Bereiche gibt es hier schon lange nicht mehr. Alles, was auf diesen Flächen zu sehen ist, wurde von Menschenhand geschaffen. Kaum zu glauben, dass hier vor ein paar Tausend Jahren Buchenwald stand. Wie lange wird es dauern, bis sich die Natur dieses Areal zurückgeholt hat? Aus meinem Wanderführer erfahre ich, dass sich verdichtete Flächen und Panzerspuren nur sehr langsam regenerieren. Mitunter kann es Jahrtausende dauern, bis sich auf diesen Stellen wieder Natur entwickeln kann. Bis die Offenflächen wieder annähernd naturnah bewaldet sind, werden also noch viele Jahrhunderte vorübergehen. In der Zwischenzeit wird das Vorhandene genutzt, um Tier- und Pflanzenarten Lebensräume zu schaffen. Übrig gebliebene Gebäude, die sich auf dem ehemaligen Militärgelände befinden, dienen heute als Artenschutzhäuser, die durch ein paar Umbaumaßnahmen für Fledermäuse nutzbar gemacht wurden. Auch Ruinen oder Gebäudereste können als künstliche Felsbiotope noch einen Zweck erfüllen. Mauersegler zum Beispiel finden dort geeignete Nistplätze.

Der Wildnis-Trail wie auch der Eifelsteig führen durch die Wüstung Wollseifen, einen Ort, der mich sehr berührt. Als 1946 die Briten das Land um Vogelsang beschlagnahmten und darauf ein militärisches Übungsgelände errichteten, war das Schicksal des Dorfs Wollseifen, das inmitten dieses Gebiets lag, besiegelt. Innerhalb weniger Wochen mussten die damaligen Bewohner ihr Zuhause verlassen, ihre Erinnerungen und ihre Toten. Einige wenige Gebäude des Dorfes sind in ihren Grundmauern noch erhalten geblieben, die Pfarrkirche etwa und die ehemalige Schule, in der sich heute eine Ausstellung zur bewegenden Geschichte des Orts befindet. Trotz der traurigen Hintergründe fühlt sich dieser Ort gut an, und ich meine, den Geist der einstigen Dorfgemeinschaft zu spüren. Es muss schön gewesen sein, hier zu wohnen, auf der Dreiborner Hochfläche.

Nun steht ein weiterer Anstieg bevor, hinauf zum Gebäudekomplex Vogelsang. Wenn ich an die Entstehungsgeschichte dieses Ortes denke, gruselt es mich. Hier sollten Menschen nach den Idealen der Nationalsozialisten geformt werden, um sie zu befähigen, das »Herrenvolk« führen zu können. Seit 2006 ist auf diesem Gelände eine internationale Begegnungsstätte entstanden, die sich intensiv mit der Geschichte auseinandersetzt und Aufklärungsarbeit betreibt. Im östlichen Teil des großen Areals befindet sich das Forum, in dem das Nationalparkzentrum untergebracht ist, auch wenn Vogelsang als Enklave nicht zum Nationalpark gehört.

Nachdem ich Vogelsang hinter mir gelassen habe, befinde ich mich wieder auf Nationalparkterrain. Zusammenbrechende Fichtenforste und Eichenwälder wechseln sich ab, bis ich nach einigen An- und Abstiegen auf dem Aussichtspunkt Kickley ankomme. Die Endung »-ley« steht für Schieferfelsen und ist in der Eifel häufig in Felsennamen zu finden. Ich blicke hinunter ins Tal der Urft und nach Gemünd, wo die zweite Etappe endet.

Deutlich kann ich die ausgespülte Flussschleife erkennen, durch die das Flutwasser 2021 nach Gemünd schoss. In diesem Augenblick kommen mir Zweifel, ob es die richtige Entscheidung war, diese Wanderung zu machen. Was wird mich in Gemünd erwarten? Wie kann ich in dieser gezeichneten Stadt Touristin sein? Von hier oben sieht alles so friedlich und sanft aus. Nachdenklich mache ich mich wieder auf den Weg. Noch ein kleines Stück bergauf, dann habe ich die letzte Steigung für den Tag geschafft. Auf der Kuppe des Modenhügels erwartet mich ein weiterer großartiger Panoramablick über die gesamte Umgebung. Sogar Vogelsang kann ich noch erkennen. Einen Moment innehalten auf der Wellnessliege, dann beginnt der Abstieg nach Gemünd.

In meiner Unterkunft werde ich sehr herzlich empfangen. Die Wirtin erzählt mir, dass sie eigentlich geschlossen hätten, aber wegen der Flut wieder geöffnet haben, da es im Ort sonst keine Möglichkeit mehr gibt, zu übernachten. Die Herzenswärme und der Zusammenhalt der Einwohner sind spürbar. Das berührt mich tief, und ich empfinde Mitgefühl für das Leid der Menschen in Gemünd und all den anderen betroffenen Orten. Und ja, es war die richtige Entscheidung, in die Eifel zu reisen, denn mit meiner Buchung unterstütze ich die gebeutelten Gastgeber.

Beim Abendessen läuft Musik im Hintergrund, Klassiker aus den Siebzigerjahren, Songs meiner Kindheit. An den Wänden hängen Fotos von Prinzenpaaren, Schützenkönigen und Fußballmannschaften, auf den Simsen verteilt stehen Pokale. Ein Gefühl von Vertrautheit durchströmt mich. Erinnerungen werden wach an meine Kindheit und Jugendzeit, die von Vereinszugehörigkeit geprägt war. Ich schaue in die fremden Gesichter der Menschen auf den Fotos, höre ihr Lachen und sehe sie feiern. Solche Momente habe ich auch erlebt. Plötzlich wird mir bewusst, dass ich diesen Teil meines Lebens verloren habe und dass ich ihn im Grunde sehr vermisse.

Am Nachbartisch sitzen Gäste aus Koblenz, deren Dialekt mich fasziniert und mir richtig ans Herz geht. Zwar verstehe ich kaum ein Wort, aber der Singsang dieser Sprache klingt in diesem Augenblick einfach wohltuend und liebevoll. Sie bemerken, dass ich ihnen heimlich zuhöre, und stellen sich mir als der »Kulinarische Wanderklub aus Ochtendung« vor. Ich erfahre, dass der Dialekt Moselfränkisch genannt wird. Zum ersten Mal seit vielen Wochen unterhalte ich mich in geselliger Runde und verbringe einen wundervollen Abend in dem ehemaligen Vereinsheim. Am Ende sind wir uns alle einig, dass dieser Raum eine Art Zauber über den Menschen zerstäubt, die hier zusammentreffen.

✕

Die dritte Etappe führt mich quer durch die Stadt Gemünd. Als ich zur Urft hinunterlaufe, sind die Flutschäden nicht zu übersehen. Plätze, an die ich schöne Erinnerungen habe, sind verschwunden. Betroffen folge ich dem Wildkatzengesicht, das mich am Stadtrand entlangführt. Am Stadtende angelangt, setze ich mich auf eine Bank und lasse los. Ich weine um die Region, um die Menschen, die ihre Existenz und ihr Leben verloren haben. Ich weine um die Natur, die Unheil brachte, obwohl sie Heilsbringerin ist. Ich weine um die schönen Erinnerungen, die nun wehtun. Und schließlich weine ich auch um zerbrochene Träume und verlorene Liebe. Ich weine, bis es keinen Grund mehr zum Weinen gibt. Dann laufe ich weiter.

Das Tal der Urft liegt noch in leichtem Nebeldunst. Sonnenstrahlen breiten sich fächerartig über der Landschaft aus. Buntes Herbstlaub glitzert im Morgentau. Ein paar Vögel zwitschern munter in den Morgen hinein. Wie schön die Natur ist. Trotz allem. Sie vernichtet nicht mutwillig, sie reagiert auf uns Menschen, auf unsere Lebensweise und auf unseren Konsum. Natur wird sich immer wieder regenerieren und neu erfinden. Ein tröstlicher Gedanke. Doch werden wir Menschen jemals begreifen, dass wir so nicht weitermachen dürfen? Werden wir eine Wende hinbekommen, die ohne Verzicht nicht möglich sein wird? Viele solcher Gedanken kreisen in meinem Kopf, während ich an der Urft entlangwandere und auf das breit ausgespülte Flussbett blicke.

Unterhalb eines ehemaligen Bunkers zweigt der Trail ab, es geht wieder aufwärts, hinauf auf den Höhenzug Kermeter, dem Herzstück des Nationalparks. Es ist ein langer Aufstieg, der mich an verschiedenen Stadien der Waldentwicklung entlangführt, an zusammengebrochenen Fichtenforsten und Flächen, auf denen Prozesse der Walderneuerung in vollem Gange sind. Ein mächtiger Buchenbaum liegt am Wegesrand, dicht besiedelt von Moos und Baumpilzen. Beim Nähertreten steigt mir der süßliche Duft von Anis in die Nase. Er ist weitaus intensiver als der Geruch des Dufttrichterlings, den ich im Schwarzwald geschnuppert habe. Ich kann eine Gruppe von Baumpilzen ausmachen, die das leckere Aroma verbreiten. Beglückt stelle ich fest, dass ich einen Naturnähezeiger entdeckt habe, der als gefährdet auf der Roten Liste steht: den Laubholz-Harzporling. Ich freue mich schon jetzt darauf, mir zu Hause in aller Ruhe die vielen Pilzfotos anzuschauen, die ich gesammelt habe. Schade, dass man diese Gerüche nicht mit abspeichern kann.

Auf dem Rücken des Kermeters erreiche ich das Dörfchen Wolfgarten, den höchsten Punkt dieser Etappe. Mitten im Ort komme ich an einen Rastplatz, an dem ich mich eine Weile ausruhe. Auf dem Holztisch steht eine Bronzeschüssel, mit Heidekraut bepflanzt. Ein Willkommensgruß für Wanderer und Vorbeilaufende. Was für eine herzenswarme Geste. Mir gefällt das Dorf, in dem ich keinen Netzempfang habe. Es fühlt sich gut an, und ich stelle mir vor, wie es sich hier leben lässt. Am Ortsausgang fällt mir eine blaue Bank auf, über der ein Schild angebracht ist: Mitfahrerbank. Das ist ja eine tolle Idee! Wer sich hier hinsetzt, signalisiert den Wunsch, bei jemandem mitzufahren. Eine gute Alternative zu den öffentlichen Verkehrsmitteln, deren Fahrzeiten auf dem Land nicht immer zu den Bedürfnissen der Einwohner passen.

Durch Eichen- und Buchenmischwälder wandere ich gemütlich auf dem Wildnis-Trail bergab. Manche Waldbilder lassen ihren forstwirtschaftlichen Ursprung erkennen, etwa durch fehlende Baumgenerationen. Doch auch die Kernzonenbereiche, in denen bereits der Prozessschutz greift, sind erkennbar. Ich staune immer wieder darüber, wie sich die Aura solcher Abschnitte spürbar verändert. Hohe Rotbuchen in vollendeter Eleganz – wie schön, dass ich sie noch einmal zu Gesicht bekomme. In meinem Wanderführer lese ich, dass es sich hier um eine Naturparzelle handelt, die es schon seit über fünfzig Jahren gibt und die sich seither natürlich entwickeln darf. Sie dient als Forschungsfläche für Wildnisentwicklung. Die ältesten Bäume sind zwischen hundertsechzig und zweihundert Jahre alt. Anhand von Windwurfflächen kann man beobachten, über welchen Zeitraum die Bäume am Boden zerfallen und wie sich die Lücken wieder mit jungen Bäumen unterschiedlicher Altersstruktur schließen werden. Sie ermöglichen praktisch einen Blick in die Zukunft der entstehenden Eifel-Wildnis im jetzigen Nationalpark. Es ist ein Genuss, durch dieses Waldgebiet zu laufen, es fühlt sich an wie Heimkommen. Die Energie des Waldes strömt durch mich hindurch. Kann Wald Heimat sein? Ich glaube ja.

✕

Bereichert um Erlebnisse, Geschichten und Emotionen verschiedenster Art begebe ich mich auf die letzte Etappe des Wildnis-Trails im Nationalpark Eifel. Gleich zu Beginn geht es den Berg hinauf. Ich bin begierig auf die Anstrengung, möchte noch einmal die Kraft meines Körpers spüren. Viele Gedanken jagen durch meinen Kopf. Wie soll es nur weitergehen in meinem Leben? Wieder zurück ins Büro? In mir sträubt sich alles bei diesem Gedanken. Auf einmal fühle ich mich überfordert von meinem Drang, jetzt sofort die Lösung für alles haben zu wollen, und beschließe, mir darüber später den Kopf zu zerbrechen. Jetzt möchte ich einfach nur Natur und Unbeschwertheit genießen. Begleitet von der Morgensonne, folge ich dem Weg hinauf in die Eichenwälder des Hetzinger Walds.

Rasch befinde ich mich auf dem höchsten Punkt der Wanderung und lasse mich treiben, vorbei an einer lang gezogenen Offenfläche und dann wieder zurück in die Gesellschaft der herrlichen Traubeneichen, die hier standorttypisch für den sauren und felsigen Boden sind. Ich lasse mich von der Herbstsonne streicheln und erfreue mich an der Farbenpracht dieser Jahreszeit. Auf dem Rossberg lege ich eine Pause ein und setze mich auf eine Bank. Mein Blick

wandert zu den gegenüberliegenden Bergkuppen, die Laubbäume dort tragen ein feuerrotes Blätterkleid. In der Ferne
kann ich Nideggen erkennen, wo meine Wandertour enden
wird. Nur der leise rauschende Wind durchbricht die Stille.
Vor mir befindet sich eine Freifläche, zugewuchert mit
Ginster, aus dem noch ein paar einzelne Baumgerippe herausragen. Hier wurde Platz für einen Neuanfang geschaffen. Was nicht hingehörte, musste weichen. Nun darf wachsen, was im Boden schlummert.

Ich blicke in die Landschaft wie in einen Spiegel und
erkenne mich wieder. Wie die entstehende Wildnis im Nationalpark möchte auch ich mich wieder neu erfinden und
entfalten, aus meiner Kreativität und meinem Potenzial
schöpfen. Mir ist, als ob sich ein Nebel lichtet und ich wieder klar sehen kann. Alles, was mir fehlt, ist Freiraum,
sonst nichts. In diesem Moment treffe ich die Entscheidung, nicht mehr in mein altes Büroleben zurückzukehren. Ich werde an dem Punkt anknüpfen, an dem ich mich
zu Beginn der Corona-Pandemie befand, den ich dann
aber aufgrund der Ausnahmesituation nicht weiterverfol-
gen konnte. Meine Zukunft liegt in mir, in meinen Fähigkeiten. Jetzt geht es darum, einen Weg zu finden, wie ich
mein Potenzial zum Beruf machen kann. Auf einer einsa-
men Bank in der Wildnis der Eifel sitzend, entscheide ich
über mein zukünftiges Leben, während die Sonne mein
Gesicht wärmt und der Wind bunte Herbstblätter um
mich herumtanzen lässt. Ich schließe die Augen, nehme
einen tiefen Atemzug und lausche dem Neuanfang.

Meine Wanderung gleicht fortan einem Müßiggang. Die
letzten Kilometer streichen an mir vorüber. Ich registriere
herrliche Wiesen und Laubwaldabschnitte, offene Feldflu-
ren und wilde Bachtäler. Ich streiche über Blätter und Gräser, inhaliere den Waldduft und fühle mich unendlich leicht

und – glücklich. Ein zufriedenes Lächeln breitet sich über mein Gesicht aus.

×

Ich wandere für mich und für dich. Ich wandere für all die Menschen, die vergessen haben, wie Natur riecht, wie sie sich anfühlt und wie sie spricht. Ich wandere aus der Bildschirmbilderflut in die Sinnesflut des Waldes.

Ich wandere für all diejenigen, die nicht mehr können und auch nicht mehr wollen. Ich wandere durch Regen und Kälte, durch Trockenheit und Hitze, spüre die Veränderung und Dringlichkeit zu handeln. Ich wandere bei Tag und bei Nacht, für die Zuversicht und gegen die Angst.

Ich wandere, weil ich weiter möchte, weiter als gestern, weiter als jetzt und weiter als morgen. Ich wandere gegen den Stillstand und die Ignoranz, wandere ihnen davon. Ich wandere der Sinnlichkeit entgegen und der Lust zur Lebendigkeit.

Ich wandere für mich und das Kind in mir. Ich wandere für die Erwachsene, die das Kind wiederentdecken möchte. Ich wandere mich frei und unabhängig, wandere hinein in die kreative Freiheit.

Ich wandere vorwärts, denn das Rückwärts ist Vergangenheit. Ich wandere im Jetzt, denn die Zukunft ist nur in meinem Kopf, und den wandere ich mir frei.

Ich wandere und verliebe mich, in den Regen, in die Sonne, in die Bäume und die Erde. Ich wandere fort von dir, hinein in die Stille, und komme an. Bei mir.

Epilog

Weich und warm fühlt sich das Moos an, auf dem ich sitze. Der grüne Teppich auf dem Waldboden leuchtet auf, sobald Sonnenstrahlen durch das wilde Geäst der Fichten dringen. Nur das leise Schwirren der Insekten durchbricht die friedliche Stille. Erfreut registriere ich das Fortschreiten der Wildnis in diesem Bereich der Kernzone des Nationalparks Hunsrück-Hochwald. Mehr abgebrochenes Geäst liegt verteilt auf dem Boden, auch ein paar gefallene Bäume sind hinzugekommen, seit ich das letzte Mal hier war. Ich bin zurückgekehrt an den Platz, an dem meine abenteuerliche Reise ihren Anfang nahm und eine Wende in meinem Leben herbeigeführt hat. Dieser Platz war der erste, den ich auf meine innere Landkarte gepinnt habe, mein erstes Puzzleteil für ein Deutschlandbild, das ich mir selbst gezeichnet habe. Mit jeder neuen Entdeckung, die ich danach gemacht habe, jedem neuen Bruchstück, das ich gesammelt habe, ist ein Tropfen Glück in meine Seele geflossen. All die kleinen Momente der Faszination, während ich die Natur beobachtet habe, haben die Zeit für einen Augenblick stillstehen lassen. Zeit, die während meines Berufslebens wie ein Zug an mir vorbeigerauscht ist. Dabei ist Zeit doch so kostbar. Während meiner Wanderungen ist es mir gelungen, die Stunden und Tage zu dehnen und sie intensiver zu erleben. Ich habe kindliche Eigenschaften wieder oder neu entdeckt, bin ihnen nachgegangen und habe ihnen freien Lauf gelassen, wann immer es möglich war. Die Natur war mein Spielzimmer und ist es weiterhin. In ihr habe ich mich befreit von Ansprüchen und falschen Erwartungen, von Unsicherheiten und Ungewissheiten. In ihr habe ich wieder zu mir selbst gefunden.

Früher habe ich eine Landschaft nie hinterfragt, sondern sie einfach hingenommen und so akzeptiert, wie sie war. Ihre Historie und Verortung in der Erdgeschichte haben mich nicht sonderlich interessiert. Es genügte mir, die Schönheit zu sehen und mich an ihr zu erfreuen. Damals fehlte mir der Bezug »zum Ganzen«. Ich wusste zwar, dass alles irgendwie miteinander zusammenhängt und sich gegenseitig bedingt. Aber mir waren weder die natürlich ablaufenden Prozesse bewusst noch die Ursachen und Auswirkungen von Veränderungen. Lange Zeit war ich einfach zu sehr mit mir selbst beschäftigt, als dass ich mich auf die Vorgänge wirklich einlassen konnte. Erst jetzt, nachdem ich all die wilden Gebiete Deutschlands kennengelernt habe, in sie und in ihre Geschichte eingetaucht bin, verstehe ich, was es bedeutet, wenn es nicht regnet oder zu viel regnet, wenn es nicht mehr richtig kalt, dafür aber viel zu heiß wird, wenn Arten verschwinden, weil ihre Lebensräume zerstört sind, und wenn der Mensch nicht bereit ist, Opfer zu bringen für die Welt, in der er lebt. Mein Bewusstsein für die Natur und ihre Lebensräume hat sich mit dem Verstehen von Zusammenhängen komplett verändert. Noch mehr als zuvor achte ich auf die kleinen Dinge, sehe das Wunder in ihnen und die Berechtigung ihres Daseins.

Überall habe ich eine Art Ur-Energie wahrgenommen, in den Grundgesteinen unserer Gebirge, in den alten Bu-

chenwäldern des UNESCO-Weltnaturerbes, in den Gewässern und Meeren unserer Küsten und in der Wildnis der
Kernzonen unserer Nationalparks. Was ich dabei ebenfalls
wahrgenommen habe, ist die Verletzlichkeit der Naturräume mit ihren wundersamen Lebewesen. Das hat dazu
geführt, dass ich noch mehr Respekt vor der Natur habe
und dem Leben darin, das nach seiner eigenen Gesetzmäßigkeit funktioniert. Eine Gesetzmäßigkeit, in die wir Menschen zwar eingreifen, sie manipulieren, aber niemals
werden beherrschen können. Wir Menschen sind in der
Kette das letzte Glied. Die Erde kann ohne uns existieren,
sie braucht uns nicht. Aber wir brauchen sie.

Unterwegs habe ich mir immer wieder die Frage gestellt:
Was ist für mich Heimat? Bisher hatte ich das Wort immer
mit meinem Elternhaus verbunden, ein sachlicher Begriff
für den Ort, an dem ich aufgewachsen bin und den ich
schon vor langer Zeit verlassen habe. »Heimat« klang in
meinen Ohren altmodisch und verstaubt und hatte für
mich keinerlei emotionale Bedeutung. Und dann, als ich in
Stralsund über die Rügenbrücke fuhr, in eine mir fremde
Region, fühlte ich nichts als Freude und Glück. Ich war offen
für neue Erfahrungen, ohne Vorbehalte, ohne Ängste oder
Zweifel. In diesem Moment wurde mir klar, dass ich diese
Reise niemals in einem anderen Land hätte unternehmen
wollen. Mit einem Mal war Deutschland für mich mehr als
nur das Land, in dem ich lebe. Plötzlich fühlte sich alles
vertraut an und ganz nah bei mir, fast wie eine liebevolle
Umarmung. Dann war es plötzlich da, das Wort »Heimat«,
und mit ihm ein warmes, kribbelndes Gefühl von Liebe. In
all den Wäldern, Gebirgen und Gewässern Deutschlands
habe ich nicht nur mich selbst, sondern auch das Gefühl
von Heimat wiedergefunden. Ich fühle mich verbunden

und verwurzelt mit all den Naturräumen, durch die ich gewandert bin. Jeder neue Schritt in eine mir fremde Landschaft war ein Schritt, der mich meiner Heimat, Deutschland, näherbrachte.

Durch das Achtgeben auf mich und das Annehmen meiner Grenzen habe ich mehr Liebe zu mir selbst entwickelt. Auch das Alleinsein hat dazu beigetragen, dass ich täglich spüren konnte, wie mein Selbstvertrauen wuchs. So füllten sich allmählich jene Hohlräume auf, die mich einst zu dieser Reise aufbrechen ließen. Auf meiner fast dreimonatigen Reise habe ich bescheiden und genügsam gelebt. Dabei habe ich festgestellt, dass ich eigentlich alles besitze, was ich benötige, und dass weniger tatsächlich mehr ist. Mein Reichtum liegt in mir selbst. Im Kern der Wildnis kam ich dem Kern des Lebens näher und habe darin eine Verbindung gespürt, zwischen der Natur und meiner Seele. Und in der Lebendigkeit der wilden Naturräume habe ich meine eigene Lebendigkeit wiedergefunden. Mein neu gewonnenes Selbstwertgefühl hat mir schließlich Mut gemacht, meinen Job zu kündigen und mich auf eigene Beine zu stellen.

Langsam drehe ich mich im Kreis, breite meine Arme aus und empfinde Dankbarkeit und Erfüllung. Nun gebe ich dem Impuls nach, den ich damals schon verspürte, und lege mich lang gestreckt auf das weiche Moos. Über mir wiegen sich die Baumkronen im Wind. Mein Körper sinkt in den weichen Untergrund. Sanft streichen meine Hände über das weiche Grün. Ich danke dir, Natur, dass du mich trägst.

Dank

Mein herzlicher Dank gilt ...

... Sandra Wenz, weil du mich zu diesem wundervollen Platz geführt hast, der mein Inneres berührt und mein Leben verändert hat.

... Katrin Kroll, die an mich geglaubt hat. Sie hat mich mit viel Geduld bei der Entwicklung des Exposés und meines eigenen Stils unterstützt und hat für mich den besten Verlag überhaupt gefunden. Ohne dich, liebe Katrin, gäbe es dieses Buch nicht.

... Daniel Oertel vom Ullstein Verlag für die professionelle Betreuung und das entgegengebrachte Vertrauen.

... Antonia Falkenberg für das aufmerksame Lektorat und dafür, dass sie mich mit wertvollen Tipps und Hinweisen immer wieder zum Kern der Geschichte zurückgeführt hat, wenn ich mich mal wieder in zu vielen Nebengeschichten verloren hatte.

... den großartigen Nationalparkführer:innen, Wanderführer:innen sowie Natur- und Landschaftsführer:innen, die ihre Erfahrungen und ihr Wissen mit mir geteilt haben und dadurch meine Sicht auf die Natur nachhaltig verändert haben: Sandra, Gerhard, Danilo, Martin, Lutz, Inga, Tom, Flavius, Urs, Kristin und Sascha.

... den Mitarbeiter:innen in den Nationalparkzentren und -häusern, die sich Zeit für mich genommen haben, um mir meine Fragen zu beantworten, die mich mit Kaffee versorgt und mir wertvolle Wandertipps gegeben haben: Henry, Thomas, Klaus und all die anderen, die ich nicht namentlich kennengelernt habe.

... meiner Schwester Eveline, die mir monatelang den Rücken freigehalten und meinen Teil der Pflege für unseren Vater übernommen hat. Herzlichen Dank auch an meinen Schwager Markus und meine Patenkinder Lara und Jannis für Spieleabende mit viel guter Laune.

... Ingeborg Kirsch, meiner lieben Freundin, die immer für mich da war, die mir bei Recherchen geholfen hat und mir mit ihren kritischen Anmerkungen zu gelesenen Kapiteln geholfen hat, authentisch zu bleiben.

... Andrea Wendel, meiner lieben Freundin, die immer Zeit und einen Kaffee für mich hatte, wenn ich eine Schreibpause brauchte.

... meinen Testleser:innen Lara, Andrea, Ingeborg, Susanne, Sandra und Danilo.

... Axel Singer, Gregor Wolf, Dr. Friedhart Knolle, Volker Otto Tubandt, Uschi Regh, Annette Simantke, die auf meine Anfragen geantwortet und mir wichtige Kontakte vermittelt haben.

… Ihnen, liebe Leserinnen und Leser, dass Sie dieses Buch bis hierhin gelesen haben. Ich hoffe, dass ich Ihr Interesse für die großartigen Naturräume Deutschlands wecken konnte und dass auch Sie von Ihnen berührt werden.

Literaturtipps

Heinrich Becker, *Die Gesteine Deutschlands. Fundorte – Bestimmung – Verwendung*, Wiebelsheim 2022

John P. Grotzinger, Thomas H. Jordan, *Press/Siever – Allgemeine Geologie*, Heidelberg 2017

Nationalparkamt Vorpommern (Hrsg.), *Alte Buchenwälder im Nationalpark Jasmund*, Forschungsband 1, Born 2017

Maria Pfeifer (Hrsg.), *Der Wildnis-Trail im Nationalpark Eifel. Thementouren Nationalpark Eifel*, Köln 2020

Markus Scholler und Dr. Flavius Popa (Hrsg.), *Die Pilze des ehemaligen Bannwalds Wilder See im Nationalpark Schwarzwald unter besonderer Berücksichtigung der mit Abies alba (Weißtanne) vergesellschafteten Arten*, Forschung im Nationalpark Schwarzwald, Band 1, Nationalpark Schwarzwald 2021

Volker Wirth, Ruprecht Düll, Steffen Caspari, *Ulmers Taschenatlas Flechten und Moose*, Stuttgart 2018

Hilfreiche Webseiten

- www.bfn.de/nationalparke
  Die Webseite des Bundeszentrums für Naturschutz
  (BfN) bietet Informationen zu allen Naturschutzgebie-
  ten Deutschlands.
- www.deutschewildtierstiftung.de
  Die Stiftung hat es sich zur Aufgabe gemacht, »Natur
  und Wildtieren eine Stimme« zu geben.
- www.deutschlands-natur.de
  Ein Online-Naturführer für Deutschlands Lebensräume und Arten
- www.greensurance-stiftung.de
  Die Stiftung für Mensch und Umwelt will mit Umwelt-
  bildung zur Gestaltung einer zukunftsorientierten
  Gesellschaft beitragen.
- www.moose-deutschland.de
  Die vom Bund Freunde der Erde unterstützte Zentral-
  stelle Deutschland widmet sich gänzlich dem Thema
  Moos.
- www.nabu.de
  Der Naturschutzbund Deutschland e.V. (NABU) ist der
  älteste und mitgliederstärkste Umweltverband in
  Deutschland.
- www.nationale-naturlandschaften.de
  Die Webseite bietet eine Übersicht und viele Informationen zu den nationalen Naturlandschaften Deutschlands.
- www.natura2000manager.de
  Das europaweite Netz von Schutzgebieten hat den
  »Erhalt gefährdeter Pflanzen- und Tierarten und ihrer
  natürlichen Lebensräume in Europa« zum Ziel.

- www.schutzstation-wattenmeer.de
  Der unabhängige Verein Schutzstation Wattenmeer engagiert sich für den Schutz des Wattenmeers und sensibilisiert mit vielen Angeboten für die Wichtigkeit dieses Ökosystems.
- www.waldwissen.net/de
  Die Webseite bietet umfassende Informationen für die Forstpraxis und zum Lebensraum Wald.
- www.weltnaturerbe-buchenwaelder.de
  Die Webseite des UNESCO-Weltnaturerbes Alte Buchenwälder und Buchenurwälder der Karpaten und anderer Regionen Europas